FLENSBURGER HEFTE

Alte und neue Seelenfähigkeiten

Liebe Leserinnen und Leser!

Hier nun der dritte Teil zu dem weiten Thema, dessen Darstellung wir in den FLENSBURGER HEFTEN Nr. 13 und 33 begonnen haben. Wir haben den vorliegenden Band „Alte und neue Seelenfähigkeiten" genannt, weil es thematisch um die verschiedensten Wege zum Geist geht, von den uralten Zeremonien und Riten der Hopi-Indianer bis zu Rudolf Steiners Darstellung über die Schau des Christus im Ätherischen.

Nochmals möchten wir darauf verweisen, daß es uns vor allem darauf ankommt, daß die unterschiedlichsten Praktiken dargestellt werden und sich Menschen aussprechen können, die ihre eigenen Wege gehen, ohne daß sie von uns durch die dogmatische anthroposophische Brille betrachtet werden. Natürlich bleibt nicht alles streng voneinander getrennt, sondern anthroposophisches und anderes Gedankengut kommt durch die Interviews und auch durch die Artikel miteinander in Korrespondenz. Wir denken, daß nur auf diese Weise ein Gespräch zwischen Anthroposophie und anderen Geistesströmungen möglich ist, wenn es auf Freiheit und Toleranz gebaut sein soll, aber trotzdem gegenseitige Kritik aushalten will.

Es grüßt Sie
Ihre
FLENSBURGER HEFTE-Redaktion

Abonnement-Preise ab 1992

Von Anbeginn der FLENSBURGER HEFTE bewegt sich der Abonnement-Preis am untersten Rand der Kostendeckung, und zwar so haarscharf, daß dies nicht nur bei vielen zunehmend Verwunderung auslöste, sondern eine wirtschaftlich vernünftige Arbeit des Verlages auch nur durch die zusätzlichen Erlöse aus dem Einzelheft-Verkauf zu gewährleisten war und ist. Nun sind die Herstellungs- und Versandkosten (Porto und Verpackung) weiter gestiegen, so daß wir uns veranlaßt sehen, den Abo-Preis zu erhöhen. Bedenken Sie bitte, daß der Abo-Preis – gemessen an den tatsächlichen Kosten, die sich in den Einzelheft-Preisen niederschlagen (zuzüglich Porto- und Verpackungskosten!) – nach wie vor sehr günstig ist und die Porto- und Verpackungskosten sowie im Inland die Mehrwertsteuer enthält.

Jahresabonnement 1992 (Hefte 36 bis 39):
DM 49,50 inkl. Porto und Verpackung sowie im Inland inkl. MwSt.
(auf Wunsch ermäßigt: DM 39,50)

Aus dem Inhalt

Die Entwicklung neuer Seelenfähigkeiten im 20. Jahrhundert

NACH DARSTELLUNGEN RUDOLF STEINERS

Frank Linde

Als ich die ersten Zeilen der Einleitung zu diesem Artikel niederschrieb, waren erst wenige Wochen seit dem Ende des Golf-Krieges vergangen.

Inzwischen hält die dramatische Entwicklung in der Sowjetunion die Welt in Atem. Erst die erschütternde Nachricht vom Putsch in Moskau, dann der Jubel über seine Zerschlagung! Seitdem hat sich die Auflösung der Sowjetunion dramatisch beschleunigt. Bis zum heutigen Tage haben insgesamt sieben der fünfzehn Republiken ihre Unabhängigkeit erklärt. In Moldavia freuen sich die Menschen in beinahe rauschhafter Begeisterung über die neu errungene Freiheit.

Gleichzeitig gehen die blutigen Ausschreitungen der Serben und der jugoslawischen Volksarmee gegen die Kroaten mit unverminderter Heftigkeit weiter. Täglich sterben Menschen in diesem Krieg der Nationalitäten. Dörfer werden abgebrannt, Familien müssen ihre Häuser verlassen, sie hungern und wissen nicht, wo sie die kommende Nacht verbringen sollen.

Euphorie und Jubel dort, Morden und Blutvergießen hier – krasser können die Gegensätze nicht aufeinanderprallen!

Welchen Weg es aber auch immer nehmen mag –, das Streben nach Unabhängigkeit und Freiheit ist unumkehrbar. Einer der tiefsten Grundimpulse des Menschseins drängt mit dramatischer Willenskraft nach Verwirklichung. Wer hätte noch vor ein, zwei Jahren geahnt, daß der Freiheitsgedanke die Welt in so kurzer Zeit so radikal verändern würde: Im Juni 1989 mußte die Welt noch seine brutale Niederschlagung auf dem Platz des Himmlischen Friedens in Peking erleben, dann kam der unerwartete Aufbruch in Osteuropa, der Fall der Mauer, der Umsturz in der Sowjetunion.

Unglaublich aber auch, wie weit die Menschheit von der Verwirklichung der Freiheit, der gegenseitigen Toleranz im Verständnis des fremden Wollens entfernt ist. Der Krieg im Nahen Osten, aufbrechende Nationalitätenkonflikte und die Ausschreitungen in Jugoslawien sind bittere Beispiele dieses Versagens.

In immer kürzeren Abständen brechen immer neue Wellen der Erschütterung wie mächtige Vulkanausbrüche und Erdbeben über die Menschheit herein, so schnell, daß kaum noch Zeit zum Innehalten und Besinnen bleibt – Zeit, die dringend nötig wäre, um sich Klarheit darüber zu verschaffen, was in dieser apokalyptischen Zeit des ausgehenden 20. Jahrhunderts, von der so oft gesprochen wird, eigentlich von der Menschheit gefordert ist!

Ein zweites Phänomen: In der März-Ausgabe der Zeitschrift Erziehungskunst erschien anläßlich der Kriegsereignisse im Nahen Osten ein Artikel von Henning Köhler unter dem Titel „Der Krieg, unsere Angst und die Kinder" (In: Erziehungskunst, Nr.3/ 1991, S.261–275). Ausgehend von eigenen Kindheitserlebnissen bei der ersten Konfrontation mit Kriegs- und Gewaltängsten führt der Autor den Leser an die inneren

Seelenschichten heran, die in den Wochen vom 15. Januar bis 28. Februar wohl in jedem immer von neuem aufgewühlt und erschüttert wurden – erschüttert in dem Gefühl der unmittelbaren Betroffenheit und Anteilnahme an einem Krieg, der in weiter Ferne entfesselt wurde.

In einer „bisher nicht dagewesenen Heftigkeit" waren die Menschen von dem Geschehen erfaßt. Der ferne Krieg rückte in unmittelbare Nähe. Henning Köhler geht diesem Phänomen des „fernen nahen Krieges", das bereits während des Vietnam-Krieges zu beobachten war, in seinem Aufsatz nach.

„Ein weltbürgerliches Bewußtsein brach sich Bahn ..., das die Herzen dafür öffnete, tief und direkt mitzuleiden mit den Opfern und Betroffenen eines Krieges in einer fernen Weltgegend, von dem äußerlich betrachtet in Europa gar nichts spürbar war. 'Vietnam ist hier!' ... Es war eine neue Bewußtseinshaltung hervorgetreten, die durch nichts mehr rückgängig zu machen ist ... (und) erstmals erfaßte sie gleichzeitig so viele und so junge Menschen." (Köhler, a.a.O., S.266)

In Anknüpfung an eine Aussage Rudolf Steiners, daß sich in unserer Zeit allmählich ein „schauendes Bewußtsein" entwickeln werde, beschreibt Köhler weiter, daß sich besonders an den Kindern in Zusammenhang mit Erlebnissen dieser Art neue Wahrnehmungsfähigkeiten ankündigten, die auch als eine Art „Hellfühligkeit" bezeichnet werden könnten.

„Die grenzüberschreitende 'Einbezogenheit' in menschheitliche Schicksalsfragen ist unübersehbar. Sie ist im Kern ein geistig-seelisches Phänomen ..." (Köhler, a.a.O., S.274)

Schließlich deutet er an, was dieses Erlebnis bedeutet:

„Die Einbezogenheitserfahrung ist eine Christus-Erfahrung, wenn auch noch recht blaß, recht unzuverlässig" (ebd.). – Hierauf werde ich später noch zurückkommen.

Zu den geschilderten Erlebnissen gehört, und auch das läßt sich an vielen Zeiterscheinungen ablesen, noch ein weiteres: die Frage nach einem geistigen Verständnis des Menschen und der Welt. Was gibt dem Leben einen Sinn? Was ist unsterblich? Was geschieht nach dem Tode? Wie kann man die göttlich-geistige Welt – wenn es eine gibt – erkennen?

Diesem Bedürfnis kommt heute ein geradezu schillerndes Angebot entgegen. Man denke an die inzwischen in vielen Buchläden zu findenden „Esoterik-Ecken", deren Sortimente eine kaum übersehbare Fülle von spirituellen Richtungen vereinigen. Man erfährt etwas über Reinkarnationstherapie ebenso wie über verschiedenste Meditationswege, auch als Fernlehrgang mit Lehrkassetten, die zur geistigen Wirklichkeitserfahrung führen sollen. Eine andere Ausprägung der Beschäftigung mit dem „Geist" zeigt sich in den vielfältigen okkulten bis schwarzmagischen Praktiken. Besonders für Jugendliche sind Glasrücken, mediales Schreiben, Satansbeschwörungen und Luziferkulte oftmals keine Fremdworte mehr. Ohne zu wissen, worauf sie sich eigentlich einlassen, gehen sie diesen Praktiken immer häufiger nach – man will nicht über den Geist reden, sondern mit ihm kommunizieren. Eltern und Lehrer sind meistens ahnungslos.

Kann man zur Beurteilung solcher Erscheinungen nicht auf eine sichere Grundlage einer gewissenhaften geisteswissenschaftlichen Forschung zurückgreifen, gerät man auf diesem Felde leicht in Verwirrung; dann ist es nicht leicht, Wahrheit und Trug voneinander zu unterscheiden. So wird viel davon abhängen, ob ein an sich berechtigtes, gesundes Interesse die richtigen Wege findet, oder – wie es durch den weit um sich greifenden esoterischen Kommerz leider immer wieder der Fall ist – auf trügerische Irrwege geführt wird.

Drei Grundimpulse lassen sich aus dem bisher Dargestellten ablesen:

- die Anteilnahme am Schicksal des Anderen und das daraus resultierende Bedürfnis nach einem brüderlichen Zusammenleben der Menschen;
- das Streben nach Unabhängigkeit und voller Anerkennung der individuellen Freiheit;
- die Sehnsucht nach geistiger Wirklichkeitserfahrung.

Im folgenden soll aufgezeigt werden, daß alles positive Streben in dieser Richtung mit der Entwicklung neuer Seelenfähigkeiten im Menschen zusammenhängt. Es wird aber auch von den Widerständen zu sprechen sein, die sich diesen Impulsen entgegenstellen. In den geisteswissenschaftlichen Forschungsergebnissen Rudolf Steiners liegen wesentliche Grundlagen zur Beurteilung der damit verbundenen Fragen vor, die in dieser Art nirgends sonst gegeben sind. Es ist daher meine Absicht, hauptsächlich Rudolf Steiner selbst zu Worte kommen zu lassen. Viele Aussagen werden im Kern wörtlich zitiert, manches wird nur angedeutet werden können und bedarf einer weiteren Ergänzung. Ich hoffe, hiermit ein Arbeitsmaterial zur Verfügung zu stellen, das zur eigenen, vertiefenden Arbeit anregen möge.

Die Veränderung in der Konstitution der menschlichen Wesensglieder – Das alte und das neue Schauen

Zu Beginn des 20. Jahrhunderts haben sich nach Aussagen Rudolf Steiners einschneidende Veränderungen in dem Verhältnis des Menschen zur geistigen Welt ergeben. Dadurch werden neue Fähigkeiten im Menschen veranlagt, die zu einem Wahrnehmen geistiger Vorgänge und Erscheinungen führen können. Der Blick richtet sich dabei *nicht* auf diejenigen höheren Fähigkeiten, die sich der Geistesschüler durch eine bewußte esoterische Schulung erwerben kann und die ihn zu einem Wahrnehmen in den geistigen Welten durch die Erkenntnisstufen der Imagination, Inspiration und Intuition befähigen. (Siehe hierzu: GA 10; GA 12; Der Pfad der Erkenntnis, in: GA 9; Die Erkenntnis der höheren Welten, in: GA 13).

Vielmehr handelt es sich um Fähigkeiten, die aufgrund der natürlichen Entwicklung der Menschheit als ganzer zukommen. Die Menschen werden auf naturgemäße Weise, also ohne daß sie zunächst etwas dafür tun müssen, durch bestimmte Veränderungen ihrer geistig-seelisch-leiblichen Konstitution Kräfte entwickeln, die sie zu neuen Wahrnehmungen geistiger Art befähigen.

Vom Menschen wird es abhängen, ob diese Veranlagung zu entsprechenden Fähigkeiten werden oder ob diese Kräfte ungenutzt bleiben und andere Entwicklungswege nehmen.

Der Beginn des 20. Jahrhunderts stellt in dieser Beziehung einen tiefen Einschnitt dar. Dabei ist zu berücksichtigen, daß man sich nicht zu kleine Zeiträume vorzustellen hat, wenn es um die naturgemäße Entwicklung menschlicher Fähigkeiten geht. Heute stützt sich unser bewußtes Leben hauptsächlich auf die Wahrnehmungen der Sinneswelt und deren gedankliche Verarbeitung. Von der geistigen Welt wissen wir durch unmittelbare

Anschauung gewöhnlich nichts. Auch diese können wir zunächst nur gedanklich fassen. Gehen wir dagegen in frühere Zeiten der Menschheitsentwicklung zurück, verfügten die Menschen noch über Bewußtseinszustände, in denen sie geistige Wesen und Vorgänge unmittelbar wahrnahmen. Der Grund für diese unterschiedliche Art des Wahrnehmens liegt in einer Veränderung im Zusammenhang der menschlichen Wesensglieder im Laufe der Zeiten. In einem Vortrag vom 29. August 1909 in München führt Rudolf Steiner dazu folgendes aus:

„Nun wollen wir uns einmal die radikalste Veränderung in der Menschennatur vor die Seele rücken, die sich zugetragen hat seit der atlantischen Katastrophe, durch die erste große Menschheitskultur in der nachatlantischen Zeit ... Sie wissen, daß vor der atlantischen Katastrophe der ganze Zusammenhang der einzelnen Glieder der Menschennatur ein anderer war als später. Das Zusammenwirken des Ätherleibes und des physischen Leibes war nicht so vor der großen atlantischen Katastrophe wie nachher. Der Ätherleib des Kopfes zum Beispiel war gegenüber dem physischen Kopfe mächtiger ausgebildet und loser mit diesem verbunden. Gerade darin drückt sich die Fortentwickelung aus, daß der Zusammenhang zwischen dem ätherischen Leib und dem physischen Leib immer intensiver wird und daß beide einander immer ähnlicher werden ... Ein langsames Hineinschlüpfen des Ätherleibes in den physischen Leib hat stattgefunden. – Und will man die alte indische Kultur verstehen, so muß man sich klar darüber sein, daß damals die Sache noch anders lag als während der chaldäisch-ägyptischen Zeit. In den Menschen aber der griechisch-lateinischen Zeit war schon eine vollständige Durchdringung des Ätherleibes und physischen Leibes erreicht, so daß für das schauende Bewußtsein auf keiner Stelle der menschlichen Organisation der Ätherleib weit hinausgereicht hätte über den physischen Leib." (GA 113/29.08.1909/S.130 f.)

Weil bei den Menschen des alten Indiens der Ätherleib, insbesondere der ätherische Teil des Kopfes, noch über den physischen Leib herausragte, nahmen sie die Welt viel geistiger wahr als die Menschen der griechisch-lateinischen Zeit.

„Der Angehörige des griechisch-lateinischen Volkes hat im wesentlichen schon so gesehen wie wir heute, er sah eben die Welt ausgebreitet als den Sinnesteppich der Farben, Töne, Formen und so weiter. Fein durchsetzt aber war diese ganze Welt, die da ausgebreitet ist in den heutigen sinnlichen Wahrnehmungen, für den indischen Geist der ältesten Zeit noch von dem, was man nennen könnte Nebelwolken ätherischer Natur, die sich aus allen Dingen heraus erheben, wie wenn alle Dinge brennen würden und ein feiner Nebelrauch aus jeder Form hervorströmte. Man schaute ein ätherisches Element, das über alle Dinge gelegt war wie feiner Tau oder Reif. Diese eigentümliche Art des Anschauens war damals die natürliche. Sie kann sich heute die Menschenseele nur erwerben durch geisteswissenschaftliche Übungen. Das ist der Sinn der Fortentwicklung der Menschheit durch die verschiedenen Kulturepochen, daß der ätherische Leib immer tiefer und tiefer hineinsteigt in den physischen Leib. Damit ändert sich das menschliche Anschauen, da dieses abhängt von der Art, wie der Ätherleib organisiert ist." (GA 113/29.08.1909/S.131)

Vor allem verlor der Mensch die Fähigkeit, in die geistige Welt hineinzuschauen, „weil in demselben Maße, in dem der Ätherleib in den physischen Leib hineinrückt, der Mensch sich nur seiner physischen Sinne und seines physischen Verstandes bedienen kann, und die schauende Kraft gelähmt wird." (GA 113/29.08.1909/S.133 f.)

Von dem „instinktiv schauenden Zustand" alter Zeiten sind lediglich letzte Nachklänge vorhanden. Sie zeigen sich in einem ohne bewußte Schulung erworbenen rudimentären oder atavistischen Hellsehen, über das manche Menschen auch heute noch verfügen.

Nun befindet sich die Menschheit im Ganzen in bezug auf diesen Prozeß in der umgekehrten Entwicklung. Es beginnt sich der Ätherleib wieder aus dem physischen Leibe herauszuheben.

„Wir leben jetzt in der Tat in dem Zeitalter, in dem die innigste Durchdringung zwischen dem Ätherleib und dem physischen Leib schon hinter uns liegt; wir leben jetzt schon wiederum in der umgekehrten Entwickelungsrichtung. Wir leben in einer Zeit, in der der Ätherleib langsam herausrückt aus dem physischen Leib. Das ist normale Menschheitsentwickelung in die Zukunft hinein, daß der Ätherleib nach und nach wiederum den physischen Leib verläßt; und Zeiten werden kommen, in denen sich die menschliche Organisation wiederum so anschauen wird, wie sie sich angesehen hat in grauer Vorzeit, so daß wir wiederum empfinden werden wie der Ätherleib hervorragt über den physischen. Wir sind mitten drinnen in diesem Vorgange, und mancherlei von den feineren Krankheitserscheinungen der Gegenwart würde man verstehen, wenn man das wüßte." (GA 113/29.08.1909/S.131 f.)

Der Hinweis auf die feineren Krankheitserscheinungen der Gegenwart wird später noch aufgegriffen. Wichtig ist hier zunächst, das die Menschheit durch den sich lösenden Ätherleib in Zukunft in einen neuen, vollbewußten schauenden Zustand hineinwachsen wird.

„Dieser wird erreicht werden so, daß der Mensch bewußt ihn erleben wird, so daß er weiß, sein Ätherleib geht heraus, und er kann sich der Organe des Ätherleibes so bedienen wie der physischen." (GA 113/29.08.1909/S.144)

Mit dem bisher Dargestellten sind die allgemeinen Grundlagen für die Entwicklung der neuen Seelenfähigkeiten gegeben. Sie liegen in der Veränderung des Verhältnisses des menschlichen Ätherleibes zum physischen Leib. Am 5. April 1919, also zehn Jahre später, konkretisiert Rudolf Steiner diesen Prozeß. Der Ätherleib löst sich demnach nicht als Ganzes vom physischen Leib, sondern in einem längeren Prozeß zunächst in bezug auf den Kopf, dann in bezug auf das Herz. Dieser Prozeß vollzieht sich etwa ab der Mitte der griechisch-römischen Kulturepoche bis in unsere Zeit und darüber hinaus.

„Aber die Innigkeit der Verbindung – ich meine jetzt nicht das räumliche Sich-Decken, aber das Dynamische in der Verbindung –, das ändert sich im Laufe der Erdenentwickelung, und die innigen Beziehungen zwischen dem Ätherkopfe und dem menschlichen physischen Kopf, die bestanden haben zum Beispiel in den Jahrhunderten, von denen man hauptsächlich spricht, wenn man von griechischer Kultur spricht, diese Beziehungen bestehen schon seit dem 3. vorchristlichen Jahrhundert nicht mehr. Seit dem 3. vorchristlichen Jahrhundert ist schon der alte Innigkeitszusammenhang zwischen dem Ätherkopf des Menschen und dem physischen Kopf verlorengegangen. Aber es ist doch immer aufrechterhalten geblieben ein recht inniger Zusammenhang zwischen dem menschlichen physischen Herzen und dem menschlichen Ätherherzen. Aber seit dem Jahre 1721 lockert sich merkwürdigerweise immer mehr und mehr der Zusammenhang zwischen dem menschlichen physischen Herzen und dem Ätherherzen. Wenn ich so sagen darf: Wenn das physische Herz da ist und das Ätherherz da, so war das früher mehr ein Ganzes, jetzt kann das Ätherherz geschüttelt werden ätherisch, es ist nicht mehr innerlich so dynamisch verbunden wie früher. Später werden noch andere Organe des Menschen sich vom Ätherischen lösen. Das aber, daß das Herz nach und nach sich löst von seinem Ätherteil, und bis in das 3. Jahrtausend hinein, bis man 2100 ungefähr schreiben wird, sich ganz gelöst haben wird, das macht auch in bezug auf die menschliche Entwickelung etwas sehr Bedeutsames aus. Was es ausmacht, das kann man in folgender Weise charakterisieren: Man muß sagen: Das macht das aus, daß die Menschen nötig haben, etwas, was ihnen früher von selbst zukam durch den natürlichen Zusammenhang zwischen physischem Herzen und Ätherherzen, auf einem anderen Wege zu suchen, auf dem Wege des spirituellen Lebens. Dieses vom physischen Herzen losgetrennte Ätherherz, das wird seine richtige Beziehung zur geistigen Welt nur gewinnen, wenn der Mensch sucht spirituelles Wissen, wenn der Mensch sucht anthroposophisch orientierte geistige Gedanken. Das muß immer mehr und mehr gesucht werden.“ (GA 190/05.04.1919/S.122 f.)

Vom 3. vorchristlichen Jahrhundert an löste sich also der innige Zusammenhang zwischen dem ätherischen Teil des Kopfes und dem physischen Kopf. Die Blüte der griechischen Philosophie hatte ihren Höhepunkt gerade überschritten. Wir denken an Thales (ca. 624–599 v.Chr.) und die Vorsokratiker, besonders aber an Sokrates und Plato. Mit Aristoteles begann eine neue Art des philosophischen Denkens. Er starb im Jahre 322 v.Chr.

Bevor wir uns nun den speziellen Erlebnissen zuwenden, die sich aus der Veränderung der menschlichen Konstitution im Hinblick auf die neuen Seelenfähigkeiten im 20. Jahrhundert ergeben, sei noch angedeutet, wie der Ätherleib für einen hellsichtig gewordenen Menschen wahrnehmbar wird. Für die hellseherische Forschung wird er als ein „wunderbares Gebilde ineinander flutender Farben“ sichtbar. Sie hängen mit den Kräften zusammen, die den physischen Leib erhalten und erbauen und die in den Lebensprozessen der einzelnen Organe wirken. So sind die Farben je nach der Beschaffenheit der Organe verschieden. Der Ätherleib des menschlichen Gehirns zum Beispiel erscheint Rudolf Steiner zufolge „in verhältnismäßig blasser Farbe.“ Hingegen: „Wenn wir die Eingeweide anschauen, so finden wir die flutenden Farben hellschimmernd wunderbar ineinanderfluten ...“ „Denken Sie nun, es kommt jemand, wie ich es geschildert habe, zum Hellsehen. Da kann zweierlei eintreten: Es kann ein Hellsehen eintreten dadurch, daß der Ätherleib des Gehirns gelockert wird, aber es kann auch eintreten ein Hellsehen dadurch, daß der Ätherleib der Eingeweide gelockert wird. Beim Hellsehen wird nun der Mensch oftmals sein eigenes Innere gewahr. Derjenige, der den Ätherleib des Gehirns herausbekommt, wird zunächst eine ziemlich blasse Welt vor sich haben; aber der, welcher den Ätherleib seiner Eingeweide herausbekommt, kann wunderbar flutende Farben in die Ätherwelt hinausspiegeln.“ (GA 174b/14.02.1915/S.71 f.)

Ein hellseherischer Vorgang dieser Art muß also nicht von vornherein mit „himmlischen Geheimnissen“ zusammenhängen. Er kann oftmals nichts weiter als die Wahrnehmung des eigenen Innern sein, und es wird daran deutlich, wie wichtig es ist, sich Unterscheidungskriterien für geistiges Wahrnehmen zu erarbeiten.

„Gewiß, es ist ein echtes hellsichtiges Gebilde, aber wenn man es untersucht, was ist es? Es ist nichts anderes als der eigene Verdauungsprozeß, es ist dasjenige, was der

Ätherleib während des Verdauungsprozesses des Menschen tut; das projiziert sich in den Ätherraum hinaus." (GA 174b/14.02.1915/S.72)

Erst durch größere Anstrengungen kann ein Kopfhellsehen ausgebildet werden – Rudolf Steiner verweist ausdrücklich auf das Buch „Wie erlangt man Erkenntnisse der höheren Welten?" –, daß den Menschen mit den geistigen Vorgängen des Kosmos in Beziehung bringt.

„Immer wieder wird darauf aufmerksam gemacht, daß dieses Hellsehen schwierig ist, daß es blaß auftritt, daß man sich erst durch große Anstrengungen derjenigen Kräfte, die die Kräfte sind des Menschen zwischen Geburt und Tod, zu dem wahren Hellsehen hin entwickelt, daß einem dann die Weltengeheimnisse sich enträtseln können." (GA 174b/ 14.02.1915/S.71–73)

Das neue Äthersehen und die Erscheinung des Christus im Ätherischen

Am 12. Januar 1910 beginnt Rudolf Steiner über die Wiederkunft Christi in der ätherischen Welt zu sprechen. Wir berühren damit ein Hauptanliegen Rudolf Steiners, nämlich die moderne Menschheit auf das Zentralereignis des 20. Jahrhunderts hinzuweisen. Jenes Christusereignis steht in direktem Zusammenhang mit den neuen Seelenfähigkeiten des Menschen und bildet daher auch den Mittelpunkt dieser Arbeit.

Von dem entsprechenden Vortrag in Stockholm liegen keine Nachschriften vor, jedoch hält Rudolf Steiner im Anschluß daran zahlreiche Vorträge über dieses Thema an verschiedenen Orten. Sie sind in dem Band 118 der Gesamtausgabe unter dem Titel „Das Ereignis der Christus-Erscheinung in der ätherischen Welt" vereinigt. Aufgrund der Bedeutung der dort ausgeführten Inhalte möchte ich aus dem gleichnamigen ersten Vortrag, Karlsruhe, 25. Januar 1910, die hier wichtigen Punkte in einem längeren Zitat ungekürzt wiedergeben. Es fällt dort das Wort „Kali Yuga", dazu eine kurze Erklärung.

Im Sinne einer indischen Bezeichnung läßt sich die Weltentwicklung in vier Weltenalter gliedern: das Krita Yuga, Treta Yuga, Dvapara Yuga und das Kali Yuga. Das Krita Yuga oder Goldene Zeitalter reicht bis in die atlantische Zeit zurück und bezeichnet den Zeitraum, in dem die Menschen noch Wahrnehmungen der geistigen Welt durch eigene Anschauung hatten. Es folgten dann das Silberne Zeitalter, Treta Yuga (Zeit der heiligen Rishis im alten Indien und ein Teil der persischen Kulturepoche), dann das Eherne Zeitalter, Dvapara Yuga (chaldäisch-babylonisch-assyrisch-ägyptische Kultur) und schließlich das finstere Zeitalter oder Kali Yuga. Es begann im Jahre 3101 v.Chr. und umfaßte ca. 5.000 Jahre. Sein Ende gibt Rudolf Steiner mit dem Jahre 1899 an.

„Es wird so viel von Übergangszeiten gesprochen; wir leben in einer solchen, und zwar in einer sehr wichtigen. Und das Wichtige ist, daß wir gerade in der Zeit leben, wo das finstere Zeitalter abgelaufen ist, und das jetzt gerade ein Zeitalter beginnt, wo die Menschen neue Fähigkeiten langsam und allmählich entwickeln, wo die Seelen der Menschen allmählich anders werden.

Aber daß die meisten Menschen nichts davon bemerken, daß braucht Sie nicht zu wundern, denn die meisten haben es auch nicht bemerkt, als im Beginne unserer Zeitrechnung das Christus-Ereignis vor sich ging. Im Jahre 1899 ist das Kali Yuga abgelaufen, jetzt haben wir uns in ein neues Zeitalter hineinzuleben. Und was da beginnt, das bereitet langsam die Menschen zu neuen Seelenfähigkeiten vor.

Die ersten Anzeichen von diesen neuen Seelenfähigkeiten, die werden sich in vereinzelten Seelen schon verhältnismäßig bald bemerkbar machen. Und sie werden sich deutlicher zeigen in der Mitte der dreißiger Jahre unseres Jahrhunderts, ungefähr in der Zeit zwischen 1930 und 1940. Die Jahre 1933, 1935 und 1937 werden besonders wichtig sein. Da werden sich am Menschen ganz besondere Fähigkeiten als natürliche Anlagen zeigen. In dieser Zeit werden große Veränderungen vor sich gehen und Prophezeiungen der biblischen Urkunden sich erfüllen. Da wird sich alles für die Seelen verändern, die auf der Erde weilen und auch für diejenigen, die nicht mehr im physischen Leibe sind. Gleichgültig, wo sie sind, diese Seelen, sie leben eben ganz neuen Fähigkeiten entgegen. Alles ändert sich. Das wichtigste Ereignis unserer Zeit aber ist eine tief einschneidende Änderung in den Seelenfähigkeiten der Menschen.

Das Kali Yuga ist abgelaufen, und es beginnen die Menschenseelen jetzt neue Fähigkeiten zu entwickeln, jene Fähigkeiten, welche, weil eben das Zeitalter dafür da ist, wie von selber heraustreiben werden aus den Seelen gewisse hellseherische Kräfte, jene hellseherischen Kräfte, die während des Kali Yuga eben hinuntertauchen mußten ins Unbewußte. Da wird es eine Anzahl von Seelen geben, die das merkwürdige Ereignis erleben werden, daß sie das Ich-Bewußtsein haben werden, aber neben diesem wird es für sie so sein, wie wenn sie in einer Welt lebten, die eigentlich eine ganz andere Welt ist als diejenige ihres gewöhnlichen Bewußtseins: es wird sein wie schattenhaft, wie eine Ahnung, wie wenn ein Blindgeborener operiert wird. Durch dasjenige, was wir esoterische Schulung nennen, werden diese hellseherischen Fähigkeiten noch viel besser erlangt werden. Das wird aber, weil die Menschen fortschreiten, in den allerersten Anfängen, in den elementarsten Stufen durch die selbsttätige natürliche Entwickelung in der Menschheit auftreten." (GA 118/25.01.1910/S.25 f.)

Es besteht jedoch die Gefahr, so Rudolf Steiner weiter, daß diese Erlebnisse unbemerkt an den Menschen vorübergehen könnten, daß sie sie für Halluzinationen halten und nicht bemerken würden, daß es ein, wenn auch schattenhaftes und mattes, Hineinschauen in eine geistige Welt ist: in diejenige Welt, die sich als ätherische unmittelbar an die physische anschließt.

„Es wird die Fähigkeit sein, daß die Menschen in ihrer Umgebung etwas sehen werden von dem Ätherischen, das sie normalerweise bisher nicht wahrnehmen konnten. Jetzt sieht der Mensch nur den physischen Leib des Menschen, dann aber wird er imstande sein, den Ätherleib wenigstens wie ein schattenhaftes Bild zu sehen und auch aller tieferen Ereignisse Zusammenhang im Ätherischen zu erleben. Sie werden Bilder und Ahnungen haben von Ereignissen in der geistigen Welt und erleben, daß sich solche Ereignisse in drei bis vier Tagen dann auf dem physischen Plan erfüllen. Sie werden gewisse Dinge in ätherischen Bildern sehen und dann wissen: morgen oder in einigen Tagen geschieht dieses oder jenes.

Solche Umänderungen der menschlichen Seelenfähigkeiten werden kommen. Etwas, was man als ein Äthersehen bezeichnen kann, wird kommen. Und was ist damit verknüpft? Nun, diejenige Wesenheit, die wir den Christus nennen, die war einmal im Fleische auf der Erde im Beginne unserer Zeitrechnung. In einem solchen physischen Leibe wird sie nicht mehr kommen, denn das war ein einmaliges Ereignis. Aber in der ätherischen Gestalt wird der Christus wiederkommen in den genannten Zeiten. Da werden die Menschen wahrnehmen lernen den Christus, indem sie durch dieses Äthersehen hinaufwachsen werden zu ihm, der nun nicht mehr heruntersteigt bis zum physischen Leib, sondern bloß bis zum Ätherleib. Die Menschen werden also hinaufwachsen müssen zu einem Wahrnehmen des Christus. Denn wahr ist der Ausspruch, den der Christus getan hat: 'Ich bin bei euch alle Tage bis ans Ende der Erdenzeiten.' Er ist da, er ist in unserer geistigen Welt, und besonders Begnadete, die können ihn immer wahrnehmen in dieser geistig-ätherischen Welt.

Derjenige, der durch solche Wahrnehmung besonders überzeugt worden ist, war Paulus, im Ereignis von Damaskus. Als natürliche Fähigkeit aber wird dieses Äthersehen ausgebildet werden bei einzelnen Menschen. Ein Ereignis von Damaskus, ein Paulus-Ereignis zu erleben, wird mehr und mehr möglich werden den Menschen der kommenden Zeit ...

Wenn wir das erfassen, dann erscheint uns Geisteswissenschaft als die Vorbereitung der Menschen auf die Wiederkunft des Christus, damit das Unglück nicht eintritt, daß sie dieses große Ereignis übersehen, sondern reif werden, den großen Moment zu erfassen, den man als das Wiederkommen des Christus bezeichnen kann. Der Mensch wird fähig werden, Ätherleiber zu sehen, und er wird fähig sein, unter diesen Ätherleibern auch den Ätherleib des Christus zu sehen, das heißt, in eine Welt hineinzuwachsen, in der ihm für seine neuerwachten Fähigkeiten der Christus erscheinen wird ...

Das ist das größte Geheimnis unseres Zeitalters: das Geheimnis von dem Wiederkommen des Christus, und so nimmt es sich in seiner wahren Gestalt aus.“ (GA 118/ 2501.1910/S.27 f.)

In dieser Darstellung sind die wesentlichen Gesichtspunkte enthalten. Sie werden in weiteren Vorträgen aufgegriffen, vertieft und ergänzt. Ich werde im folgenden auf die einzelnen Ereignisse näher eingehen.

Christus in der Erdenaura

Mit dem Mysterium von Golgatha vollzog sich ein kosmisch-irdisches Geschehen. Von alters her wurde die Christuswesenheit mit den geistigen Kräften der Sonne in Beziehung gebracht. So verkündete Zarathustra, der Inspirator der urpersischen Geisteskultur, seinem Volke das Wesen des Großen Sonnen- oder Lichtgeistes – die Sonnenaura, thura-mazdao –, das dereinst von der Sonne auf die Erde herabsteigen sollte. Er wies damit auf den Christus hin, der sich zum Zeitpunkt der Jordan-Taufe in den dreißigjährigen Jesus von Nazareth inkarnierte. Drei Jahre lebte und wirkte der Christus, die kosmische Sonnengottheit, als Mensch auf der Erde. Nach dem Kreuzestod auf Golgatha vollzog sich seine Auferstehung. Christus kehrte aber nicht zur Sonne zurück. Er hat sich mit der Erde vereinigt und ist seither als geistige Wesenheit in der Erdenaura anwesend.

„Denn in der Erdenaura, in die wir selbst eingebettet sind, ist der Christus hineinergossen. Er lebt darinnen! Und wir können mit ihm als einem geistigen Wesen in der Erdenaura verkehren, wenn wir uns die Möglichkeit dazu aneignen, wie die Jünger einmal auf dem physischen Plan mit dem Christus Jesus gelebt haben. Wir müssen uns nur daran gewöhnen, die lebendige Anwesenheit des Christus in der Erdenaura wirklich

Saulus vor Damaskus

Saulus war noch voller leidenschaftlichem Haß und Vernichtungswillen gegen die Jünger des Christus. Er wandte sich an den Hohenpriester und bat ihn um Aufträge an die Synagogen zu Damaskus. Er wollte die, die er auf dem Wege treffen würde, Männer und Frauen, gebunden nach Jerusalem bringen. Als er auf dem Wege war und nahe an Damaskus herankam, umstrahlte ihn plötzlich ein Licht aus dem Himmel. Er fiel zur Erde nieder und hörte eine Stimme, die zu ihm sprach: Saul, Saul, warum verfolgst du mich? Er sprach: Wer bist du, Herr? Und er vernahm die Antwort: Ich bin Jesus, den du verfolgst. Stehe nun auf und gehe in die Stadt. Dort wird dir gesagt werden, was du tun sollst. Die Männer, die ihn begleiteten, standen sprachlos da. Sie hörten zwar eine Stimme, aber eine Gestalt sahen sie nicht. Saulus erhob sich von der Erde. Aber als er seine Augen aufschlug, sah er nichts. An der Hand mußte man ihn nach Damaskus führen. Drei Tage lang war er blind und nahm weder Speise noch Trank zu sich.

In Damaskus lebte ein Jünger namens Ananias. Ihn rief der Herr, der ihm geistig erschien: Ananias. Er antwortete: Siehe, hier bin ich, Herr. Und der Herr sprach zu ihm: Mache dich auf und gehe in die Straße, welche 'die gerade' genannt wird, und frage in dem Hause des Judas nach Saulus von Tarsus. Siehe, er ist im Gebet vertieft und hat eben schauend wahrgenommen, daß ein Mann namens Ananias zu ihm kommen und ihm die Hand auflegen und das Augenlicht wiedergeben wird. Da sprach Ananias: Herr, ich habe von vielen über diesen Mann sprechen hören, wieviel Leid er deinen Heiligen in Jerusalem angetan hat. Und jetzt ist er hierhergekommen mit einer Vollmacht von den Hohenpriestern, alle gefangenzusetzen, die deinen Namen anrufen. Doch der Herr antwortete ihm: Gehe hin, denn er ist das Werkzeug meiner Auserwählung. Vor die Völker und die Könige und vor die Söhne Israels soll er meinen Namen tragen. Ich will ihm aber auch zeigen, welche Leiden er wird auf sich nehmen müssen im Dienste meines Namens. Da machte sich Ananias auf den Weg, ging in das Haus und legte ihm die Hand auf und sprach: Saul, mein Bruder, der Herr sendet mich: Jesus, den du auf deinem Weg geschaut hast. Du sollst wieder sehend sein, und der heilige Geist soll dich erfüllen. In diesem Augenblick fiel es wie Schuppen von seinen Augen, er konnte wieder sehen, erhob sich, ließ sich taufen, nahm Speise und kam wieder zu Kräften.

Einige Tage verweilte er bei den Jüngern zu Damaskus. Und sogleich begann er, in den Synagogen zu verkündigen, daß Jesus der Gottessohn sei.

(Apostelgeschichte, 9, 1–21; in der Übersetzung von Emil Bock)

zu durchschauen und das Christentum nicht nur zu identifizieren mit einer bloßen Lehre, einer bloßen Doktrin. Seit dem Mysterium von Golgatha ist der Christus da, ist um uns herum. Wir können ihn finden in derselben Welt, in der wir sind, in der er ist, nur nicht in einer physischen Gestalt, sondern als Geistwesenheit." (GA 152/27.05.1914/S.148)

Als Geistwesen lebt der Christus auf dem astralischen Plan der Erde, erleben werden die Menschen ihn aber in einer ätherischen Gestalt: In dem neuen Schauen wird dem Menschen entgegentreten „die ätherische Christus-Gestalt, der wirkliche Christus, wie er auf dem astralischen Plan lebt, wie er zwar nicht im physischen Leibe sich verkörpert, wie er aber auf der Erde auftritt, sichtbar für die neu erwachten Fähigkeiten der Menschen ..." (GA 130/02.12.1911/S.167)

Rudolf Steiner charakterisiert aber noch genauer, in welcher Form sich der Christus offenbaren wird. Vom Zeitpunkt der Jordan-Taufe an offenbarte er sich durch drei Jahre hindurch in einem menschlichen Leib, anschließend offenbart er sich „in direkter Weise als ein Engelwesen, ein geistiges Wesen, welches eine Stufe höher steht als die Menschenwesen. Als ein solches konnte er stets gefunden werden von denen, die hellsichtig waren; als ein solches war er stets mit der Evolution verbunden. So wahr als der Christus, als er im Leibe des Jesus von Nazareth inkarniert war, mehr als Mensch war, so ist das Christus-Wesen mehr als Engel. Das ist nur seine äußere Gestalt." (GA 152/02.05.1913/S.41)

Drei Seiten weiter heißt es: „Und weiter wollen wir unsere Seele mit dem Gedanken erfüllen, wie Christus dann, was seine äußere Form anbetrifft, sich mit der Hierarchie der Engel vereinigte und seit jener Zeit unsichtbar in der Erde gelebt hat." (GA 152/02.05.1913/S.44)

Durch das neue hellseherische Schauen werden die Menschen den ätherischen Christus also in der Gestalt eines Engels sehen.

„Anfangs nur wenige, dann eine immer wachsende Anzahl von Wesen wird im 20. Jahrhundert fähig sein, die Erscheinung des ätherischen Christus, das heißt Christus in der Gestalt eines Engels, wahrzunehmen." (GA 152/02.05.1913/S.45)

Wie es heißt, betrifft dies die äußere Form seiner Erscheinung, der Christus ist selbstverständlich ein unendlich viel höheres Wesen als ein Engel. Und seit wann kann er als solcher wahrgenommen werden?

„So weit die Menschheit in ihren heutigen Taten entfernt zu sein scheint von dem Durchtränktsein mit dem Christus-Geist auf dem physischen Plan, so nahe ist den Seelen, wenn sie sich nur öffnen wollten, der Christus, der da kommt. Und der Okkultist kann geradezu darauf hindeuten, wie seit dem Jahre 1909 ungefähr in deutlich vernehmbarer Weise sich vorbereitet dasjenige, was da kommen soll; daß wir seit dem Jahre 1909 innerlich in einer ganz besonderen Zeit leben. Und es ist heute möglich, wenn es nur gesucht wird, dem Christus ganz nahe zu sein, den Christus in ganz anderer Art zu finden, als ihn frühere Zeiten gefunden haben." (GA 175/06.02.1917/S.30)

Christus – der Tröster des Menschen

Die Wahrnehmung des ätherischen Christus wird ein sehr konkretes Erlebnis sein, das vom 30. Lebensjahr des Menschen an wie durch eine Erleuchtung eintreten kann (siehe GA 152/14.10.1913/S.89).

Besonders in leidbelasteten Situationen, in denen der Mensch nicht aus noch ein weiß, kann ihm der Christus entgegentreten und Worte des Trostes zu ihm sprechen. Hierzu sei eine eindrucksvolle Schilderung aus dem Vortrag über die „Ätherisation des Blutes" vom 01.10.1911 wiedergegeben:

„Aber es wird sich darum handeln, daß die Menschen lernen, den Moment zu betrachten, wo der Christus an sie herantritt. Es werden nur wenige Jahrzehnte vergehen, und für die Menschen, besonders der jugendlichen Jahre, wird der Fall eintreten – jetzt schon überall bereitet es sich vor –: Irgendein Mensch kommt da oder dorthin, dieses oder jenes erlebt er. Wenn er nur wirklich das Auge durch Beschäftigung mit der Anthroposophie geschärft hätte, könnte er schon bemerken, daß plötzlich um ihn irgend jemand ist, kommt, um zu helfen, ihn auf dieses oder jenes aufmerksam zu machen: daß ihm der Christus gegenübertritt – er aber glaubt, irgendein physischer Mensch sei da. Aber daran wird er merken, daß es ein übersinnliches Wesen ist, daß es sogleich verschwindet. Gar mancher wird erleben, wenn er gedrückten Herzens, leidbelastet, still in seinem Zimmer sitzt und nicht aus noch ein weiß, daß die Tür geöffnet wird: Der ätherische Christus wird erscheinen und wird Trostesworte zu ihm sprechen. Ein lebendiger Trostbringer wird der Christus für die Menschen werden! Mag es auch heute noch grotesk erscheinen, aber wahr ist es doch, daß manchmal, wenn die Menschen zusammensitzen, nicht aus noch ein wissen, und auch wenn größere Menschenmengen zusammensitzen und warten: daß sie dann den ätherischen Christus sehen werden! Da wird er selber sein, wird beratschlagen, wird sein Wort auch in Versammlungen hineinwerfen. Diesen Zeiten gehen wir durchaus entgegen." (GA 130/01.10.1911/S.94)

Also nicht nur einem einzelnen Menschen kann der Christus erscheinen, sondern auch mehreren, man denke an das Christus-Wort aus dem Matthäus-Evangelium: „Wo zwei oder drei in meinem Namen beisammen sind, da bin ich mitten unter ihnen" (Matth. 18, 20). Innigste Anteilnahme wird von ihm ausgehen, er wird Trostworte sprechen, ja, selber Rat geben und sein Wort in Versammlungen hineinwerfen! Dazu gehört aber auch, daß der Christus nicht nur an einem einzelnen Erdenort anwesend sein kann:

„Die Menschen werden wissen, wenn sie nicht mit unklaren Sinnen solche Sachen betrachten, daß sie es mit dem ätherischen Leibe zu tun haben, der innerhalb der physischen Welt herumwandeln wird, aber sie werden wissen, daß dies der einzige ätherische Leib ist, der wirken kann in der physischen Welt, wie sonst ein physischer Menschenleib wirkt. Er wird sich von einem physischen Leib nur dadurch unterscheiden, daß er sozusagen an zwei, drei, ja an hundert und an tausend Orten zu gleicher Zeit sein kann, was nur einer ätherischen, nicht aber einer physischen Gestalt möglich ist." (GA 130/01.10.1911/S.96)

Als Rudolf Steiner in der anschließenden Fragenbeantwortung gefragt wurde, wie man die Trostworte des Christus verstehen werde, antwortete er:

„Die Menschen werden wie durch ihr eigenes Herz diese Trostworte fühlen. Es kann sich auch wie ein physisches Hören ausnehmen." (GA 130/01.10.1911/S.102)

Es handelt sich also um ein sehr intimes Erlebnis, und es gehört ein hohes Maß an Selbstbeobachtung und Unterscheidungsvermögen dazu, um das, was aus der eigenen Seele, dem eigenen Herzen aufsteigt, im rechten Lichte zu sehen. Andererseits bin ich überzeugt, daß viel mehr Menschen dieses Erlebnis haben können als man vielleicht meint, vielleicht auch als sie selber wissen.

Christus wird der Herr des Karma

Für das folgende Kapitel beziehe ich mich im wesentlichen auf zwei Vorträge, ebenfalls aus dem Jahre 1911. Der erste ist am 7. Oktober in Karlsruhe gehalten, in dem Zyklus „Von Jesus zu Christus", der zweite in Nürnberg am 2. Dezember 1911 unter dem Titel „Glaube, Liebe, Hoffnung – Drei Stufen des menschlichen Seelenlebens".

Es geht um ein wichtiges Ereignis im Zusammenhang mit der Christus-Erscheinung in der ätherischen Welt – Christus wird der Herr des Karma für die Menschen. Der Schilderung aus Karlsruhe zufolge wird dieses Ereignis gegen Ende des 20. Jahrhunderts eintreten, also in unmittelbarer Gegenwart.

„Ebenso wie auf dem physischen Plan im Beginne unserer Zeitrechnung in Palästina ein Ereignis sich abgespielt hat, in welchem der Christus die wesentlichste Rolle spielte, ein Ereignis, das Bedeutung hat für die ganze Menschheit, so wird sich im Laufe des 20. Jahrhunderts, gegen das Ende des 20. Jahrhunderts zu, wiederum ein bedeutsames Ereignis abspielen; allerdings nicht in der physischen Welt, sondern in den höheren Welten, und zwar in derjenigen Welt, die wir zunächst als die Welt des Ätherischen bezeichnen. Und dieses Ereignis wird ebenso grundlegende Bedeutung für die Entwickelung der Menschheit haben, wie das Ereignis von Palästina im Beginne unserer Zeitrechnung ... Und dadurch, daß dieses Ereignis sich vollzieht, daß mit dem Christus selber sich ein Ereignis vollzieht, dadurch wird die Möglichkeit geschaffen, daß eben die Menschen den Christus sehen lernen, schauen werden." (GA 131/07.10.1911/S.77 f.)

Die Aussage kann man auch so verstehen, daß jenes Ereignis am Ende des 20. Jahrhunderts – es wird so bedeutungsvoll sein wie das, was vom Leben des Christus am Beginn unserer Zeitrechnung ausging – die Voraussetzung dafür sei, daß der ätherische Christus wahrgenommen werden kann. Dies sollte aber wie erwähnt bereits ab 1909 möglich sein. Der scheinbare Widerspruch löst sich auf, wenn man das betreffende Ereignis als einen Prozeß versteht, der sich über einen längeren Zeitraum erstreckt und vielleicht schon um 1909 begann. Man denke daran, daß der Christus erst einzelnen Menschen erscheinen wird, dann einer sich immer vergrößernden Zahl. – Um welches Ereignis handelt es sich nun?

„Dieses Ereignis ist kein anderes, als daß ein gewisses Amt im Weltenall für die menschheitliche Entwickelung in dem zwanzigsten Jahrhundert übergeht – in einer erhöhteren Weise übergeht, als das bis jetzt der Fall war – an den Christus. Und zwar lehrt uns die okkulte, die hellseherische Forschung, daß in unserem Zeitalter das Wichtige eintritt, daß der Christus der Herr des Karma für die Menschheitsentwickelung wird. Und dies ist der Beginn für dasjenige, was wir auch in den Evangelien mit den Worten angedeutet finden: Er werde wiederkommen, zu scheiden oder die Krisis herbeizuführen für die Lebendigen und die Toten. – Nur ist im Sinne der okkulten Forschung dieses Erlebnis nicht so zu verstehen, als ob es ein einmaliges Ereignis wäre, das auf dem physischen Plan sich abspielt, sondern es hängt mit der ganzen zukünftigen Entwickelung der Menschheit zusammen. Und während das Christentum und die christliche Entwickelung bisher eine Art von Vorbereitung bedeutet, tritt jetzt das Bedeutsame ein, daß der Christus der Herr des Karma wird, daß ihm es obliegen wird, in der Zukunft zu bestimmen, welches unser karmisches Konto ist, wie unser Soll und Haben im Leben sich zueinander verhalten." (GA 131/07.10.1911/S.78)

Bisher kam dieses Amt der geistigen Individualität des Moses zu. Das „karmische Konto" wurde dabei in einem bestimmten Stadium des nachtodlichen Lebens des Menschen festgestellt. Zunächst erlebt der Mensch nach dem Tode eine Rückschau auf sein vergangenes Erdenleben. Dieser Zustand dauert etwa drei Tage. Nachdem die Geistseele des Menschen sich dann auch von dem Ätherleib getrennt hat, erfolgt der Übergang in die Läuterungszeit des Kamaloka, die etwa ein Drittel des Erdenlebens dauert. Indem jetzt das vergangene Leben in einem rückläufigen Durchgang noch einmal durchlebt wird, begegnen dem Menschen all die Wirkungen seiner guten wie auch schlechten Taten. Im Anschauen dessen werden die Impulse für das zukünftige Karma aufgenommen. Nach dieser Zeit hat sich die geistige Individualität von allem befreit, was an ein Erleben auf der Erde gebunden ist, sie hat sich vom Astralleib getrennt und kann zu ihrer weiteren Entwicklung in die rein geistige Welt übergehen. – Wenn der Mensch nun zur Bildung seines Zukunftskarmas in die Kamalokazeit übergeht, tritt er vor zwei Gestalten.

„Moses ist die eine – der Mensch weiß ganz genau, daß er Moses gegenübertritt –, der ihm vorhält die Gesetzestafeln, im Mittelalter nannte man es 'Moses mit dem scharfen Gesetz', und der Mensch hat ganz genau in seiner Seele das Bewußtsein, inwiefern er bis in das Innerste seiner Seele abgewichen ist von dem Gesetz. Die andere Gestalt ist diejenige, die man nennt 'den Cherub mit dem feurigen Schwert', der da entscheidet über diese Abweichung." (GA 130/02.12.1911/S.165)

Diese beiden Wesen stellen also gewissermaßen das „karmische Konto" fest. Auf der einen Seite sind alle guten und schönen Taten verzeichnet, auf der anderen Seite alle bösen und törichten. Dieses karmische Richteramt geht in unserer Zeit nun auf den Christus über, und zwar in einer noch besonderen Weise.

„Daß unser karmisches Konto in der Zukunft so ausgeglichen wird, das heißt in eine solche Weltordnung hineingestellt wird gegen die Zukunft, wenn wir den Weg zum Christus gefunden, daß die Art unseres karmischen Ausgleiches das größtmöglichste Menschenheil für den Rest der Erdenentwickelung hervorrufe, das wird die Sorge sein dessen, der von unserer Zeit an der Herr des Karma wird, es wird die Sorge Christi sein." (GA 130/02.12.1911/S.166)

Im Karlsruher Vortrag findet sich zu demselben Sachverhalt noch eine wesentliche Ergänzung:

„Und diese Tatsache (die Übertragung des karmischen Richteramtes an den Christus; F.L.) ist es, die so hereinwirkt in die physische Welt, auf den physischen Plan, daß der Mensch ein Gefühl dafür entwickeln wird in der Art: mit alledem, was er tut, schafft er etwas, gegenüber dem er dem Christus Rechenschaft schuldig sein wird. Und dieses Gefühl, das in einer ganz natürlichen Art im Verlaufe der Menschheitsentwickelung nunmehr auftritt, wird sich umgestalten, so daß es die Seele mit einem Lichte durchtränkt, das von dem Menschen selber ausgeht nach und nach, und das beleuchten wird die Christus-Gestalt innerhalb der ätherischen Welt. Und je mehr dieses Gefühl, das eine erhöhtere Bedeutung noch haben wird als das abstrakte Gewissen, sich ausbilden wird, desto mehr wird die Äthergestalt des Christus in den nächsten Jahrhunderten sichtbar werden." (GA 131/07.10.1911/S.80)

Die Menschen werden nicht einfach den ätherischen Christus schauen. Vielmehr geht die Tat des Christus voraus, eine Tat, die unendlich weit über unser eigenes Vermögen hinausgeht, und die man sich nicht groß genug vorstellen kann: Er übernimmt die Verantwortung und Sorge dafür, daß unser Karma dem allgemeinen Fortschritt der Menschheit dient – für jeden einzelnen, für die ganze Menschheit!

Dieses Ereignis wirkt so auf die physische Welt, daß in uns ein Gefühl aufsteigt dem Christus Rechenschaft für unsere Taten schuldig zu sein. Im Inneren der menschlichen Seele gestaltet es sich so um, daß ein Licht die Seele durchtränkt. Es strahlt vom

Menschen aus und beleuchtet die Äther-Gestalt des Christus. Erst dadurch wird es möglich, den ätherischen Christus nach und nach wahrzunehmen.

Die Wahrnehmung des Karma

Mit der Übertragung des karmischen Richteramtes an den Christus sind für den Menschen weitere Erlebnisse verknüpft, die sich durch die Entwicklung der neuen Seelenfähigkeiten ergeben können.

Es wird eine Art Wahrnehmen des Karma sein, in dem der Mensch, wenn er eine Tat verrichtet, sogleich die karmische Ausgleichstat wie in einem mehr oder weniger deutlichen Traumbild, einer Ahnung, vielleicht aber auch als deutliches Bild sehen wird.

„Da werden zum Beispiel Menschen sein, welche dieses oder jenes getan haben werden, irgendeine Tat vollbracht haben werden. Dann werden diese Menschen den Drang verspüren – und immer mehr und mehr wird es solche Menschen geben in den nächsten drei Jahrtausenden von unserem zwanzigsten Jahrhundert an –, etwas zurückzutreten von ihrer Tat. Denn etwas wie ein merkwürdiges Traumbild wird ihnen aufsteigen. In diesem Traumbild werden sie wie traumhaft etwas sehen, was so aussieht, wie wenn es ihre eigene Tat wäre, aber doch werden sie sich nicht erinnern können, jemals getan zu haben, was in diesem Bilde auftritt ... (Sie) werden wissen, daß dies heranwachsende neue Fähigkeiten der Menschen sind, solche Fähigkeiten, welche hineinschauen können in die geistige Welt und sie werden wissen, daß das Bild, das vor ihre Seele tritt, eine Vorherverkündigung jener karmischen Tat ist, welche eintreten muß einmal in der Zukunft, sei es in diesem Leben, sei es namentlich in den nächsten Erdenleben, um einen Ausgleich für das zu schaffen, was wir begangen haben. Kurz, die Menschen werden nach und nach die Fähigkeit erringen, den karmischen Ausgleich, die ausgleichende Tat, die in der Zukunft geschehen muß, zu schauen wie im Traumbilde." (GA 130/02.12.1911/S.166 f.)

Hier öffnet sich also durch die neue Fähigkeit des Äthersehens der Blick in die Zukunft. Weiter oben wurde eine andere Art der prophetischen Vorausschau von Zukunftsereignissen erwähnt: Die Wahrnehmung von Bildern und Ahnungen von Ereignissen in der geistigen Welt, die sich in drei bis vier Tagen in der physischen Welt erfüllen werden.

Dagegen beziehen sich diejenigen Erlebnisse, in denen dem Menschen in Leid und Not der Christus als Rater und Tröster erscheint, auf die Gegenwart, das heißt auf unmittelbar gegenwärtige Lebens- und Schicksalssituationen. In jedem Fall handelt es sich um Erlebnisse, die mit dem innersten Wesen des Menschen, seinem Ich, schicksalsmäßig zusammenhängen.

Nun hat das Ich aber auch einen Bezug zur Vergangenheit. Es ist durch frühere Inkarnationen hindurchgegangen, und die gegenwärtigen Erlebnisse hängen innerlich mit den vorherigen Inkarnationen zusammen. So war es auch das vordringliche Anliegen Rudolf Steiners, die Gesetzmäßigkeiten der wiederholten Erdenleben immer weiter und konkreter zu erforschen, wie es in vielen Vorträgen bis hin zu den tiefgreifenden Karmavorträgen von 1924 zum Ausdruck kommt. Doch bereits am 4. Dezember 1909 weist Rudolf Steiner auf die, wie es dort heißt, „hervorragendste neue Seeleneigenschaft des Menschen" hin, die sich seit dem Beginn des 20. Jahrhunderts vorbereitet: Es ist die Fähigkeit der Erinnerung an frühere Inkarnationen.

Die Wahrnehmung früherer Inkarnationen

„Es gibt heute eine Anzahl von Seelen welche in unserer Zeit so weit sind, daß sie knapp vor dem Momente stehen, wo sie an ihre früheren Inkarnationen, wenigstens an die letzte, sich erinnern werden. Eine ganze Anzahl von Menschen ist heute sozusagen gerade vor dem Sich-Öffnen des Tores zu dem umfassenden Gedächtnis, das nicht nur das Leben zwischen Geburt und Tod, sondern das die vorhergehenden Inkarnationen, wenigstens die letzte zunächst umfaßt. Und wenn nach der gegenwärtigen Inkarnation eine Anzahl von Menschen wiedergeboren werden, dann werden sie sich erinnern an die gegenwärtige Inkarnation." (GA 117/04.12.1909/S.153)

Diese neue Seelenfähigkeit wird ebenso aufgrund der natürlichen Entwicklung der menschlichen Organisation veranlagt. Zur bewußten Fähigkeit wird sie, wenn die entsprechende Anlage ausgebildet wird. Wie aber wird der Mensch die Rückerinnerung an seine früheren Inkarnationen erleben? Dazu eine Schilderung vom 14. Oktober 1911. Im Verlaufe dieser Darstellung wird auch deutlich, daß die „Aufhellung des Blickes nach rückwärts" von dem Christus-Ereignis des 20. Jahrhunderts ausgehen wird.

„Gewisse Kräfte werden in der Menschennatur entwickelt werden gegen die Zukunft hin, die so wirken, daß der Mensch, sobald er nur ein gewisses Lebensalter erreicht hat und seiner selbst recht bewußt wird, in sich die Empfindung haben wird: Da ist etwas in mir, was ich verstehen muß. – Das wird die Menschen immer mehr und mehr ergreifen. In den verflossenen Zeiten, auch wenn sich die Menschen noch so sehr bewußt wurden, war dieses Bewußtsein, das jetzt kommen wird, nicht vorhanden. Es wird etwa so sich äußern: Da fühle ich etwas in mir, das hängt zusammen mit meinem eigentlichen Ich. Merkwürdig, es will aber nicht hereinpassen in alles, was ich wissen kann seit meiner jetzigen Geburt! – Dann wird man das, was da wirkt, verstehen können oder wird es nicht verstehen. Verstehen wird man es können, wenn man die Lehren der anthroposophisch orientierten Geisteswissenschaft zu seinem Lebensinhalt gemacht hat. Man wird dann wissen: Was ich fühle, das fühle ich jetzt deshalb fremd, weil es das Ich ist, das aus früheren Leben herübergekommen ist. – Beklemmend, Furcht und Angst erzeugend wird diese Empfindung sein für diejenigen Menschen, welche sie sich nicht aus den wiederholten Erdenleben heraus erklären können. Dagegen lösen werden sich diese Gefühle, die jetzt nicht theoretische Zweifel, sondern Lebensbeklemmungen, Lebenszusammenschnürungen sein werden, durch jene Empfindungen, die uns aus der Geisterkenntnis gegeben werden können und die uns besagen, Du mußt dein Leben ausgedehnt denken über frühere Erdenleben hin. – Da werden die Menschen schon sehen, was es für sie bedeuten wird, den Zusammenhang zu empfinden mit dem Christus-Impuls. Denn der Christus-Impuls wird es sein, der beleben wird den ganzen Blick nach rückwärts, die ganze Perspektive nach rückwärts. Man wird empfinden: da war diese Inkarnation, da jene. Dann wird eine Zeit kommen, über die wird man nicht hinüberkönnen, ohne daß man sich klar wird: Da war der Christus-Impuls auf der Erde! Und weiter werden die Inkarnationen folgen, wo das Christus-Ereignis noch nicht da war. Diese Aufhellung des

Blickes nach rückwärts durch den Christus-Impuls werden die Menschen brauchen zur Zuversicht in die Zukunft, als eine Notwendigkeit und eine Hilfe, die sich hineingießen kann in die folgenden Inkarnationen." (GA 131/14.10.1911/S.220 f.)

Demnach tritt die Wahrnehmung der früheren Inkarnationen also als Empfindungen in der Seele auf; der Mensch fühlt etwas, was mit dem eigentlichen Ich zusammenhängt, aber nicht aus dem gegenwärtigen Erdenleben resultiert. Dieses Fühlen, diese Empfindungen treten ihrerseits als Wirkungen von „gewissen Kräften" auf, die sich in der Natur des Menschen entwickeln werden.

Die Erinnerung an frühere Inkarnationen im Sinne einer inneren Wahrnehmung ist an ein entsprechendes Wahrnehmungsorgan gebunden. Dieses hat sich, so Rudolf Steiner, im Laufe der letzten 400 bis 500 Jahre innerhalb der feineren Strukturen des Vorderhirns gebildet. In dieser Zeit, also vom Beginn des Bewußtseinsseelenzeitalters im 15. Jahrhundert, gingen von dem Erzengel Gabriel leitende Impulse für die Menschheitsentwicklung aus. Während die Signatur dieser Epoche durch das Aufkommen der Naturwissenschaft, durch die exakte Sinnesbeobachtung und Verstandesausbildung geprägt war, arbeiteten unter der Herrschaft Gabriels geistige Wesen am physischen Leib des Menschen:

„Im Zeitalter des Gabriel ist auch gearbeitet worden von der übersinnlichen Welt aus in die sinnliche hinein. Diese Arbeit ist geleistet worden am physischen Leib des Menschen. Innerhalb des Vorderhirns entstanden in dieser Zeit feine Strukturen, die nach und nach durch das Gabriel-Regiment in die menschliche Generation eingepflanzt worden sind, wodurch die Menschen zum großen Teil mit solchem Gehirn geboren werden, welches andere, feinere Strukturen hier am Vorderhirn hat, als es bei den Menschen des 12. und 13. Jahrhunderts noch der Fall war.

Das war die Aufgabe des Zeitalters, in dem die Menschen den Sinn lenkten auf das Physisch-Sinnliche, abgeschlossen waren gegen das Inspirierte, daß in die Leiblichkeit hinein sich die Impulse der übersinnlichen Welt ergossen und diese feine Struktur im Gehirn ausbildeten.

Und immer mehr und mehr wird diese Struktur da sein bei denen, die jetzt sich fähig fühlen, zum aktiven Denken und zum Verstehen der Geisteswissenschaft fortzuschreiten. Und dann werden in unserer Epoche, in derjenigen Epoche, an deren Anfang wir eigentlich erst stehen, die übersinnlichen Kräfte nicht verbraucht, um Strukturen im Gehirn zu bilden, sondern um unmittelbar in die Seelen einzufließen, durch Imagination und Inspiration zu wirken, einzufließen in die menschlichen Seelen. Das ist das Michael-Regiment." (GA 152/18.05.1913/S.57 f.)

Gabriel wirkte, indem jene Strukturen im Vorderhirn ausgestaltet wurden, durch die menschliche Fortpflanzungskraft. Mit dem Ende des 19. Jahrhunderts war diese Arbeit am physischen Leib des Menschen abgeschlossen. Seitdem ist es prinzipiell möglich, das Organ zur Rückerinnerung an frühere Inkarnationen zu benutzen.

„Durch dasjenige, was da geschehen ist, bildet sich immer mehr eine Menschheit heran, die durch ihre Organisation in der Lage ist, gedächtnismäßig in zukünftigen Inkarnationen wirklich zurückzuschauen auf frühere Inkarnationen. Aber die Menschheit muß sich in diese Lage erst versetzen. Man kann sich nicht an etwas erinnern, an das man niemals gedacht hat ... An das innerste Wesen der Seele müssen wir uns zuerst erinnern, an das, was wirklich hinübergeht in das Wesen der Seele. Aber dazu müssen wir dieses innerste Wesen zuerst erfaßt haben. Das können wir nur durch okkulte Schulung. Wenn man sich nicht bemüht hat, den Gedanken des Wesens der Seele zu haben in der früheren Inkarnation, so kann man sich auch nicht daran zurückerinnern, mag man noch so gut organisiert sein. Organisiert zur Rückerinnerung werden die Menschen sein, aber sie werden diese Organisation zunächst als Krankheit empfinden, als Nervosität, als einen furchtbaren Zustand, wenn sie sie nicht gebrauchen können. Denn sie werden organisiert sein, um sich zurückzuerinnern, aber sie haben nichts, woran sie sich erinnern können. Wenn der Mensch Eindrücke hat, die er nicht verwerten, Organe in sich hat, die er nicht gebrauchen kann, dann erkrankt er ... In jedem Leben, das auf ein solches folgt, in dem man die Seele als Geistwesen erkannt hat, kommt die Rückerinnerung an frühere Erdenleben.“ (GA 152/18.05.1913/S.59 f.)

Hier wird die okkulte Schulung als Vorbereitung genannt, um das Organ der Rückerinnerung an frühere Inkarnationen richtig benutzen zu können, anderenfalls erkrankt der Mensch. Ein hartes Wort, daß an den früher gebrachten Ausdruck über die auftretenden feineren Krankheitszustände der Gegenwart erinnert.

Der Beginn des Michael-Zeitalters und die Krisis in der Mitte des 20. Jahrhunderts – Der Eingriff der Widersachermächte

Bisher sind die Erlebnisse, die mit der Entwicklung der neuen Seelenfähigkeiten verbunden sind, unter dem Gesichtspunkt betrachtet worden, daß sich der Ätherleib des Menschen aus seinem Zusammenhang mit dem physischen Leib zu lockern beginnt und der Mensch dadurch wieder Wahrnehmungen in der ätherischen Welt haben kann. Die Veränderung in der Konstitution der menschlichen Wesensglieder könnte man als eine Entwicklung von unten nach oben bezeichnen. Gleichzeitig aber vollzieht sich eine Entwicklung von oben nach unten:

Im vorherigen Kapitel ist dargestellt worden, daß vom 15. bis zum Ende des 19. Jahrhunderts unter der Leitung des Erzengels Gabriel von der geistigen Welt aus am physischen Leib des Menschen gearbeitet worden ist. Das Jahr 1879 kennzeichnet das Ende der Regentschaft Gabriels. Michael, der durch seine besondere Entwicklung aus der Hierarchie der Archangeloi (Erzengel) in die Hierarchie der Archai (Urkräfte) aufgestiegen ist, wird leitender Zeitgeist. Damit sind tiefgreifende Veränderungen verbunden, die sich auf das Verhältnis des Menschen zur geistigen Welt auswirken.

In dem bereits zitierten Vortrag vom 18. Mai 1913 schildert Rudolf Steiner, daß die übersinnlichen Kräfte, die vorher am physischen Leib des Menschen gearbeitet haben, besonders in den Feinstrukturen des Gehirns, von 1879 an durch Imaginationen, Inspirationen und Intuitionen unmittelbar in die menschlichen Seelen einfließen können.

„Von jetzt an werden die übersinnlichen Kräfte so gelenkt und geleitet von der übersinnlichen Welt aus, daß möglichst viele Inspirationen und Intuitionen hineinfließen können in die Menschenseele, so daß ein Wissen von Imagination, Inspiration, Intuition die Menschenseele wird ergreifen können. So bar allen inspirierten Wesens, aller Erkenntnisse des Geistigen das abgelaufene Zeitalter war, so erfüllt von inspiriertem, von intuitivem Wesen werden die wirklich lebendigen Kulturimpulse der folgenden Zeit sein.“ (GA 152/18.05.1913/S.56 f.)

Die Entwicklung vom alten zum neuen Hellsehen

Atlantische Zeit	Der Ätherleib ragte über den physischen Leib heraus, instinktiv schauendes Bewußtsein.
Ende der atlantischen Zeit	Ätherleib und physischer Leib kommen allmählich zur Deckung, erstes Aufleuchten des Ich-Bewußtseins, die schauende Kraft wird gelähmt.
Indische Kulturepoche	Der Ätherkopf ragte noch über den physischen Kopf heraus, Nebelwolken ätherischer Natur wurden wie Tau oder Reif über den Dingen gesehen.
Ägyptische Kulturepoche	Beginn des Finsteren Zeitalters, Kali Yuga, im Jahre 3101 v.Chr.
Griechische Kulturepoche	Vollständige Durchdringung des Ätherleibes und des physischen Leibes erreicht, Sinneswahrnehmungen wie heute.
3. Jahrhundert v.Chr.	Zusammenhang von Ätherkopf und physischen Kopf geht verloren.
Unsere Kulturepoche	
1721	Ätherleib rückt weiter aus physischem Leib heraus, Zusammenhang von Ätherherz und physischem Herzen lockert sich (bis 2100 n.Chr.).
1413–1879	Gabriel-Zeitalter, im Gehirn werden feine Strukturen ausgebildet, das Organ zur Rückerinnerung an frühere Inkarnationen.
1879	Beginn des Michael-Zeitalters, Imaginationen, Inspirationen und Intuitionen können in die Menschenseele einfließen.
1899	Ende des Kali Yuga, Beginn des „Lichten Zeitalters", neue Seelenfähigkeiten bereiten sich vor, Ätherhellsehen als vollbewußtes Schauen, der ätherische Christus kann von jetzt ab wahrgenommen werden.
1930–1940	Die neuen Seelenfähigkeiten sollen sich deutlicher zeigen, Zeit der Krisis.
Ende des 20. Jahrhunderts	Christus wird der Herr des Karma.

Bildhaft gesprochen kann man sagen, daß das Tor zur geistigen Welt, welches vorher verschlossen war, sich im Jahre 1879 geöffnet hat. Die geistigen Kräfte fließen unmittelbar in die Menschenseelen herein.

Schon in den Aussagen von 1909 bis 1913 hat Rudolf Steiner immer wieder darauf hingewiesen, daß sich die neuen Seelenfähigkeiten nur gesund entwickeln können, wenn

Die Erlebnisse der neuen Seelenfähigkeiten	
In bezug auf die Gegenwart	Ätherleiber können wie schattenhafte Bilder gesehen werden, ebenso aller tieferen Ereignisse Zusammenhang im Ätherischen.
	Wahrnehmung des Ätherleibes des Christus.
	Christus erscheint als Rater und Tröster.
In bezug auf die Vergangenheit	Gefühl, Empfindung für das Hereinragen frühere Inkarnationen.
	Gedächtnismäßige Rückerinnerung an frühere Inkarnationen.
In bezug auf die Zukunft	Ätherische Bilder und Ahnungen von Ereignissen in der geistigen Welt, die sich in drei bis vier Tagen im Irdischen erfüllen.
	Traumbild von karmischen Ausgleichstaten, die sich erst in der Zukunft erfüllen, in dieser oder einer der folgenden Inkarnation.

der Mensch sich entsprechend vorbereitet. Anderenfalls können die Organe zum übersinnlichen Wahrnehmen nicht richtig ausgebildet und genutzt werden, die übersinnlichen Erlebnisse gehen unbemerkt vorüber oder erscheinen als Halluzinationen. Dennoch klingen die Aussagen dieser Zeit im allgemeinen recht hoffnungsvoll. Das ändert sich mit dem Ausbruch des Ersten Weltkrieges im Juli 1914.

In den Kriegsjahren und auch danach kommt Rudolf Steiner immer wieder auf die neuen Seelenfähigkeiten zu sprechen – wie wir im nächsten Kapitel sehen werden in dreifach differenzierter Weise –, doch klingt der Ton seiner Worte angesichts der Versäumnisse und der dadurch bedingten katastrophalen Entwicklungen immer ernster und eindringlicher.

Vor allem schildert er detailliert das Wirken der Widersachermächte, besonders der ahrimanischen Wesen, die den Menschen vom Erfassen des geistigen Lebens abbringen wollen. Mit aller Deutlichkeit legt er offen, in welche inneren Kämpfe die Menschheit des 20. Jahrhunderts hineinkommen wird, wenn sie weiterhin am Materialismus festhält und sich nicht um die Entwicklung des geistigen Lebens kümmert. Vieles, was wir an der schmerzvollen Geschichte des 20. Jahrhunderts bis in unsere Tage hinein erleben, wird unter Berücksichtigung der okkulten Hintergründe des Zeitgeschehens verständlich.

In diesem Zusammenhang ist der Beginn des Michael-Zeitalters von besonderer Bedeutung.

In den Vorträgen vom Herbst 1917, die unter dem Titel „Die spirituellen Hintergründe der äußeren Welt – Der Sturz der Geister der Finsternis" und „Individuelle Geistwesen und ihr Wirken in der Seele des Menschen" innerhalb der Gesamtausgabe erschienen sind, schildert Rudolf Steiner, daß sich von 1841 bis 1879 in der geistigen Welt ein

Kampf zwischen bestimmten Geistern des Lichtes und gewissen Geistern der Finsternis ereignet hat.

Michael und andere ihm verbundene geistigen Wesen kämpften gegen ahrimanische Wesen aus der Hierarchie der Angeloi. Der Kampf endete mit dem Sieg Michaels und dem Sturz der Geister der Finsternis; das heißt, die ahrimanischen Angeloiwesen wurden aus der geistigen Welt in den Bereich der irdischen Welt gestürzt. Die geistige Welt ist damit von ihren schädlichen, hemmenden Einflüssen befreit, so daß fortan eine Summe von spiritueller Weisheit auf die Erde herunterfließen kann. Gerade das wollten die ahrimanischen Angeloi verhindern.

Nachdem sie aber besiegt und auf die Erde gestürzt worden sind, versuchen sie, ihre Ziele auf der Erde zu verwirklichen. Dabei wirken sie unmittelbar in den Seelen der Menschen, sie haben „in den menschlichen Gemütern ihre Festungen begründet" und wollen „ihre Aufgabe mit Hilfe der Köpfe, der Gehirne der Menschen erfüllen" (GA 177/ 20.10.1917/S.175).

„Es war der Sturz der Angeloiwesen aus dem Bereich der geistigen Welt in den Bereich der Menschen, und in dem Bereich der Menschen wandeln sie jetzt unter den Menschen. Da sind sie vorhanden, indem sie ihre Kräfte hineinsenden in die Gedanken, Gefühle, Willensimpulse der Menschen, indem sie das oder jenes anstiften. Sie haben nämlich nicht verhindern können – darinnen besteht ja das, daß sie den Kampf verloren haben –, sie haben nämlich nicht verhindern können, daß die Zeit gekommen ist, in der das spirituelle Wissen herabträufelt. Dieses spirituelle Wissen ist jetzt da und wird immer weiter sich entwickeln; die Menschen werden die Fähigkeit haben können, die geistige Welt zu durchschauen.

Aber nun sind diese Angeloiwesen auf die Erde herabgestürzt und wollen hier Unheil stiften mit dem Herabträufeln, wollen hier dieses Wissen in falsche Bahnen leiten, wollen diesem Wissen seine gute Macht rauben und es in schlechte Kanäle bringen. Kurz, sie wollen das, was sie mit Hilfe der Geister drüben nicht haben erreichen können, hier mit Hilfe der Menschen erreichen, weil sie herabgestürzt sind seit dem Jahre 1879." (GA 178/S.92 f.)

Vier Monate nach diesen Vorträgen in Dornach greift Rudolf Steiner in Stuttgart dasselbe Thema unter anderen Gesichtspunkten wieder auf. Hier wird eine spezifische Aufgabe der ahrimanischen Angeloiwesen näher charakterisiert. Sie hatten in der Vergangenheit – durch Jahrhunderte und Jahrtausende – die Aufgabe, unter der Leitung von guten höheren Geistern die Menschheit in solche Gemeinschaftszusammenhänge zu gliedern, die an die Blutsbande gebunden sind, also in Familien-, Stammes-, Völker- und Rassenzusammenhänge.

„Alle diese Dinge unterliegen ja gewissen Gesetzen der Zeiten. Diese werden dirigiert von Wesenheiten der höheren Welten. Dasjenige, was die Menschheit spezialisiert hat, was die Menschheit so gegliedert hat, daß dieser Gliederung das Blut zugrunde liegt, das wurde von diesen ahrimanischen Geistern, aber unter Leitung von guten Geistern gelenkt." (GA 174b/24.02.1918/S.286 f.)

Mit dem Fortschreiten der Menschheitsentwicklung verlor aber diese, an die Blutszugehörigkeit gebundene, Differenzierung mehr und mehr an Bedeutung. Die Menschheit steht vor der Aufgabe – und das kennzeichnet den Beginn des Michael-Zeitalters –, sich als Gesamtmenschheit über die Erde hin zu begreifen. Weil nun die ahrimanischen

Wesen ihre in der Vergangenheit berechtigte und notwendige Aufgabe fortsetzen wollten, kam es zu dem geschilderten Kampf in der geistigen Welt, der mit dem Sturz dieser Wesen endete. Ihr Walten unter den Menschen charakterisiert Rudolf Steiner wie folgt:

„Unter den Menschen werden sie Verwirrung stiften, denn das ist nach dieser Besiegung ihre Absicht: Verwirrung zu stiften mit alledem, was aus allerlei Begriffen und Ideen, die mit Blutsbanden, Blutsverwandtschaften zusammenhängen, gezogen werden kann. Besonders wichtig ist eben, daß seit dem letzten Drittel des 19. Jahrhunderts in alledem, was der Mensch hier auf dem physischen Plan durch Gedanken und Empfindungen wirken kann, diese Impulse mit tätig sind, und daß man die Wirklichkeit nicht versteht, wenn man diese Impulse nicht mit in Rechnung zieht. Die Art und Weise, wie heute gesprochen wird über gewisse Völkerbeziehungen und dergleichen, ist verwirrt worden durch diese ahrimanischen Geister, die von dem Geiste Michael besiegt worden sind.“ (GA 174b/24.02.1918/S.286 f.)

Man denke an die weitere Geschichte des 20. Jahrhunderts, an die zahllosen Nationalitätenkonflikte der Gegenwart über die ganze Erde hin.

Eine andere Klasse von geistigen Wesen, ahrimanische Elementargeister, wirken in allem, was mit Technik, Industrie und der kommerziellen Kultur verbunden ist. Damit sind zerstörerische Kräfte verbunden, die sich besonders im sozialen Leben der Menschen auswirken. Der entsprechende Gesamtzusammenhang möge an angegebener Stelle nachgelesen werden, hier sei nur der Punkt zitiert, auf dem es mir im wesentlichen ankommt:

„Aber dieser Teufel ist schon dasjenige Wesen, das der Träger der Kultur der Zukunft sein wird und muß. Es ist eine herbe, aber eine wichtige Wahrheit. Diese Wahrheit hängt innig zusammen damit, daß sich in diesen Kulturgang in die Zukunft hinein zerstörerische Kräfte mischen müssen. Insbesondere ... müssen sich zerstörerische Kräfte, wenn die Sache nicht in weiser Art geleitet wird, in alles Erziehungswesen, namentlich in die Kindheitserziehung mischen. Aber auch in das ganze soziale Zusammenleben der Menschen werden sich immer mehr und mehr wegen der allgemeinen Kultur, wegen der Usancen, wegen der Emotionen der Menschen zerstörende Kräfte mischen, Kräfte, welche vor allen Dingen die Verhältnisse unter den Menschen selber immer mehr zerstören werden.

Streben soll der Mensch danach, das Wort Christi zu realisieren: ‘Wo zwei in meinem Namen vereint sind, bin ich mitten unter ihnen.’ Aber die technische, kommerzielle Kultur macht nicht dieses zur Wahrheit, sondern das andere: Wo zwei oder mehrere in meinem Namen sich zanken und streiten und bekämpfen wollen, da bin ich mitten unter ihnen. – Und das wird immer mehr in das soziale Menschenleben hineinkommen. Das führt aber dazu, daß überhaupt die Schwierigkeit besteht, heute in die Menschheit verbindende Wahrheiten hineinzuführen.“ (GA 177/06.10.1917/S.72 f.)

Das ist die andere Seite! Der Christus wird als Tröster und Rater erscheinen, sein Wort auch in Versammlungen hineinwerfen, aber es wirken auch Kräfte im sozialen Miteinander, die andere Wesen sagen lassen „Wo zwei oder mehrere sich zanken und streiten und bekämpfen wollen, da bin ich mitten unter ihnen“! Das erfahren wir nun wirklich jeden Tag, im Großen wie im Kleinen, und auch Konferenzen der Waldorfschulen sind davon nicht ausgenommen!

Kehren wir aber noch einmal zu dem Hauptgedanken zurück. Seit 1879 ist die Menschheit dazu veranlagt, Imaginationen, Inspirationen und Intuition in sich zu entwickeln. „Niemals war der Mensch so nahe der geistigen Welt, wie er heute ist, trotzdem er äußerlich im Materialismus versumpft", sagt Rudolf Steiner einmal, nur merken es die Menschen nicht. (GA 192/26.06.1919/S.211)

Diese Imaginationen trägt der Mensch in sich. Im Vortrag vom 11. September 1920 erfährt dieser Sachverhalt noch eine wesentliche Konkretisierung. Dort wird ausgeführt, daß der Mensch bereits vor der Geburt bzw. vor der Empfängnis im leibfreien Zustand Imaginationen in der geistigen Welt aufnimmt. Diese in der geistigen Welt aufgenommenen Imaginationen trägt er in Form von Bildern in das Erdenleben hinein, und eine der wichtigsten Aufgaben der Erziehung und des Unterrichtes besteht darin, so mit dem Kinde zu arbeiten, daß sich diese Bilder, diese Imaginationen in richtiger Weise mit dem Menschen verbinden und entwickeln können.

„Und jetzt beginnt – und darinnen liegt vielfach der Grund für das Stürmische unserer Zeit –, jetzt beginnt die Zeit, in welcher die Seelen aus der geistigen Welt, indem sie durch die Empfängnis und die Geburt zum irdischen Leben heruntersteigen, sich Bilder mitbringen. Bilder, wenn sie mitgebracht werden aus dem geistigen Leben in dieses physische Leben herein, müssen unter allen Umständen, wenn Heil für den Menschen und für ein soziales Leben entstehen soll, unbedingt sich mit dem astralischen Leib verbinden." (GA 199/11.09.1920/S.258)

Diese vorgeburtlich aufgenommenen Bilder, so heißt es weiter, muß der Mensch während des Lebens verlebendigen, und da setzt die Aufgabe der Pädagogik ein.

Alles, was unter dem bildhaften Unterricht der Waldorfschule zu verstehen ist, dient diesem Ziel. So soll dem Kinde nicht in nüchterner, abstrakter Weise Unterricht in Pflanzenkunde, Tierkunde usw. erteilt werden, sondern in Form von lebendigen Bildern, in legendenhaften und märchenhaften Darstellungen, mit denen es sich unmittelbar verbinden kann.

„Denn was da tief drinnen sitzt in der Kinderseele, das sind die in der geistigen Welt empfangenen Imaginationen. Die wollen herauf. Und wenn der Lehrer oder der Erzieher sich richtig zum Kinde verhält, bringt er ihm Bilder entgegen. Und indem der Lehrer Bilder vor das kindliche Gemüt hinstellt, zucken herauf aus dem kindlichen Gemüte diejenigen Bilder, oder besser gesagt, die Kräfte der verbildlichenden Darstellung, die empfangen worden sind vor der Geburt oder, sagen wir, vor der Empfängnis." (GA 199/11.09.1920/S.259)

Werden diese Kräfte unterdrückt und vernachlässigt, gehen sie nicht verloren, sondern drängen dennoch an die Oberfläche, beginnen zu wuchern und treten in Fehlentwicklungen zum Vorschein. Man lese die folgenden Worte vor dem Hintergrund der berechtigten, aber sich oftmals extrem äußernden Impulse der Jugendbewegungen, der von vielen Pädagogen beklagten „no future"-Stimmung der Jugendlichen, der sozialen Unruhen.

„Verloren gehen diese Kräfte nicht; sie breiten sich aus, sie gewinnen Dasein, sie treten doch in die Gedanken, in die Gefühle, in die Willensimpulse hinein. Und was entstehen daraus für Menschen? Rebellen, Revolutionäre, unzufriedene Menschen, Menschen, die nicht wissen, was sie wollen, weil sie etwas wollen, was man nicht wissen kann, weil sie etwas wollen, was mit keinem möglichen sozialen Organismus vereinbar ist, was sie sich nur vorstellen, was in ihre Phantasie hätte gehen sollen, da nicht hineingegangen ist, sondern in ihre sozialen Treibereien hineingegangen ist.

Und so kann man sagen, daß diejenigen Menschen, die es in okkultistischer Weise nicht ehrlich meinen mit ihren Mitmenschen, sich nur nicht zu sagen getrauen: Wenn heute die Welt revoltiert, da ist es der Himmel, der revoltiert, das heißt der Himmel, der zurückgehalten wird in den Seelen des Menschen, und der dann nicht in seiner eigenen Gestalt, sondern in seinem Gegenteile zum Vorschein kommt, der in Kampf und Blut zum Vorschein kommt, statt in Imaginationen. Es ist daher gar kein Wunder, wenn jene Menschen, die sich an solchem Zerstörungswerk der sozialen Ordnung beteiligen, eigentlich das Gefühl haben, sie tun etwas Gutes. Denn was spüren sie in sich? Den Himmel spüren sie in sich. Er nimmt aber nur karikaturhafte Gestalt an in ihrer Seele. So ernst sind die Wahrheiten, die wir heute einsehen sollen." (GA 199/11.09.1920/S.260)

Immer wieder wies Rudolf Steiner darauf hin, daß bereits die damalige Jugend dazu veranlaßt war, das geistige Leben unmittelbar zu ergreifen, daß aber auch große, gewaltige Kräfte wirksam sind, um das, was an die Oberfläche drängen will, niederzudrücken, auch im politischen Leben. Die damalige Jugend – das sind die Menschen, die den Zweiten Weltkrieg miterleben mußten. Erinnern wir uns noch einmal daran, daß in bezug auf die neuen Seelenfähigkeiten und das Eingreifen des ätherischen Christus in die Menschheitsentwicklung die Jahrhundertmitte als besonders wichtiger Zeitraum angegeben wurde. Ausdrücklich wurden die Jahre 1933, 1935 und 1937 genannt. Die Menschen suchten gleichsam einen „geistigen Führer", und ein teuflisches Gegenbild erschien ihnen in Menschengestalt. 1933 war das Jahr der Machtergreifung Hitlers!

Oftmals fragt man sich, wie es möglich war, daß so viele Menschen den lügnerischen Trugbildern des Nationalsozialismus verfallen konnten. Die folgende Aussage Rudolf Steiners kann auch diese Frage beleuchten. Er spricht von dem Abnehmen der Traditionen und den neuen keimenden Kräften der Seele. Dann heißt es:

„Diese noch unentwickelten Kräfte der menschlichen Seele, sie tendieren ja darauf hin, daß im Laufe des 20. Jahrhunderts noch bei einer größeren Anzahl von Menschen – das ist oft betont worden – wirklich ein Hineinsehen in die ätherischen Vorgänge stattfindet. Und man kann den Ablauf des ersten Drittels des 20. Jahrhunderts geradezu als die kritische Zeit bezeichnen, wo eine größere Anzahl von Menschen aufmerksam darauf werden müssen, wie im Äther, der ebenso wie die Luft in unserer Umgebung lebt, die Ereignisse geschaut werden müssen. Wir haben ja insbesondere scharf auf ein Ereignis hingewiesen, das im Äther zu schauen sein muß, wenn die Menschheit nicht in die Dekadenz verfallen will: wir haben auf das Schauen des ätherischen Christus hingewiesen. Diese Notwendigkeit muß eintreten. Und die Menschheit muß sich darauf vorbereiten, diese Kräfte, die schon keimen, wirklich nicht abdorren zu lassen. Diese Kräfte dürfen nicht abdorren, denn setzen wir einmal den Fall, die Kräfte sollten abdorren, was würde dann geschehen? Dann würde in den vierziger, fünfziger Jahren des 20. Jahrhunderts das menschliche Gemüt in weitesten Kreisen ganz absonderliche Formen annehmen. Es würden im Gemüte Begriffe aufsteigen, die wie beklemmend wirken würden. Würde nur der Materialismus sich fortpflanzen, so würden solche Begriffe aufsteigen, die zwar da wären im menschlichen Gemüte, die aber durchaus aus dem Unterbewußtsein heraufsteigen, und bei denen man den Grund nicht kennt, warum man sie eigentlich nicht hat. Ein Alpdrücken während des Wachens würde als eine allgemeine neurasthenische Erscheinung bei einer großen Anzahl von Menschen auftreten. Die Menschen würden sich sagen: Ja, da muß ich das denken, aber ich weiß nicht warum; da muß ich jenes denken, ich weiß nicht warum.

Dem kann nur entgegengearbeitet werden dadurch, daß in den menschlichen Gemütern Begriffe eingepflanzt werden, die aus der geistigen Wissenschaft kommen. Sonst werden die Kräfte der Einsicht in die Begriffe, die aufsteigen, in die Ideen, die kommen, erlahmen. Und nicht nur der Christus, sondern auch andere Erscheinungen des ätherischen Geschehens, die der Mensch sehen müßte, werden sich dem Menschen entziehen, werden an ihm vorbeigehen. Er wird aber nicht nur einen Verlust dadurch haben, sondern er wird die Kräfte entwickeln müssen, welche krankhafte Ersatzkräfte für diejenigen sind, die sich als gesunde entwickeln sollten." (GA 174/30.01.1917/S.277 f.)

Solche Worte werden nicht deshalb hier zitiert, um sensationelle Meldungen aus der Geistesforschung weiterzugeben, zur Beurteilung der gegenwärtigen Zeitsituation sind diese Gesichtspunkte meines Erachtens unerläßlich. – Man kann schon darüber erschrekken, wie weit Rudolf Steiner die Entwicklungstendenzen des 20. Jahrhunderts vorausgesehen hat. Die dreißiger und vierziger Jahre waren nicht nur eine kritische Zeit, es ereignete sich die größte Katastrophe, die die Menschheit jemals erlebt hat. Das menschliche Gemüt würde absonderliche Formen annehmen, hieß es, ein Alpdrücken würde bei einer großen Anzahl der Menschen auftreten, verbunden mit der Gefahr, daß sowohl das Schauen des ätherischen Christus als auch anderer Erscheinungen des ätherischen Geschehens sich dem Menschen entziehen würde.

Es kann durch nichts verhindert werden, daß der Christus in der ätherischen Welt erscheint.

„Das hängt bloß von dem Christus selbst ab. Der Christus wird als ätherische Wesenheit in der Erdensphäre vorhanden sein. Für die Menschen handelt es sich darum, wie sie sich zu ihm verhalten. Also auf die Erscheinung des Christus selbst hat niemand, kein noch so mächtiger Eingeweihter irgendeinen Einfluß. Das kommt. Das bitte ich Sie festzuhalten" (GA 178/18.11.1917/S.182). – Aber der Blick des Menschen kann sich dafür verstellen und auch ein anderer „Führer" an die Stelle treten.

Nun darf man andererseits aber nicht vergessen, daß es tief bewegende Schilderungen von Menschen gibt, die unter dem Nationalsozialismus leiden mußten, in Gefängnissen ihrer Hinrichtung entgegensahen und doch ohne eine Spur von Angst oder Haß von inneren Erlebnissen berichten, die von einer Christusnähe zeugen. Alles Licht war sicher nicht erloschen. Das Große aber, von dem Rudolf Steiner 1910 sprach, „daß für die allgemeine Menschheit, für alle Menschen diese Fähigkeiten errungen würden, daß dieses große Ereignis verstanden durch die natürlich entwickelten Fähigkeiten aller Menschen", ist nicht eingetreten. Lange müßte die Menschheit warten, bis ihr wieder eine derartige Gelegenheit gegeben werden könnte, heißt es an gleicher Stelle: „Lange Zeit müßte sie warten: bis zu einer Wiederverkörperung der Erde" (GA 118/25.01.1910/S.29 f.). Und das Schauen des Christus im Ätherischen würde nur auf diejenigen Menschen beschränkt bleiben, die sich durch eine okkulte Schulung die entsprechenden Fähigkeiten erwerben.

Und was geschah nach dem Ende des Zweiten Weltkrieges? Ein Mitteleuropa, von dem geistige Impulse in die Weltkultur einfließen sollte, gab es nicht. Die Ost-West-Spaltung bestimmte mit all den bekannten Erscheinungen die Weltpolitik. Im Osten wurde alles geistige Leben, jede individuelle Freiheit, vom totalitären System des Sowjet-Kommunismus brutal unterdrückt, im freien Westen wurde die Wohlstandsgesellschaft aufgebaut, die – von der Illusion des Glückes durch ausschließlich materielle Güter weitgehend beherrscht – geistig-seelische Werte und Ziele mehr und mehr abstumpfen läßt.

Heute hält die Welt den Atem an über die unglaubliche Kraft des Freiheitsimpulses, der breiteste Menschenmassen zunächst in Osteuropa, der ehemaligen DDR und jetzt der Sowjetunion erfaßt. Genscher spricht von der größten Revolution des Freiheitsgedankens, und wer würde nicht mit Anteilnahme, Freude und Hoffnung zustimmen!

Doch es bleibt die bange Frage, wie die „neue Weltordnung" aussehen soll, von der so viel gesprochen wird. Reicht es aus, Demokratien zu begründen und die Marktwirtschaft zu exportieren? Hat der Westen dem Osten damit genug gegeben?

Das alles sind dringend nötige Schritte, die nicht aufgeschoben werden dürfen. Aber zeigen nicht der furchtbare Krieg am Golf und die blutigen Ausschreitungen in Jugoslawien, daß mehr gefordert ist? Ein längeres Zitat aus einem Vortrag vom 22.06.1919 in Stuttgart – gerade im Hinblick auf die neue Weltordnung und das Blutvergießen auch heute – möge den Abschluß dieses Kapitels bilden.

„Hermann Grimm meint, in dem Augenblick, wo die Menschen Kriege unternehmen, werden sie zu Wilden. Die Menschen werden, wenn sie ein Staat, eine Nation werden, nicht ein Höheres, sondern sie werden ein Niederes. Das ist das große Unglück in unserer Zeit, daß man den Staat oder die Zusammengehörigkeit höher schätzt als den einzelnen individuellen Menschen. Aber so verstrickt sind die Menschen heute in das Höherschätzen der Gemeinschaften als des Einzelnen, daß sie sich ganz wohl fühlen, entmenscht zu sein, eine Staatsschablone zu sein. Da ist es natürlich schwer, so etwas zu bilden, was das Geistesleben wirklich emanzipieren kann. Aber in unserer Zeit ist die Menschheit trotz ihres Materialismus dem Geiste näher, als man glaubt. In uns walten Inspirationen und Imaginationen. Nur verwandeln wir die Imaginationen wegen unserer mangelnden produktiven Phantasiekraft in allerlei gespenstige Bilder über die Zusammenhänge der Welt, mit denen wir die wirklichen Weltzusammenhänge verleumden ... Und auch die Inspirationen verwandeln sich, und zwar zu wilden animalischen Emotionen, die sich im Blut ausleben wollen. Sehen Sie hin auf das Blut, das heute fließt, sehen Sie hin, wenn die Menschen an die Wand gestellt und erschossen werden: das sind die Inspirationen, die an die Menschen kommen wollen mit dem guten Willen der geistigen Welt, die von den Menschen gehaßt wird, und die sich daher in wilde, animalische Triebe verwandeln. Denn wenn der Mensch dasjenige, was aus der geistigen Welt als Inspiration an ihn herankommen will, nicht aufkommen lassen will, dann verwandelt es sich in wilde Emotionen, in animalische Triebe." (GA 192/22.06.1919/S.224 f.)

Die Impulsierung des menschlichen Lebens durch die Engelwelt

„Die geistigen Kräfte, welche der Menschheit, wenn ich so sagen darf, im Laufe der fünften nachatlantischen Periode eingeimpft sind, werden stärker sein, als was gewisse Menschen wollen, oder was im Sinne der öffentlichen Meinung liegt." (GA 178/06.11.1917/S.80)

Gegenwärtig erleben wir, mit welcher Macht sich bestimmte Kräfte Bahn brechen. Deutlich zeigt sich, daß sie nicht als verstandesmäßig gefaßte Ideale, sondern als elementare Impulse aus dem Inneren des Menschen aufsteigen – „Wir sind das Volk!" ertönte es tausendfach und mehr. Sie waren stärker als das, was von gewissen Menschen gewollt war, stärker als festgefügte politische Systeme und soziale Mißordnungen.

Welcher Art sind die Inspirationen und Imaginationen, die heute im Menschen walten? Welche geistigen Kräfte werden der Menschheit „eingeimpft", und von wem? Wesentliche Gesichtspunkte zur Beantwortung dieser Fragen gibt Rudolf Steiner in dem Vortrag „Was tut der Engel in unserem Astralleib?". Bei allem, was durch die Menschen auf der Erde geschieht, haben geistige Wesen einen Anteil. Insbesondere sind es die Wesenheiten der dritten Hierarchie – also Angeloi, Archangeloi, Archai –, die als Begleiter der Menschen, als Volks- und Zeitgeister, mit ihren Impulsen und Wirkungen an der Menschheitsentwicklung unmittelbar beteiligt sind. In dem genannten Vortrag geht Rudolf Steiner der Frage nach, welche konkreten Aufgaben die dem Menschen am nächsten stehenden Wesen, die Angeloi, in Zusammenhang mit der Menschheitsentwicklung haben.

„Dann zeigt sich, daß diese Wesenheiten aus der Hierarchie der Angeloi – und in gewisser Weise jeder einzelne der Angeloi, der für jeden Menschen gewissermaßen seine Aufgabe hat, aber auch namentlich durch ihr Zusammenwirken – Bilder im menschlichen astralischen Leib formen. Unter der Anleitung der Geister der Form formen sie Bilder ... Sie entstehen und vergehen, diese Bilder. Würden diese Bilder nicht geformt, so gäbe es keine Entwickelung der Menschheit in die Zukunft hinein. Was die Geister der Form mit uns bis zum Ende der Erdenentwickelung und weiter erreichen wollen, das müssen sie zuerst in Bildern entwickeln, und aus diesen Bildern wird dann später die umgestaltete Menschheit, die Wirklichkeit." (GA 182/09.10.1918/S.144)

Diese Bilder werden nach ganz bestimmten Impulsen geformt, und zwar so, daß „in der Art, wie diese Bilder entstehen, gewissermaßen Kräfte für die zukünftige Entwickelung der Menschheit liegen" (ebd.). Also nicht etwa fertige Bildinhalte sind das Wesentliche, sondern der Prozeß, die Art und Weise, wie ein lebendiges geistiges Weben und Formen der Angeloi die Bilder erzeugt. Dabei ist es ihre Absicht, das soziale Zusammenleben der Menschen nach drei Richtungen hin zu impulsieren.

„Und zwar wirkt ein ganz bestimmter Grundsatz bei dieser Bilderformung der Angeloi. Es wirkt der Grundsatz, daß in der Zukunft kein Mensch Ruhe haben soll im Genusse von Glück, wenn andere neben ihm unglücklich sind. Es herrscht ein gewisser Impuls absolutester Brüderlichkeit, absolutester Vereinheitlichung des Menschengeschlechtes, richtig verstandener Brüderlichkeit mit Bezug auf die sozialen Zustände im physischen Leben." (GA 182/09.10.1918/S.145 f.)

Man bedenke – *kein* Mensch wird ruhig im Glück leben, wenn andere neben ihm unglücklich sind!

Der zweite Impuls bezieht sich auf das seelische Leben der Menschen. Da verfolgen die Angeloi durch ihre Bilder das Ziel, „daß in der Zukunft jeder Mensch in jedem Menschen ein verborgenes Göttliches sehen soll." Es soll so werden, „daß wir jedem Menschen entgegentreten mit dem voll ausgebildeten Gefühl: In dem Menschen erscheint etwas, was aus den göttlichen Weltengründen heraus sich offenbart, durch Fleisch und Blut sich offenbart. – Den Menschen zu erfassen als Bild, das sich aus der geistigen Welt heraus offenbart, so ernst als möglich, so stark als möglich, so verständnisvoll als möglich, das wird in die Bilder durch die Angeloi gelegt." (GA 182/S.146.)

Wenn dieser Impuls verwirklicht sein wird, ergibt sich als Folge daraus die Religionsfreiheit als verwirklichte Lebenspraxis.

„Alle freie Religiosität, die sich in der Zukunft innerhalb der Menschheit entwickeln wird, wird darauf beruhen, daß in jedem Menschen das Ebenbild der Gottheit wirklich in unmittelbarer Lebenspraxis, nicht bloß in der Theorie, anerkannt werde. Dann wird es keinen Religionszwang geben können, dann wird die Begegnung jedes Menschen mit jedem Menschen von vornherein eine religiöse Handlung, ein Sakrament sein, und niemand wird durch eine besondere Kirche, die äußere Einrichtungen auf dem physischen Plan hat, nötig haben, das religiöse Leben aufrechtzuerhalten." (GA 182/S.80)

Damit sind jene Impulse charakterisiert, die – so jedenfalls sehe ich es – auch heute an die Oberfläche drängen und von denen bereits in der Einleitung die Rede war: der Impuls der brüderlichen Anteilnahme am Schicksal des anderen Menschen, das Streben nach Unabhängigkeit und Freiheit und das Bedürfnis nach einem geistigen Welt- und Menschenverständnis. Was sich in den verschiedensten Formen heute äußert, geht auf reale geistige Kräfte zurück, die durch die Engelwelt im Innern des Menschen angeregt werden. In dem zitierten Vortrag wird aber auch deutlich betont, daß es ausschließlich vom freien Willen des Menschen abhängt, wie sich die von den Engeln angeregten Impulse entwickeln werden. Vor allem kommt es darauf an, sich ein klareres Bewußtsein davon zu erarbeiten, was in den unbewußten Tiefen der Menschennatur – in diesem Falle durch die Engel – veranlagt ist. Andernfalls – auch davon war schon die Rede – müßten die veranlagten Kräfte sich andere Wege suchen, was in krankhaften, schädlichen Erscheinungen zum Vorschein käme. In dem zitierten Vortrag, dessen Lektüre ich dringend empfehlen möchte, sind die wesentlichen Zusammenhänge dargestellt. Hier sei nur eine Anregung Rudolf Steiners zum eigenen Üben wiedergegeben, die eine Hilfe sein kann, um mehr und mehr für die Impulse der Engel zu erwachen.

„Wir können uns angewöhnen, wachende Menschen zu sein. Wir können mancherlei beachten. Wir können gleich einmal anfangen mit der Wachsamkeit, können finden, daß eigentlich im Grunde genommen kein Tag vergeht, in dem nicht in unserem Leben ein Wunder geschieht. Wir können diesen Satz, den ich jetzt sprach, umkehren, wir können sagen: Wenn wir an irgendeinem Tag kein Wunder finden in unserem Leben, so haben wir es nur aus dem Auge verloren. – Versuchen Sie einmal, Ihr Leben am Abend zu überblicken; Sie werden ein kleines oder ein großes oder ein mittleres Ereignis darinnen finden, von dem Sie sich werden sagen können: Es ist ja ganz merkwürdig in mein Leben hereingetreten, es hat sich ganz merkwürdig vollzogen. – Sie können dies erreichen, wenn Sie nur umfassend genug denken, wenn Sie nur Zusammenhänge des Lebens umfassend genug ins seelische Auge fassen. Aber das tut man im gewöhnlichen Leben gar nicht, weil man sich gewöhnlich nicht frägt: Was ist zum Beispiel durch irgend etwas verhindert worden?

Wir kümmern uns meistens nicht um die Dinge, die verhindert worden sind, die, wenn sie eingetreten wären, unser Leben gründlich verändert hätten. Hinter diesen Dingen, die aus unserem Leben fortgeschafft werden auf irgendeine Weise, sitzt ungeheuer viel von dem, was uns zu wachsamen Menschen erzieht. Was hätte mir heute alles passieren können? – Wenn ich diese Frage mir an jedem Abend stelle und dann einzelne Ereignisse betrachte, die dies oder jenes hätten herbeiführen können, so knüpfen sich an solche Fragen Lebensbetrachtungen, die Wachsamkeit in die Selbstzucht hereinbringen. Das ist etwas, was einen Anfang machen kann und was schon von selbst immer weiter und weiter führt, endlich dazu führt, daß wir nicht nur auskundschaften, was es in unserem Leben bedeutet, daß wir zum Beispiel um half elf Uhr vormittags einmal ausgehen wollten und daß gerade im letzten Augenblicke noch irgendein Mensch kam, der uns aufhielt; wir sind ärgerlich, daß er uns aufhielt, aber wir fragen nicht nach, was hätte geschehen können, wenn wir wirklich zur rechten Zeit ausgegangen wären, wie wir es geplant haben. Wir fragen nicht: Was hat sich da verändert?

Ich habe über solche Dinge auch hier einmal schon ausführlicher gesprochen. Von der Beobachtung des Negativen in unserem Leben, das aber von der weisheitsvollen Führung unseres Lebens Zeugnis ablegen kann, bis zu der Beobachtung des webenden und wirkenden Engels in unserem astralischen Leibe ist ein gerader Weg, ein recht gerader Weg und ein sicherer Weg, den wir einschlagen können." (GA 182/09.10.1918/ S.159 f.)

Den Abschluß möge ein Wortlaut aus dem Vortrag vom 06.02.1917 aus „Bausteine zu einer Erkenntnis des Mysteriums von Golgatha" bilden, in dem noch einmal die Beziehung des einzelnen Menschen zu dem Christus angesprochen wird. Denn darauf kommt es schließlich an, daß alles, was sich in Hinblick auf die neuen Seelenfähigkeiten ergeben kann, in Einklang mit dem Christus-Impuls geschieht, mit dem sich nur jeder einzelne in aktivem Bemühen innerlich verbinden kann.

„Der Christus ist nicht nur ein Menschen-Herrscher, er ist ein Menschen-Bruder, der befragt werden will, besonders in den kommenden Zeiten befragt werden will für alle Einzelheiten des Lebens. Was die Menschen begründen wollen, durch den Kontrast wird es begründet heute. Heute scheinen sich Ereignisse zu vollziehen, bei denen die Menschen am allerfernsten zu stehen scheinen der Frage an den Christus. Wer frägt bei demjenigen – so müssen wir uns fragen –, was heute geschieht: Was sagt der Christus Jesus dazu? – Wer frägt es? Manche sagen, daß sie es fragen, aber es wäre gotteslästerlich, zu glauben, daß sie es fragen, daß in der Form, wie sie heute gestellt werden, die Fragen wirklich an den Christus gestellt werden. Und dennoch, die Zeit muß kommen, sie darf nicht ferne sein, wo die Menschenseele in ihrem unsterblichen Teil für dasjenige, was sie begründen will, die Frage an den Christus stellt: Soll es geschehen, soll es nicht geschehen? – wo die Menschenseele den Christus als sie liebenden Genossen im Einzelfalle des Lebens neben sich sieht und nicht nur Trost, nicht nur Kraft bekommt von der Christus-Wesenheit, sondern auch Auskunft bekommt über dasjenige, was geschehen soll. Das Reich des Christus Jesus ist nicht von dieser Welt, aber es muß wirken in dieser Welt, und die Menschenseelen müssen die Werkzeuge des Reiches werden, das nicht von dieser Welt ist. Von diesem Standpunkte aus müssen wir Umschau halten danach, wie wenig heute die Frage aufgeworfen wird, die an den Christus für die einzelnen Taten und Ereignisse gestellt werden muß. Lernen aber muß die Menschheit, den Christus zu befragen.

Wie soll das geschehen? Das kann nur dadurch geschehen, daß wir seine Sprache lernen. Derjenige, der den tieferen Sinn dessen, was unsere Geisteswissenschaft will, einsieht, der sieht in ihr nicht bloß ein theoretisches Wissen über allerlei Menschheitsprobleme, über die Glieder der Menschennatur, über Reinkarnation und Karma, sondern er sucht in ihr eine ganz besondere Sprache, eine Art und Weise, sich über geistige Dinge auszudrücken. Und daß wir lernen, durch die Geisteswissenschaft innerlich im Gedanken mit der geistigen Welt zu sprechen, das ist viel wichtiger, als daß wir uns theoretische Gedanken aneignen ...

Suchen wir daher nicht bloß als Lehre, suchen wir als eine Sprache uns die Geisteswissenschaften anzueignen, und warten wir dann, bis wir in dieser Sprache die Fragen finden, die wir an den Christus stellen dürfen. Er wird antworten, ja er wird antworten! Und reichliche Seelenkräfte, Seelenstärkungen, Seelenimpulse wird derjenige davontragen, der aus grauer Geistestiefe heraus, die in der Menschheitsentwickelung dieser Zeit liegt, die Anweisung des Christus vernehmen wird, die dieser dem, der sie sucht, geben will in der allernächsten Zukunft." (GA 175/06.02.1917/S.32 ff.)

Anmerkung:

Die GA-Nummern in den Zitatangaben beziehen sich auf die jeweilige Bibliographie-Nummer der Rudolf Steiner Gesamtausgabe im Rudolf Steiner Verlag, Dornach/Schweiz. Danach sind in der Regel das Vortragsdatum und die Seitenzahl angegeben, von der Autor- und Titelnennung wurde abgesehen. Nach Bibliographie-Nummern geordnet ist die Rudolf Steiner Gesamtausgabe im Katalog des Rudolf Steiner Verlags aufgeführt. Der Katalog ist durch den Buchhandel erhältlich.

„Ich kann, was ich will“

INTERVIEW MIT PENNY MCLEAN

von Wolfgang Weirauch

Einst war sie weltweit als Popsängerin bekannt, unter anderem mit der Gruppe „Silver Convention“ und ihrem bekanntesten Hit „Lady Bump“, heute – seit ungefähr drei Jahren – ist sie Schriftstellerin, gibt Kurse, hält Vorträge und gibt vielfältige individuelle Lebensberatung. Als ich Penny McLean im Frühsommer dieses Jahres in München besuchte, konnte ich mich davon überzeugen, denn ihre Telefone standen kaum still, und jede oder jeder wollte einen Rat für eine persönliche Notsituation.

Auf die Frage nach biographischen Daten für das vorliegende FLENSBURGER HEFT sagte sie: „Ich habe keine Biographie, mein Leben hat vor vier Jahren begonnen.“

Von Anfang an hatte sie eine Trilogie von Büchern über Schutzgeister geplant. Die beiden ersten, „Kontakte mit Deinem Schutzgeist“ (München 1988) und „Zeugnisse von Schutzgeistern“ (München 1989), sind bereits erschienen, das dritte Buch hat Penny McLean wenige Wochen vor unserem Interview in rasanter Geschwindigkeit verfaßt, und es erscheint in diesen Tagen unter dem Titel „Alltag mit Schutzgeistern“. Der Charakter des dritten Buches ist ein ganz anderer: Beschrieb sie in den beiden ersten Büchern noch konkrete Praktiken, wie man Kontakt zu geistigen Wesen und Phänomenen aufnimmt, schilderte sie dort reale Erlebnisse mit ihren Schutzgeistern, so ist das dritte Buch anspruchsvoller. Es wird fraglich, ob die Schutzgeister wirklich individuelle Wesen sind oder ob es nicht vielmehr so ist, daß alle Wesen sich gegenseitig in bewußten und unterbewußten Schichten durchdringen und dadurch miteinander in Kontakt stehen.

Eine Herausforderung für jeden Anthroposophen ist es natürlich, daß Penny McLean angibt, seit etwa zwei Jahrzehnten mit Rudolf Steiner auf verschiedene Weise in Kontakt zu stehen, daß er sie beraten habe, ihr ihren Namen gegeben und ihr auf vielerlei Weise den Weg und den Schlüssel für ihr Leben und ihr Verständnis geistiger Zusammenhänge gezeigt habe, daß sie ferner fest davon überzeugt ist, daß er bei Vorträgen und auch beim Schreiben ihres letzten Buches mit ihr in einem inneren Dialog gestanden habe. – Ob es nun wirklich Rudolf Steiner, ein Anteil von ihm oder etwas anderes gewesen sei, läßt Penny McLean in folgendem Interview offen. Wir wollen uns dem anschließen.

Was für Penny McLean früher der Kontakt zu individuellen Schutzgeistern oder zu Rudolf Steiner gewesen ist, erklärt sie nun etwas genauer, und zwar anhand der „Badewanne", einem Bild, das ihr während eines Vortrages in Hanau kam. Ich zitiere dazu einige Passagen aus ihrem neuesten Buch:

„Bei meinem dritten Vortragsabend geschah etwas Eigenartiges. Ich war gerade dabei, über die Gruppe zu sprechen, und zwar genau so, wie ich es in 'Zeugnisse von Schutzgeistern' aufgeschrieben hatte, als sich in den rückwärtigen Reihen ein schlanker Arm erhob und eine Stimme sagte: 'Also, das ist ja alles hochinteressant, aber wie funktioniert denn das grundsätzlich? *Wie* kommt man denn in so eine Gruppe, was für Kriterien spielen denn da eine Rolle bezüglich des Systems des Zusammenschlusses? *Wer* bestimmt denn, ob ich in eine Gruppe darf oder nicht, und wenn ich drin bin, wie komme ich wieder heraus? Und überhaupt, wie viele Gruppen gibt es denn insgesamt und wie kann man sie erkennen und wie wird man Gruppenherr?' Ich fühlte eine gelinde Panik in mir aufsteigen, im gleichen Moment aber sagte es in mir: Ganz ruhig bleiben, kein Grund zur Aufregung, zeichne eine Badewanne.

Ich dachte, ich hätte nicht richtig gehört. Eine Badewanne!?! Ich kam mir vor wie der notgelandete Saint-Exupéry in der Wüste, zu dem der kleine Prinz sagt: 'Zeichne mir ein Schaf!'

Ich dachte also zurück. Ich *kann* nicht zeichnen, und warum, wenn überhaupt, denn ausgerechnet eine Badewanne??

Ich dachte, ich hätte eine Fehlverbindung, meine Synapsen hätten nicht richtig geschaltet, und was der Überlegungen in einer solchen Situation noch mehr sind, aber was sollte ich tun?

Also zeichnete ich zähneknirschend eine Badewanne.

Das Hanauer Volk blickte staunend.

'Dies ist eine Badewanne', sagte ich entschuldigend, da ich mir nicht sicher war, ob mein Kunstwerk als solches genug Aufschluß über seine eigentliche Bestimmung geben konnte.

Meine Hanauer nickten ergeben.

'Diese Badewanne ist bis zum Rande gefüllt mit Wasser', fuhr ich fort und malte ein großes H_20 über das Gemälde, 'und ist als Symbol für die Gruppe zu verstehen.'

Im selben Moment begriff ich, daß ich eingeklinkt war, und daß ich mir beruhigt selber zuhören konnte. Der Rest war einfach und ist inzwischen als das Hanauer Modell bekanntgeworden, das ein völlig einfaches und logisches Eindringen in das Verständnis der multidimensionalen Persönlichkeit ermöglicht.

Hier ist die Theorie: Dies ist also eine Badewanne, bis zum Rand gefüllt mit Wasser. Unser Auge nimmt dieses Wasser als eine durchsichtige Masse wahr, als ein Ganzes. In Wirklichkeit jedoch besteht diese Masse aus Milliarden von Einzelteilchen, aus Molekularverbindungen, atomaren und subatomaren Teilchen, die im Zusammenspiel das materielle Bild des Wassers erscheinen lassen.

Wenn wir ein Mikroskop nehmen, können wir diese Feinstrukturen sogar mit dem Auge erkennen, und so nehmen wir einmal an, wir könnten mit diesen Teilchen reden und sie nach ihrem Namen fragen.

Wir nehmen also einige der Elektronen, die ganz vorne an dem Behälter kleben, und fragen sie mal einzeln ab, wie sie heißen.

Jeder nennt uns einen Namen, und so fragen wir uns durch Hunderte von Elektronen, bis wir auf eines stoßen, das einen Namen trägt, den wir während dieser Befragung schon einmal gehört haben. Wir denken, wir hätten uns verhört, aber nein, dieses Elektron behauptet weiterhin, so und nicht anders zu heißen. (Im Vortrag hießen meine Elektronen der Anschaulichkeit halber Erna, Anna, Leonard, Erwin, Plato, Dr. Steiner, Frau Meyer-Gerlitz, John usw., also völlig unterschiedliche, scheinbar wahllos zusammengeholte Namen). Also finden wir uns damit ab, daß zwei Elektronen den gleichen Namen haben, was ja auf der Erde bei den Menschen auch vorkommt, und fragen uns weiter durch. Aber immer öfter geraten wir an dieselben Namen, und endlich befragen wir ein Elektron, ob es denn von seinen Namensvettern Kenntnis habe, und zu unserer Verwunderung erfahren wir, daß es nicht nur Kenntnis vom anderen hat, sondern auch behauptet, das gleiche zu sein. Dies war der Moment, wo ich zum ersten Male dankbar war, den Unterschied zwischen „das gleiche" und „dasselbe" zu kennen. Dem war nicht immer so. Und weil ich befürchte, daß es außer mir vielleicht noch einige Menschen gibt, die diese Differenzierung nicht durchschauen, hier die Erklärung:

Sie stehen am Fenster und sehen auf der Straße ihre Freundin Anja in einem roten Golf vorbeifahren. Wenige Meter hinter ihr fährt genau der gleiche Golf, rot mit schwarzen Sitzen, aber, natürlich, mit einem anderen Fahrer. An der nächsten Kreuzung wendet Anja und fährt wieder unter Ihrem Fenster vorbei. Das, was Sie jetzt sehen, ist *derselbe* Golf, den Sie vor einer Minute schon einmal gesehen haben. Der andere, *gleich rote* Golf, ist inzwischen schon drei Querstraßen weiter.

Nun aber weiter mit unseren Elektronen:

Wir schaffen es tatsächlich, uns durch alle, alle durchzufragen, und wir kommen letztendlich zu folgendem Ergebnis:

Erna existiert in der Badewanne mit 72.000 Anteilen, Anna mit, na sagen wir mal mit 84.000 Anteilen, während Leonard 267.000 Anteile sein eigen nennt. Erwin verfügt momentan über 112.000 Anteile, was in keinem Verhältnis steht zu der Anteiligkeit von Dr. Steiner: er besitzt 987.000 Anteile, was in der ganzen Badewanne die absolute Spitze ist. Frage: Wo kommen die Elektronen her, welche die Anteile letztendlich bilden, und warum hat der eine mehr, der andere weniger?

Antwort: Die Elektronen kommen aus der sogenannten negativen Existenz, die sich zusammensetzt aus dem absoluten Nichts, der Unendlichkeit und dem unbegrenzten Licht. Diese Begriffe sind dem Kabbalisten auch bekannt als das AIN SOPH AUR, welches die Geburtsstätte aller sichtbaren und endlichen Dinge ist, oder, noch genauer aller Potentiale, die in sich die Fähigkeit und die Absicht tragen, sich im Zeit- und Raumgefüge zu manifestieren.

Die Anzahl der Anteile resultiert aus dem Bewußtsein derselben. Je bewußter jedes Einzelteil wird, desto mehr ist es in der Lage, andere Anteile an sich zu binden, es wird intensiver in seiner Anziehungskraft und erhöht so automatisch die Gesamtenergie seiner 'Gruppe'. Viel klarer und verständlicher wird Ihnen diese reichlich abstrakte Erklärung nach dem Lesen des Kapitels über die Kabbalah sein.

Doch kehren wir zurück zu unserer simplen(?) Badewanne. Wenn das alles stimmen soll, was ich vorher erzählt habe, dann müßten sich die jetzigen Angaben eigentlich haargenau decken mit dem, was ich vor zwei Jahren in 'Zeugnisse von Schutzgeistern' niedergeschrieben habe. Sehen wir also nach und vergleichen wir.

Da sagt die Wesenheit, die sich den Namen Steiner gegeben hatte, folgendes:

'Ich bin der Gruppenherr. Das heißt, daß ich in dem Energie-Konglomerat einen Anteil am Potential habe, der es mir ermöglicht, in angemessenem Umfang auf die Entwicklung der ganzen Energieform Einfluß zu nehmen.' Wir haben also Grund anzunehmen, daß die Wesenheit namens Steiner der Begründer der ganzen Gruppe (Badewanne) war, und zwar durch klare Absicht, Zielvorstellung und Umsetzung derselben auf allen Ebenen. Durch diese drei Komponenten war er fähig, seine Gruppe zu bilden, und in wechselseitigem Austausch der Energien zu geistigen Hochleistungen zu gelangen."

„Mein entscheidendes Erlebnis im 9. Lebensjahr"

Wolfgang Weirauch: Du hattest bereits in Deiner Kindheit Begegnungen mit Wesenheiten, die Du Engel nennst, kannst Du das einmal schildern?

Penny Mclean: Ich will gar nicht sagen, daß es Engel gewesen sind, jedenfalls bin ich in meinem 9. Lebensjahr zum ersten Mal mit meinem hohen Selbst in Verbindung gekommen. Ich war also in einem Zustand, daß ich fokussiert habe, allerdings unbewußt. Was ich heute bewußt kann, habe ich damals – wahrscheinlich aus einer Notsituation heraus – unbewußt vollzogen.

W.W.: Was geschah genau bei diesem Erlebnis?

P. McLean: Das war am ersten Tag meines Schulbesuchs im Gymnasium, ich wurde als 9jähriges Kind von zu Hause in rüdester Form herausgerissen und in ein anderes Land versetzt. Ich verlor alle meine Freunde und wurde in einem Klosterinternat untergebracht, das an Grausamkeit nicht mehr zu überbieten war. Das sage ich ganz ehrlich. Ein Kind in eine derartige Umgebung zu stecken, das ist ein Verbrechen der Eltern!

W.W.: Und in dieser Notsituation erhieltst Du eine innere Stimme?

P. McLean: Ja, man erhält immer das, was man gerade braucht. Heute höre ich keine Stimmen mehr, sondern es sind energetische Impulse, die sich so umsetzen, wie mein jeweiliger Reifegrad sie wahrzunehmen vermag. Damals aber hörte ich eine Stimme, die mir sagte: „Habe keine Angst, es ist alles in Ordnung. Wir sind bei Dir, und Du darfst Dich nicht fürchten. Furcht ist das einzige, was einen Menschen umbringen kann, also fürchte Dich nicht." Es war nicht der Inhalt dieser Worte, sondern die Energie, die mit diesen Worten kam, die mich stark beeindruckte. Ich war plötzlich innerlich gefestigt.

W.W.: Das tauchte als Gedanke in Dir auf, oder war es eine Stimme, die Du innerlich oder äußerlich hörtest?

P. McLean: Ich kann es nicht differenzieren. Nie war ich in dem Körper eines anderen Menschen drinnen, weiß also nicht, wie andere Menschen denken. Aber wenn ich denke, so habe ich eine eigene Denkstimme, die mein selbstverständliches Denken ist. Aber zusätzlich gibt es in meinem Denken Anteile, die nicht meine eigenen sind. Das bin ich eigentlich nicht. Meiner Ansicht nach übertreffen sie sogar die Qualitäten meines Ich.

Kontakt zu Schutzgeistern bzw. morphischen Feldern

W.W.: Wie oft hattest Du ähnliche Erlebnisse wie das im 9. Lebensjahr?

P. McLean: Das kann ich nicht genau sagen, aber dieses damalige Erlebnis war sehr einschneidend für mich. Es war ein Ruck, es war eine energetische Umpolung von der Verzweiflung in eine ruhige Gleichgültigkeit. Und das war so beeindruckend, daß es mir bis heute im Gedächtnis geblieben ist. Ich habe in meinen Büchern immer von dem Kontakt zu Schutzgeistern geschrieben, in Wirklichkeit hat sich dies viel diffiziler abgespielt, denn wenn ich es beschrieben hätte, wie es wirklich war, so hätte es kein Mensch gelesen. Es war die Ausbildung, die Fähigkeit zu erwerben, morphische Felder wahrnehmen zu können.

W.W.: Was ist denn ein Schutzgeist für Dich?

P. McLean: Ein Schutzgeist ist nichts anderes als ein Energiekonglomerat, das den eigenen Absichten entspricht. Einen derartigen Schutzgeist kann man rufen, auch ich habe in meiner Verzweiflung einen solchen Schutzgeist gerufen und habe ihn selbst formiert. Ohne meine Wahrnehmung würde er nicht existieren, so witzig das klingt.

W.W.: Sind alle Erlebnisse, die Du in Deinen Büchern beschreibst, im wachen Bewußtseinszustand von Dir erlebt worden oder sind auch Trance- oder Traumerlebnisse dabei?

P. McLean: Ich habe alles in vollkommenem Wachzustand erlebt, Trance- und ähnliche Zustände lehne ich ab. Ich möchte bei Bewußtsein bleiben. Natürlich gibt es ein differenziertes Wahrnehmungsvermögen: Ich sehe Dich dort sitzen in Hemd und Hose, mit einer Tasche und den Flecken des Kaffees, den ich Dir eben über die Hose gegossen habe, aber diese Wahrnehmung läuft weitgehend unterbewußt. Nebenbei läuft mein bewußtes Wahrnehmen und Denken, zum Beispiel wenn Du mir jetzt Fragen stellst und ich darauf antworte oder über Deine Fragen nachdenke. Das sind verschiedene Energien. Manche kommen aus meinem Denkbereich, andere nicht. Die Energien, die nicht aus meinem Bereich stammen, haben eine andere Klangfarbe.

W.W.: In einem Deiner Bücher beschreibst Du auch eine Buchstaben-Planchette, um damit zu Deinem – so möchte ich es jetzt einmal nennen – Bewußtseinspotential Kontakt zu bekommen. Warum hast Du ein derartiges Hilfsmittel genommen? War das nötig?

P. McLean: Diese Buchstaben-Planchette, die ich – leider – in meinem Buch veröffentlicht habe, ist dazu da, das Ich-Bewußtsein zu trainieren, also den Zugang zu morphischen Feldern zu erleichtern. Mit Magie hat das nichts zu tun, sondern es ist ein Konzentrieren, Fokussieren der Körperenergien, und zwar der Wahrnehmungsenergien. Das Pendeln ist auch nichts anderes. Man nimmt damit morphische Felder wahr. Ich kann zum Beispiel mit einem Pendel feststellen, ob ein Gegenstand aus Gold besteht oder ob er nur vergoldetes Silber ist, weil beide andere Abstrahlungen haben und ich die unterschiedlichen Formfelder wahrnehmen kann. Ich nehme alles wahr, mein beseelter Körper ist ein Seismograph.

W.W.: Trotzdem hast Du mit dieser Buchstaben-Planchette Kontakt zu geistigen Wesen bzw. – wie Du es nennst – morphischen Feldern aufgenommen?

P. McLean: Ja, ich habe mein Ich-Bewußtsein ins Selbstbewußtsein steigern können und konnte dadurch in das Kollektiv kommen. Das ist das ganze Geheimnis.

W.W.: Wurden die Botschaften durch Dich auf und mit der Buchstaben-Planchette geschrieben oder war es anders?

P. McLean: Ich habe gesprochen, teilweise auch in anderen Sprachen, zum Beispiel hebräisch oder tschechisch. Gleichzeitig ging das Holzkreuz blitzartig zu den einzelnen Buchstaben, und andere Teilnehmer haben das mitgeschrieben. Das ging so schnell, daß wir erst nachher die Sätze zusammenstellen konnten. Da entstanden in einer halben Stunde mindestens vier oder fünf Seiten.

„Rudolf Steiner empfahl mir sämtliche Bücher des Verlags Freies Geistesleben“

W.W.: Und Du bezeichnest diese innere Stimme als Rudolf Steiner?

P. McLean: Ich habe es bisher so dargestellt, ja. Das erste, was er gesagt hat, war, daß ich sämtliche Bücher aus dem Verlag Freies Geistesleben lesen solle. Das war die erste Ansage, die ich bekommen habe. Ich sollte erst lesen und dann reden. Das hat er ganz clever gemacht, denn er hat sich gesagt, daß er, bevor ich nicht wüßte, um was es ginge, seine Energien nicht auf die meinigen umsetzen würde.

W.W.: Wie alt warst Du zu dieser Zeit?

P. McLean: Ich war 24 Jahre alt, damals hatte ich nur sehr vage Vorstellungen, wer Rudolf Steiner überhaupt ist. Als er sich dann meldete und sagte, daß er Steiner hieße, hatte ich überhaupt keine Vorstellungen von ihm und glaubte eben, daß dies lediglich ein Mensch mit dem Namen Steiner wäre. Dann bin ich in eine Buchhandlung gegangen und sah dort eine ganze Reihe von Steiner-Büchern, wodurch mir klar wurde, daß es eine bedeutendere Persönlichkeit sein müsse. Nach und nach las ich erst einmal viele Steiner-Bücher, um zu wissen, was Anthroposophie ist. Am Anfang mußte ich mich sogar dazu zwingen, seine Bücher zu lesen, weil sie meiner Denkungsweise nicht genehm waren, aber es wurde dann zunehmend leichter und leichter, zum Schluß habe ich seine Bücher geschluckt wie eine Robbe einen Hering. Heute habe ich keine Schwierigkeiten mehr, genau anzugeben, wo Rudolf Steiner was in seinen Büchern gesagt hat. Natürlich habe ich auch andere Bücher gelesen, zum Beispiel C.G. Jung, Nietzsche, Platon, Aristophanes usw.

W.W.: Du bist also davon überzeugt, daß diese Wesenheit, mit der Du in Kontakt warst, wirklich Rudolf Steiner gewesen ist?

P. McLean: Ich habe in meinen Büchern bisher diese Wesenheit als Rudolf Steiner bezeichnet, mittlerweile ist es mir aber vollkommen egal, ob es nun dieser Rudolf Steiner gewesen ist, den wir als Geistesgröße des 20. Jahrhunderts schätzen und lieben oder etwas anderes. Mir geht es nur um das Endergebnis, und das ist einfach unglaublich.

W.W.: Was meinst Du mit Endergebnis?

P. McLean: Zum Beispiel, daß durch meine Anregungen unglaublich viele Menschen angefangen haben, Rudolf Steiner zu lesen, daß sehr viele Menschen damit begonnen haben, ihr Ich-Bewußtsein zu formieren, zu suchen und aufzufinden, daß unglaublich viele Menschen ihre sogenannten Berufe hingeschmissen haben, um ihre wirklichen Berufe zu ergreifen.

Hinzu kommt auch, daß ich ganz viele Menschen dazu gebracht habe, ihre Angst zu verlieren, weil ich ihnen klargemacht habe, daß sich diese Angst nur in ihrem Hirn abspielt: die Angst vor Hunger, die Angst davor, unter einer Brücke schlafen zu müssen oder daß andere Menschen nicht mehr gut finden, was man macht usw. So etwas muß uns einfach gleichgültig werden. Wenn man in diesen Zustand der Gleichgültigkeit eintritt, hat man auch keine Schwierigkeiten mehr mit der Liebe, der Eifersucht und allen diesen Arien.

W.W.: Wie oft hattest Du mit dem, der sich Rudolf Steiner nannte, Kontakt?

P. McLean: Der Kontakt ging bis ungefähr Ende 1976, dann hat er sich verabschiedet. Er sagte, daß er sich sehr bald wieder reinkarnieren würde, sein Potential wäre dann nicht mehr so hoch und er könne dann nicht mehr so gut zu mir durchkommen. Trotzdem, das muß ich hier betonen, kommen auch jetzt noch während meiner Vorträge Fragmente durch, die exakt Rudolf Steiner sind, wobei ich auch sagen muß, daß ich voll auf seiner Linie bin. Wenn es einen Lehrer für mich gibt, so ist es Rudolf Steiner, denn er übertrifft alles andere. Ich kenne Blavatsky, die gesamte Rosenkreuzer-Lehre von vorne bis hinten, die kabbalistische Lehre, alles, alles ..., aber Rudolf Steiner ist für mich der Überzeugendste, denn er faßt alles zusammen, und das ist es, was ich an ihm so schätze. Er kann zusammenfassen, bei ihm kollidiert kein Indianer mit einem Inder, kein Buddhist mit einem Hindu, Steiner ist einfach universell. Das überzeugt mich. Deswegen ist Rudolf Steiner für mich *die* Leitfigur überhaupt.

„Ich habe den Schlüssel zu Rudolf Steiners Potential"

W.W.: Und welche Verbindungen siehst Du derzeit zwischen Dir und Rudolf Steiner?

P. McLean: Ich kann in das Potential von Rudolf Steiner hinein, ich habe dazu den Schlüssel, denn er hat ihn mir geschenkt. Zwar habe ich mir diesen Schlüssel erarbeitet, trotzdem hat er ihn mir geschenkt.

W.W.: Welchen Auftrag hat derjenige, den Du Rudolf Steiner nennst, Dir gegeben?

P. McLean: Er hat mir aufgetragen, die Anthroposophie volkstümlich zu erklären, seine Erkenntnisse in einfache Worte zu fassen. Das ist für mich allerdings auch nicht so einfach.

W.W.: Ich möchte noch einmal an den Anfang zurückkommen: Es meldete sich jemand, der sich Rudolf Steiner nannte, gab Dir durch, alle Bücher des Verlags Freies Geistesleben zu lesen, wie aber ging es dann bei dem nächsten Kontakt und danach weiter?

P. McLean: Es kam die zweite Sitzung – damals auch noch mit dem Holzkreuz, anders konnte ich es noch nicht –, bei der er mir dann sagte, daß ich meinen Namen ändern müßte. Diese Namensänderung, so sagte er, sei sehr wichtig für meine spätere Ausbildung.

W.W.: Hast Du ihn auch nach Deiner Ausbildung gefragt?

P. McLean: Ja, er sagte mir sogar, daß ich als Sängerin arbeiten würde, sowohl als Solist als auch in einer Gruppe, und zwar weltweit. Er hat ferner gesagt, daß mein Name Penny McLean sei, und als ich nachfragte, warum gerade dieser, antwortete er, daß in diesem Namen ein ewiger Rhythmus verborgen sei, in diesem Namen sei ein Geheimnis verborgen, und wer ihn einmal höre, werde ihn nie wieder vergessen.

W.W.: Welches Geheimnis ist in Deinem Namen verborgen?

P. McLean: Kabbalistisch aufgeschlüsselt ergibt sich eine 9, die 9 ist die unsichtbare, nicht greifbare Zahl. Er sagte mir, daß ich unangreifbar sein müsse, denn wenn ich greifbar sei, könne ich nicht arbeiten. Vieles, vieles mehr hat er mir noch gesagt. Zu dieser Zeit war ich im Grunde niemand. Ich saß hier in München als Sekretärin und arbeitete bei einer Zeitung.

W.W.: An Musik hattest Du damals noch gar nicht gedacht?

P. McLean: Nein, so gut wie gar nicht, auch wenn ich manchmal öffentlich gesungen habe. Rudolf Steiner hat mir allerdings gesagt, daß ich eine Weltkarriere machen würde. Der Hintergrund dieser Weltkarriere sei aber, daß ich die Menschen kennenlernen müsse und auch die Lehrer, die ich später brauchen würde. Und genauso traf alles ein.

W.W.: Hat er auch klare zeitliche Vorgaben gemacht?

P. McLean: Sehr genaue, zum Beispiel, daß meine Karriere in zwei bis drei Jahren beginnen und daß sie sieben Jahre anhalten würde. Dann käme eine Pause von weiteren sieben Jahren, in der ich lernen müsse, in der ich vor allem lernen müsse, diese Pause zu überstehen. Wenn ich diese sieben Jahre überstehe, dann hätte ich es geschafft. Als ich ihn dann gefragt habe, was ich anschließend tun werde, sagte er, daß ich andere Tätigkeiten vollbringen würde, allerdings mit demselben Namen. Mein ganzes Leben ist exakt in Sieben-Jahres-Rhythmen eingeteilt.

W.W.: Wie lange bist Du jetzt aus der Musikbranche heraus?

P. McLean: Ich habe von 1975 bis 1981 als Musikerin gearbeitet und genau sieben Jahre später angefangen, meine Bücher herauszugeben. Das Timing stimmt ganz exakt. Andere Menschen erzählen viel, ich selbst habe es an meinem eigenen Leben bewiesen, andere sprechen von Rhythmen, ich habe diesen Siebener-Rhythmus gelebt. Ich habe sogar in meinen Büchern Dinge geschrieben, die erst jetzt eingetroffen sind. Ähnlich war es zum Beispiel mit dem Paar im Park, kannst Du Dich erinnern, ich habe es in meinem Buch beschrieben?

Die unglaubliche Begegnung im Park

W.W.: Kannst Du es bitte für die Leser kurz darstellen?

P. McLean: Es war an einem sehr trüben Tag, ich befand mich in einem Park und war wegen des schlechten Wetters fast vollständig vermummt, hatte zum Beispiel einen Schal vor dem Mund. Da kam dieses Paar auf mich zu und sagte: „Sie sind doch Penny McLean." Als ich entgegnete, wie sie denn das sehen könnten, sagten sie wiederum: „Wir kennen Sie alle, wir können Sie immer sehen." Als ich wieder sehr verdattert reagierte, daß mich momentan nach meiner Musikkarriere doch niemand mehr kenne, antworteten sie mir: „Wieso, wir kennen Sie, Sie sind doch eine ganz wichtige Persönlichkeit!“ Sie sagten dann auch noch, daß ich ja überall in den Zeitungen und in Fernsehsendungen vertreten wäre, und auf meine Entgegnung, daß dies zur Zeit doch gar nicht der Fall sei, antworteten sie mir: „Was ist der Moment, was ist Jetzt, was ist Morgen, was ist Gestern? Für uns gibt es keine Zeit, für uns gibt es nur: es ist.“

W.W.: Menschen waren es nach Deiner Ansicht nicht; was meinst Du, wer es war?

P. McLean: Zuerst dachte ich, daß es Menschen waren, aber nachdem ich mich kurz umgedreht hatte, waren sie verschwunden und im ganzen Park nicht mehr aufzufinden. Verkörperte Menschen waren es also nicht. Da wurde mir auch erst klar, daß diese beiden viel zu leicht angezogen waren, aber wer es war, weiß ich nicht. Es war eine unglaubliche Begegnung, und sie hatte denselben Energieeffekt wie die Begegnung in meinem 9. Lebensjahr.

„Ich versuche, die Anthroposophie volkstümlich zu machen“

W.W.: Hast Du später wieder zu Rudolf Steiner Kontakt aufgenommen?

P. McLean: Ich habe Anteile von ihm drinnen. Diese Anteile befähigen mich, wo auch immer, mit seinen Anteilen Kontakt aufzunehmen. Je reifer ich werde, je mehr ich begreife, je mehr ich von meinen eigenen Anteilen aktivieren kann, desto mächtiger werde ich im Umsetzen und Weiterführen der Gedanken. Ich muß diese Gedanken ja auch weiterführen, indem ich sie in eine Sprache bringe, die die heutigen Menschen verstehen. Die Menschen müssen hungrig auf das gemacht werden, was Rudolf Steiner gesagt hat, denn die Art und Weise, wie Rudolf Steiner geschrieben hat, ist nur für die zugänglich, die vorgebildet sind. Ich möchte nicht, daß nur eine sogenannte Oberschicht Rudolf Steiner liest, sondern alle Menschen. Wer Rudolf Steiner einmal begriffen hat, der macht keinen Scheiß mehr.

W.W.: Wie ist dieser Auftrag gekommen, daß Du die Anthroposophie volkstümlich unter die Menschen bringen solltest?

P. McLean: Ganz einfach, ich sollte lesen und das Gelesene verbreiten. „Du bist mein Sammler, mein Wecker, mein Rattenfänger, Du bist dazu da, die Gruppe zu sammeln, Du mußt die ewig gültigen Gesetze verbreiten, Du bist ein wandelndes BGB des Kosmos.“

W.W.: Erklärst Du bitte einmal, was diese Gruppe ist?

P. McLean: Diese Gruppe bestand nach Steiners eigenen Angaben aus 318 individuellen Anteilen, die untereinander mischbar sind. Er hat den höchsten Anteil an dieser Gruppe, deswegen ist er der Gruppenherr. Diese ganze Gruppe ist auf Theaterwissenschaften, Kultur, Philosophie, Naturheilkunde und Naturwissenschaften spezialisiert, auch wenn sich darunter Techniker befinden. Da Rudolf Steiner der Gruppenherr ist, sind die anderen an seine Energien angeschlossen. Das Hauptbestreben dieser Gruppenmitglieder ist natürlich Anthroposophie, zusätzlich zu dem, wofür Rudolf Steiner auch sonst interessiert war: Architektur, Medizin, Kunst usw. Das brauche ich Dir ja nicht zu erzählen. Natürlich gibt es noch andere Gruppen, die wieder für andere Lebensgebiete interessiert und spezialisiert sind.

W.W.: Woher kommt die Zahl 318?

P. McLean: Die nannte er damals selber. Damals waren dies für mich 318 Personen, heute weiß ich erst, was er wirklich gemeint hat. Ich dachte, daß dies 318 inkarnierte Menschen seien, aber er sagte mir, daß nur ein Teil von ihnen zur Zeit inkarniert wäre, die anderen nicht. Im Grunde habe ich das erst alles vor 1.1/2 Jahren in Hanau begriffen, als ich während meines Vortrages die Badewanne anzeichnen sollte. Aber das hat Rudolf Steiner alles schon vorher gesagt, ich konnte es nur nicht begreifen. Während meines Vortrages in Hanau war ich irgendwie in einem anderen Zustand, so daß ich die Zusammenhänge begreifen konnte.

Nach dem Vortrag haben mir andere Menschen erzählt, daß ich den Eindruck gemacht habe, als sei ich völlig weg. Zwei andere erzählten mir, daß sie hinter mir eine riesige weißleuchtende Gestalt gesehen hätten. Ich habe eben etwas von ihm übernommen: Es war der richtige Tag, ich war soweit, die Zuhörer waren soweit, die Energie stimmte, aber wer es letztendlich ist, möchte ich offenlassen. Ich will mich überhaupt nicht an Rudolf Steiner profilieren. Wenn es jemand anders gewesen wäre, hätte ich das genauso gesagt, nur er nannte diesen Namen. In der Schweiz werde ich immer wieder mal als Steiner-Inkarnation dargestellt, aber dagegen gehe ich wütend an.

W.W.: Wie meinst Du das?

P. McLean: Es gibt Leute, die der Ansicht sind, daß ich eine Reinkarnation Rudolf Steiners sei, oder auch nur eine Teilinkarnation. Das ist natürlich Unsinn. Ich sage denen immer wieder, daß ich weder ein Scharlatan noch die Reinkarnation Rudolf Steiners sei, ich habe mich nur seiner Absicht angeschlossen. Insofern bin ich natürlich nicht Rudolf Steiner und bin es andererseits doch.

W.W.: Hast Du noch Kontakt zu dem, der sich Rudolf Steiner nannte?

P. McLean: Er ist momentan inkarniert, schätzungsweise 14 Jahre alt, lebt in Südfrankreich und hat anscheinend hohe Potentiale in diese Inkarnation mitgenommen und ist deswegen auch nicht mehr der Gruppenherr. Statt seiner ist ein anderer Gruppenherr geworden.

W.W.: Wer?

P. McLean: Angeblich Plato.

W.W.: Für diese Gruppe der 318?

P. McLean: Genau. Im Grunde ist das eine Gruppe, die hauptsächlich dazu da ist, andere Menschen zu schulen und auszubilden, die sehr selbstlos sind und praktisch keine eigenen Interessen haben.

Rudolf Steiner beinhart

W.W.: Seitdem hast Du keinen Kontakt mehr zu dem, der sich Rudolf Steiner nannte?

P. McLean: Lies dieses Buch, dann weißt Du es selber.

W.W.: Das ist ja Dein neues Buch, das noch nicht veröffentlicht ist.

P. McLean: Darin sind Passagen, die absolut in seiner Sprache sind, die sogar so sehr in seiner Sprache waren, daß ich sie noch abändern mußte, weil es zu auffallend war. Als ich dieses Buch geschrieben habe, traten oft auch richtige Übernahmen ein, was mir phasenweise viel zu viel wurde.

W.W.: Du schreibst in Deinen bisherigen Büchern auch, daß Steiners Sprache gegen Ende seiner Mitteilungen anders wurde, schärfer oder drängender im Ton. Warum?

P. McLean: Rudolf Steiners Sprache ist schärfer geworden, und ich habe mich sogar einmal mit ihm gestritten, weil ich ihm vorwarf – abgesehen davon, daß ich seine Bücher ganz hervorragend finde, das muß ich einmal vorausschicken –, daß seine Bücher ohne Witz sind, er ist beinhart! Menschen, die ihn noch gekannt haben, haben mir allerdings erzählt, daß er durchaus witzig gewesen ist. Und so war es auch, wenn ich etwas von ihm bekommen habe: Manchmal mußte ich zwar lachen, vor allem dann, wenn es um mich selber ging, aber in der Quintessenz war er beinhart. Er ließ keine Kompromisse zu.

„Ich bin multidimensional talentiert"

W.W.: Du sagst, daß Du keine Durchsagen von Rudolf Steiner bekommen hast, daß Du nicht hellsichtig bist, sondern daß Du Wahrnehmungsmöglichkeiten hast, die Du über Jahre trainiert hast. Kannst Du das noch etwas näher beschreiben?

P. McLean: Ich weiß oft nicht, wie ich es verständlich machen soll. Ich habe meinen Körper so weit in seiner Energie trainiert, daß er wahrnehmungsfähig geworden ist, wobei ich den Körper nicht verleugne, im Gegenteil, ich bin inkarniert. Und das hat seinen tiefen Sinn. Ich gehe nicht einen halben Meter über dem Boden, sondern lebe in der Materie. Trotzdem bin ich in der Lage, Dinge wahrzunehmen, die anderen verschlossen sind, weil diese Menschen sich damit nicht beschäftigen. Und diese Wahrnehmungen sind sehr differenziert und sehr klar.

W.W.: Und diese Buchstaben-Planchette benutzt Du ja wohl seit langem nicht mehr, so daß alle Wahrnehmungen rein innerlich vor sich gehen!?

P. McLean: Ja, seit mindestens zehn Jahren habe ich die Planchette nicht mehr benutzt. Ich halte auch hochkarätige Kurse mit dem trivialen Titel „Jeder kann hellsehen", in denen ich zeige, wie man in morphische Felder hineinkommt. Da habe ich jedesmal wildfremde Menschen vor mir, denen ich sage, was Sache ist. Rein durch das Wahrnehmen versuchen wir, über sechs Stunden hinweg in morphische Felder einzudringen. Ich bringe das anderen Menschen bei, was aber nur dann geht, wenn man sich wirklich für diese Fragen interessiert.

Ich bin deswegen multidimensional talentiert, weil ich eine multidimensionale Zusammensetzung habe. Hätte ich nur drei Leute in mir, wäre ich weniger begabt, aber da ich fast unzählig viele in mir habe, bin ich technisch begabt, spreche viele Sprachen usw. Ich kann, was ich will. Man kann mich heute in eine Hotelrezeption stellen, und ich werde die Anforderungen sofort voll erfüllen, man kann mich in eine Brillenfirma stecken, mich als Stewardeß einstellen, in einen Verlag, ich werde alles sofort erfüllen, ich bin in meinem Innern kollektiv mächtig. Das heißt, daß ich mich in die bestehenden morphischen Felder einklinken kann, um sie anschließend zu verwenden.

Das ist das Ziel des Menschseins: immer und überall voll verwendungsfähig zu sein. Man muß es natürlich mühsam erlernen – ich mußte es auch –, wie man die Materie überwindet, aber irgendwann ist man in diesen morphischen Feldern und dann weiß man, was man zu tun hat. Ich glaube auch, daß dies das Ziel der ganzen Menschheit ist, und dann wird sich alles auflösen. Das wird auch langsam Zeit.

W.W.: Das dauert noch ein bißchen!

P. McLean: Na gut. Trotzdem ist es ja kaum noch zu ertragen.

Von den morphischen Feldern und dem Ätherleib

W.W.: Du kennst Dich ja aus mit der anthroposophischen Terminologie?

P. McLean: Ja.

W.W.: Was würdest Du denn sagen, anthroposophisch ausgedrückt, was das gewesen ist, was Du Rudolf Steiner nennst, ferner, was diese morphischen Felder sind? War es die Individualität Rudolf Steiners oder etwas anderes?

P. McLean: Rudolf Steiner hat die morphischen Felder natürlich gekannt, hat sie aber anders benannt. Du kennst ja die Differenzierung Astralleib, Ätherleib usw. ... *(Penny McLean nimmt das Manuskript ihres neuesten Buches zur Hand).* Ich möchte suchen, wie er es selbst ausgedrückt hat. Jetzt habe ich es gefunden, ich lese vor:

„Darüber hat Rupert Sheldrake zwei bemerkenswerte Bücher geschrieben. Über die Formentstehung und die morphische Resonanz, wie er es nennt. Jahrhunderte vorher hat darüber schon einmal jemand etwas gesagt, und man kann mit Gewißheit sagen, daß dieser 'Jemand' keine Ahnung von morphischen Feldern und ihren Resonanzen hatte: Angelus Silesius. Im 'Cherubinischen Wandersmann' sagt er: 'Mensch, was du liebst, in das wirst du verwandelt werden. Gott wirst du, liebst du Gott, und Erde, liebst du Erden.'

Klingt da nicht Erinnerung auf: Was du billigst noch so fern ...?

Wenn es morphische Felder gibt, die materielle Formen bilden, dann ist es nur logisch zu behaupten, daß es genau solche Wirksamkeiten auch im geistig-seelischen Bereich geben muß. Das Zustandekommen dieser Mentalfelder basiert auf dem Zusammenspiel von Fühlen, Denken, Beurteilen, Annehmen und Ablehnen. Das heißt, daß jeder von uns tagtäglich mit einer Unzahl von geistigen Feldern umgeht, die er seinen Energiekörpern einverleibt und ihnen dadurch eine ganz eigene Schwingung und Abstrahlung verleiht.

Die summa summarum nennen wir dann Ausstrahlung, Flair, Charisma, Persönlichkeit. Diese Gesamtabstrahlung kommt durch die Intensität des Zusammenspiels unseres physischen, unseres ätherischen und unseres astralischen Körpers zustande."

Das ist er, Rudolf Steiner, der dies sagt.

„Was den physischen Körper betrifft, so bedarf es sicher keiner weiteren Erklärungen. Worin aber besteht der Unterschied zwischen Ätherleib und Astralleib?"

Sag mal, worin besteht der Unterschied?

W.W.: Anthroposophisch ausgedrückt?

P. McLean: Ja.

W.W.: Der Ätherleib ist die den physischen Leib durchdringende Krafthülle der Lebenswirksamkeiten, das Medium für die Gedankentätigkeit, der sogenannte Speicher der Erinnerungen, während der Astralleib die Hülle der gesamten Seelenvielfalt ist, genauer gesagt: der Seelenleib mit der Empfindungsseele zusammen.

P. McLean: Hör mal, wie er es ausdrückt *(Penny McLean liest weiter aus ihrem selbstvefaßten neuesten Buch):*

„Der gravierendste Unterschied dieser zwei Körper, die nach dem Tode als zwei geistige Gestalten neben dem Verstorbenen von Hellsichtigen wahrgenommen werden können, besteht darin, daß der Ätherleib sich nach dem Tode innerhalb von fünf Tagen auflöst, ganz im Gegensatz zum Astralleib, der aus kosmischer Energie heraus ist und also unsterblich. Während der Ätherleib in sich alles gespeichert hat, was kollektives

Unterbewußtsein, instinktives und triebhaftes Verhalten betrifft, so beinhaltet der Astralleib die geistigen Wahrnehmungsorgane, die das Ich-Bewußtsein ermöglichen. Im weitesten Sinne kann man sagen, daß der Ätherleib die energetische Abstrahlung unseres Körpers, der Astralleib die energetische Manifestation unserer geistigen Leistungen ist.

Man könnte über die Energiekörper des Menschen und ihre Prinzipien einen eigenen Band füllen, über ihre über- und untergeordneten Differenzierungen philosophieren, doch das ist nicht das Thema und Ziel meiner momentanen Arbeit.

Mir geht es momentan um den Versuch der Beweisführung, daß wir durch unsere Empfindungen, Gefühle und Denkleistungen genauso schöpferisch wirksam sind, wie die auf die Materie wirkenden morpho-genetischen Felder Sheldrakes.

Machen wir es uns ein bißchen leichter mit dem Verstehen. Alle morphischen Felder sind nichts anderes als eine riesige Datenbank, deren Speicherungen so lange im Programm behalten werden, solange man sie abruft. Was über längere Zeiträume nicht verwendet wird, erlischt automatisch, denn die Energiefütterung, die das Erhalten einer Speicherung garantiert, ist Inter-esse = Bedarf.

Der Unterschied zwischen den morphischen Feldern der Materie und den geistigen Feldern des Menschen besteht darin, daß erstere ausschließlich nach dem Gesetz 'Der Stärkere siegt' überleben, während letztere ihre Beständigkeit durch Ethik, Moral und Liebe erhalten, also durch Eigenschaften, die letztendlich im Entscheidungsbereich des freien Willens zu finden sind. Die morphischen Felder der Materie sind bis in die Bereiche des Unterbewußtseins und des Instinktes zu finden, und sind – wie ich glaube – genauso starr wie die Materie selbst. Im Unterschied dazu sind die Mentalfelder des Menschen beweglich, schnell zu verändern und von einer, der Menge ihrer Erzeuger ensprechenden ungeheuren Konvertibilität gekennzeichnet.

Soweit wir vom Menschenkörper als Materie sprechen, so darf ich annehmen, daß, hätte Rudolf Steiner Sheldrakes Theorie gekannt, er die Einlagerung der morphischen Felder wohl dem Ätherleib zuerkannt hätte. Was sagt Dr. Steiner über den Ätherleib des Menschen:

1. Er verändert sich nur langsam;
2. er ist der Träger des Gedächtnisses (also der Erfahrung);
3. er ist an ein Zellsystem gebunden;
4. er ist ein 'Kraftleib', der Erbauer des physischen Organismus, aber auch:
5. in ihm haftet der Irrtum;
6. er ist der Sitz des Leidens.

Wagt man auf dieser Linie weiterzudenken, so kommt man zum Schluß, daß die morphischen Felder die Luciferische Idee in sich tragen. Die Macht Lucifers besteht darin, Geist in der Materie festhalten zu können. So besteht unsere große Chance darin, Materie zurücklassen zu dürfen und zu können. Der Vorgang heißt Tod.

Mit ihm könnten wir uns also von Leid, Irrtum und 'morphischer Resonanz' lösen, wenn wir wollten. Aber anscheinend ist dieses 'Nicht-Loslassen-Können' ein überaus verlockender Faktor, der uns immer wieder in die Wiedergeburtskette zwingt.

Die Chance, die Materie samt ihren morphischen Feldern zu überwinden, besteht also darin, unser Bewußtsein intensiv auszubauen. Das ist der Weg, um den physischen Leib des Menschen zum Geistmenschen umzugestalten, Krankheit und Tod zu überwinden und somit Gott zu erkennen.

Zur Ausbildung der Empfindungsseele

Das Erstellen von Mentalfeldern findet im Astralleib statt, der in sich sowohl tierische Begierden beherbergt, wie auch alles, was der Mensch selbst hineinarbeitet. Laut Rudolf Steiner beinhaltet dieser Astralleib drei Seelen: die Empfindungs-, die Verstandes- und die Bewußtseinsseele. Hier finden wir also unsere Gefühle, Emotionen, Kombinationsvermögen, sprich Intelligenz, Lernfähigkeit und das Auswerten derselben, das Begreifen, das Erkennen.

Wollen wir unseren Astralleib in hohe Bewußtseinsschwingungen integrieren können, so ist es notwendig, daß wir zuerst unsere Empfindungsseele begreifen, erkennen und ausbilden.

Diese Ausbildung kann nur mit Hilfe unserer Umwelt vonstatten gehen. Deswegen ist eine Erziehung des Kleinkindes ohne Zärtlichkeit, Widerstand, Freude des Gebens, Überlegtheit des Nehmens, Musik, künstlerische, handwerkliche Betätigung (Basteln), spielerische Kommunikation und Förderung freundschaftlicher Bindungen einfach katastrophal. Dazu bedarf es der geduldigen und wissenden Führung einer oder mehrerer Vertrauenspersonen, welche die Zuneigung des Kindes besitzen. Ein Kind, das seinen Lehrer nicht liebt, lernt nichts. Mit 'lieben' meine ich akzeptieren, mehr als alles andere. Im Akzeptieren finden wir Respekt, Vertrauen, Sympathie, Bewunderung, und aus diesen Faktoren ergibt sich resultierend der Wunsch, selbst bemerkt zu werden, was sich auf die Leistungen äußerst wohltuend auswirkt. Das Kind will gefallen, Zuneigung erwecken, Lob erhalten.

Niemals wird es diese Eigenschaften entwickeln, wenn die Bezugsperson nicht in Ordnung ist. Eine äußerlich überaus qualifizierte Kindergärtnerin kann unter Umständen für ihr Kind ein Brechmittel sein, ein Krankmacher. Bitte reagieren Sie sofort auf diesbezügliche Anzeichen und Aussagen Ihres Kindes. Es interessiert überhaupt nicht, ob *Sie* den Erzieher gut finden. Ihr Kind muß sich wohlfühlen. Und wenn das nicht der Fall ist, wird es in seiner Entwicklung behindert. Also nehmen Sie bitte das Damoklesschwert auf sich, so lange zu suchen, bis ihr Kleines mit Freuden jeden Morgen sein Zuhause verläßt. Hier spreche ich vornehmlich von der Zeit der ersten sieben Jahre. Ein Mensch, dessen Gefühle und Emotionen in den ersten sieben Jahren nicht sorgfältig geweckt, gepflegt und ausgebildet werden, wird später seinen Verstand niemals vollkommen zum Wohle seiner selbst und auch zum Wohle seiner Umwelt verwenden können.

Liebe und optimale Verwendungsmöglichkeit menschlicher Intelligenz hängen untrennbar zusammen. Wenn ich meine völlig unmaßgebliche persönliche Meinung dazu kurz äußern darf: Mir können diese ganzen hochintelligenten gefühllosen Wissenschafts-Roboter gestohlen bleiben, die sich später ohne Nachdenken für die gräßlichsten Tierversuche und genetischen Spielereien im sogenannten Dienste der Wissenschaft hergeben. Niemand, dessen Empfindungsseele wirklich ausgebildet ist, wird sich für solche Abartigkeiten heranziehen lassen.

In Wirklichkeit endet die Ausbildung unserer Empfindungsseele nie. Später, wenn ein gewisses Alter erreicht wird, unser Verstand und unser Bewußtsein ebenfalls Reifung erfahren haben, sind wir selber verantwortlich für eine Weiterführung und Veredelung mit dem Ziel und der immer lebendigen Absicht der Vervollkommnung.

Wir reden unentwegt vom Guten und vom Bösen in dieser Welt, entsetzen uns über Krieg und Greueltaten und vergessen dabei allzu oft, wie sehr wir diese zuerst im Mentalbereich erstellten Taten durch unser eigenes Denken gefüttert haben.

Zum letzten Mal sage ich es: Jeder gewalttätige Film, jedes brutale Buch, jeder dreckige Porno-Streifen, der von Ihnen konsumiert wurde, hat mitgewirkt an dem, was tagtäglich passiert und uns entsetzt.

Wir teilen unsere Mentalfelder genauso miteinander, wie wir unsere Atemluft teilen.

Ich weiß nicht, wie weit Saddam Husseins Kindheit und Jugend kolportiert sind. Das Ergebnis betrachtend möchte ich die Schreckens-Stories beinahe glauben. Trotzdem sind wir alle mitschuldig. Viele von uns konsumieren die gewalttätigsten und menschenverachtendsten Gedanken. Der einzige Unterschied zwischen Saddam und jenen ist, daß sie dieses Gedankengut nicht zum Ausdruck bringen, entweder weil das bessere Ich es verbietet oder weil sich keine Gelegenheit bietet. Haben Sie eine Sekunde schon einmal darüber nachgedacht, daß Saddam vielleicht nur der Ausdruck des momentanen generellen Gewaltpotentials war/ist, um ein Beispiel zu nehmen. Man könnte genausogut die Wirtschaftsbosse und Politiker der Gegenseite heranziehen. Die Toten fragen nicht mehr, *wer* es war. Sie künden nur davon, *daß* es war. Gefühle, deren Triebfeder nur niedere Instinkte sind, können auf deren Erzeuger, wie auch auf seine Umwelt nur destruktiv wirken und im Kampf um die Veredelung zu schweren Deformationen der Seele führen."

W.W.: Die Passage, über die Du sagtest, sie komme von Rudolf Steiner, wann hast Du sie niedergeschrieben?

P. McLean: Etwa vor vier Wochen. Ich möchte noch etwas weiterlesen:

Zur Ausbildung der Verstandesseele

„Kommen wir also jetzt zur Verstandesseele, die derselben sorgfältigen Ausbildung bedarf wie die Empfindungsseele. Verstand hat gegenüber von Empfindungen den Nachteil (oder ist es ein Vorteil?), daß er, für sich allein betrachtet, gefühllos und ohne Charakter ist. Er erlernt, kombiniert, begreift, sortiert, wägt ab, sammelt Erfahrung, beobachtet. Betrachten wir also die Angelegenheit zunächst einmal völlig kühl. Je mehr ich in einen Computer hineinfüttere, desto größer ist das Gesamtprogramm.

Das Problem ist nur – wir sind keine Computer, obwohl momentan alles getan wird, um das Gegenteil zu beweisen.

Der Mensch wird inkarniert mit einer Absicht und einem Ziel. Niemand kommt ohne Auftrag auf diesen Planeten. Es gilt also, Empfindungen und Verstand so gekonnt zu kombinieren, daß wir auf dieser Basis, mit dieser Grundlage, ein klares Bewußtsein entwickeln können.

Um auf diesem Planeten Erde überhaupt existieren zu können, braucht man ein allgemeines Grundwissen, das dem Menschen ermöglicht, sich in der Umgebung, in der er lebt, zurechtzufinden, zu behaupten und nützlich zu machen.

Die Art und Weise, wie ein Mensch mit dem allerersten Allgemeinwissen umgeht, läßt uns schon früh Schlüsse über seine Intelligenz, seine Talente und Begabungen ziehen.

Woher kommt es, daß ein Kind mit den Anfangsbegriffen des Lesens, Schreibens und Rechnens leichter zurechtkommt als das andere?

Es liegt am Ich-Bewußtsein.

Ein Kind mit unvollkommenem Ich-Bewußtsein kann nicht speichern, weil es die Dinge, die man es versucht zu lehren, in keinen Bezug mit sich selbst bringen kann. Wem es nicht gelingt, aus Erlerntem Ich-Bezüge zu erhalten, ist immer ein schlechter Schüler, da das Lernen an und für sich für ihn keinen 'Sinn' hat.

Wie schnell wird ein Kind oft als unbegabt, geistig schwerfällig, zurückgeblieben oder sogar als behindert bezeichnet, wo der Mangel in nichts anderem zu suchen ist, als in dem nicht erweckten Ich-Bewußtsein.

Rudolf Steiner und das Kind mit dem Wasserkopf

Ein Beispiel dazu möchte ich direkt aus Rudolf Steiners Leben heranziehen, der am Anfang seiner Laufbahn ja als Erzieher und Lehrer tätig war. Die Ergebnisse dieser Betätigung können wir in mehreren seiner Schriften finden, zum Beispiel in 'Die Erziehung des Kindes vom Gesichtspunkt der Geisteswissenschaft'."

W.W.: Jetzt kommt die Geschichte von dem Kind mit dem Wasserkopf?

P. McLean: Ja, wohlgemerkt, ich kannte sie nicht, bevor ich dies hier niedergeschrieben habe. Ich werde es einmal vorlesen:

„Besondere Erkenntnisse bezog der junge Rudolf Steiner aus seinem engen erzieherischen Umgang mit einem 10jährigen Jungen, der an Hydrocephalitis litt und dessen Familie den Glauben an eine geistige Ausbildung des Kindes bereits verloren hatte."

Bitte achte auf den Stil!

„Steiner schaffte es, aus diesem bereits aufgegebenen Kind einen Gymnasiasten zu machen, der nach der Reifeprüfung Medizin studierte. Auf die Frage, *wie* der Anthroposoph diese Leistung vollbracht hat, gibt es nur eine Antwort: Steiner hatte die Einzelfunkionen von Körper, Seele und Geist begriffen und war so in der Lage, das Zusammenwirken dieser drei Komponenten zu fördern. Er ging davon aus, daß die Seele dieses äußerlich benachteiligten Kindes nicht intensiv mit dem Körper verbunden war, und die vorhandenen Begabungen deswegen nicht zum Ausdruck gebracht werden konnten.

Bezeichnend für die Betreuung war, daß Steiner das Hauptgewicht zunächst auf die Entwicklung der Empfindungsseele legte, in seinem Schüler die Gefühle der Zuneigung, Sympathie, des Vertrauens und der Bewunderung weckte. Ohne diese Basis hätte niemals ein Erfolg erzielt werden können. Danach fing er an, in einer individuell erstellten Einteilung, das Kind die verschiedensten Fächer zu lehren, in pädagogischer Maßarbeit die Seele des Kindes so zu aktivieren, daß sie sich letztendlich vollkommen mit dem Körper verbinden konnte. Das heißt: das Ich-Bewußtsein wurde geweckt und in die richtigen Bahnen geleitet.

Was wäre aus dem Kind geworden, hätte es Steiner nicht gegeben? Was wird aus zahllosen Kindern, weil die wirklich berufenen Pädagogen eine absolute Minderheit darstellen?

Unser Schulsystem ist immer gnadenloser geworden. Punktesystem müssen erfüllt werden. Leistung muß schematisch erbracht werden, der Schüler hat zu funktionieren."

W.W.: Ist dieser gesamte Text nun allein von Dir?

P. McLean: Sowohl als auch. Natürlich ist alles von mir, andererseits ist vieles auch nicht von mir. Das, was ich hier in der Hand habe, ist das Original, und Du siehst, daß ich fast keine Verbesserungen eingefügt habe.

W.W.: Und dann sitzt Du an der Schreibmaschine ...

P. McLean: ... und schreibe in rasender Geschwindigkeit, ohne nachzudenken!

W.W.: Bei vielem hat man den Eindruck, daß es von Dir kommt, bei anderem wiederum, daß dies nicht aus Deiner individuellen Persönlichkeit geschrieben ist.

P. McLean: Genau, ich weiß nicht, ob Du es gemerkt hast, es ist wie ein Wechsel, wie ein Dialog. Oft ist es so, als ob er etwas sagen will und mir dann wieder die Federführung überläßt usw.

W.W.: Was ist das für ein Gefühl, wenn mal Du schreibst, ein anderes Mal wieder derjenige, der sich als Rudolf Steiner ausgegeben hat?

P. McLean: Das ist ein phantastisches Gefühl.

W.W.: Es ist also eine Art inneres Gespräch, das in die Form kommt, wie Du sie jetzt in Deinem Buch hast?

P. McLean: Ja, genau, das Ergebnis ist exakt dieser Text. Es ist so, wie es ist.

W.W.: Es macht auch den Eindruck, als würdest Du mit dem Leser sprechen.

P. McLean: Selbstverständlich, es ist beides. Er weiß genau, was er macht. Einst hatte ich ein langes Gespräch mit ihm über Luzifer, das ich bisher noch nirgendwo wiedergegeben habe, da hat er mir gesagt, daß Luzifer auf der Erde seinen Ausdruck in all dem hat, was Kunst ist. Seitdem habe ich ein ganz anderes Verhältnis zu dem Bösen. Luzifer ist der Lichtträger, derjenige, der den Geist in die Materie bringen kann. Insofern sind die Erde und wir Menschen zu einem Teil Luzifer, und wenn ich ihn erkannt und veredelt habe, dann kann ich ihn wieder zurückbringen. Die Kunst zum Beispiel ist der veredelte Luzifer.

W.W.: Seit wann schreibst Du eigentlich Bücher?

P. McLean: Es ist niemandem bisher aufgefallen, daß alles, was ich mache, in ungefähr drei Jahren geschehen ist. Kannst Du Dir das vorstellen? 1988 kam mein erstes Buch zu diesem Thema heraus.

W.W.: Aber Dein Buch „Adeline und die vierte Dimension“ war noch davor!

P. McLean: Ja, aber dieses Buch kannst Du aus diesem Zusammenhang herausnehmen, das ist etwas anderes. Das Buch wird jetzt übrigens verfilmt. Als ich es herausbrachte, da hieß es nur: Ja, die Schlagersängerin, nun will sie auch mitmischen. Aber danach ist mit mir etwas ganz Wesentliches geschehen, das ich jetzt noch nicht ausführen möchte, aufgrund dessen ich in der Lage war, alles zu vollbringen, was ich seitdem getan habe.

Indianer – Endzeit oder Zukunft?

INTERVIEW MIT JOCHEN PAJUNK*

von Christine Pflug

Jochen Pajunk, *geboren 1937 in Hamburg, Besuch der Oberschule in Wismar. 1951 Flucht nach Westdeutschland, 1957 Abitur in Buxtehude. Studium der evangelischen Theologie in Erlangen; seit 1967 Tätigkeit als Vikar in Bayern, seit 1969 als Pfarrer in Hamburg. Psychologische Ausbildung am Evangelischen Zentralinstitut für Ehe- und Lebensberatung. Mitarbeit in der Eheberatungsstelle des Diakonischen Werkes in Hamburg, Tätigkeit als Krankenhausseelsorger. 1983–1986 Studium am Priesterseminar der Christengemeinschaft in Stuttgart, Priesterweihe 1986, seit 1988 als Pfarrer in Hamburg-Bergedorf tätig. Verheiratet, drei Kinder.*

Man kann immer wieder feststellen, daß die Kultur und Religion der Indianer auf großes Interesse stößt. Viele Menschen, die aus der ihnen bekannten Form eines Christentums und der westlichen Zivilisation nicht die Orientierung finden, die sie suchen, wenden sich anderen spirituellen Richtungen zu, unter anderem den indianischen Traditionen. Man wird feststellen, daß dabei immer wieder Mißverständnisse zu

*Dieses Interview erschien auch in: *Hinweis*, Hamburg, Nrn. 9 und 10/1991

finden sind – sowohl den Indianern als auch einem nicht esoterisch verstandenen Christentum gegenüber. Jochen Pajunk konnte die Situation der Indianer genau und direkt erleben und überraschende Anknüpfungspunkte zur Anthroposophie und dem esoterischen Christentum entdecken.

Christine Pflug: Wie kamen Sie dazu, sich mit den Indianern Nordamerikas intensiv zu beschäftigen?

Jochen Pajunk: Ich bin in meinem Leben häufig in Amerika gewesen, immer drei oder vier Wochen während meines Urlaubes. Jedesmal begegnete ich dort Indianern, entweder traf ich sie selbst, oder mir fiel Literatur über sie in die Hände. Vor 12 Jahren war ich in Kanada, um einen Bekannten zu besuchen, der im Jucon-Territory als Arzt eine Praxis hat und auch Bürgermeister ist. Bei diesem Bekannten trafen sich eine Menge Leute, von denen mich einer fragte, ob ich eine Einladung zu einer Versammlung der nordamerikanischen Medizinmänner haben wolle. Das war für mich so ungewöhnlich, daß ich es gerne annahm. Meine Frau und ich fuhren dann dort hin. Das Treffen fand in einem Reservat der Blackfoot-Indianer in der Nähe von Banff am Fuße der Rocky Mountains statt. Es waren ungefähr 200 Tipis, die bekannten Indianerzelte, aufgebaut, und die Medizinmänner aus sehr vielen Stämmen Kanadas und den USA waren versammelt. Außerdem waren auch noch Angehörige der jeweiligen Stämme dabei, denen die Medizinmänner ihr Wissen weitergeben wollten. Das lief dann etwa so ab, daß

Navajo-Indianer hüten ihre Schafe und Ziegen (Monument Valley, Arizona/Utah)

ein Medizinmann sich an einen Baum lehnte und eine Schar von Stammesangehörigen um sich versammelte. Er erzählte von seinen Einweihungsvisionen, von seinen spirituellen Wegen und Meditationen.

Zwischendurch versammelten sich alle in einem Plenum, um soziale und politische Fragen zu bewegen. Das Thema lautete: „Haben wir als Indianer überhaupt noch eine Aufgabe in Nordamerika, und wie könnte man diese Aufgabe beschreiben?“ In diesem Zusammenhang wurde auch die Frage nach dem Christentum gestellt.

C.P.: Wer brachte dieses Thema ein?

J. Pajunk: Das waren zum einen Buffalo Child von den Blackfoot-Indianern, einer der angesehensten Medizinmänner, und zum anderen noch ein geistlicher Repräsentant eines Stammes. Es gab zu diesem Thema geteilte Meinungen. Die einen äußerten, daß man unmöglich mit dem Christentum zusammengehen könne, weil die Indianer die furchtbarsten Erfahrungen damit gemacht hätten – ich brauche das nicht näher auszuführen, das ist allgemein bekannt –, man müsse sich sogar noch mehr gegen die Weißen und besonders gegen das Christentum abgrenzen und die alte Kultur wiederbeleben.

Diejenigen, die sich für das Christentum aussprachen, waren nur ganz wenige, und da ragte Buffalo Child heraus.

Auf der Suche nach einem spirituellen Christentum

C.P.: Wie hat Buffalo Child seine prochristliche Haltung vor den anderen Indianern dargestellt?

J. Pajunk: Er behauptete, daß die Indianer nur dann eine Aufgabe auf dem amerikanischen Kontinent hätten, wenn sie sich mit dem Christentum verbinden würden. Man müsse das Christentum erst einmal richtig verstehen lernen; wenn man überhaupt eine spirituelle Kraft suchen und finden könne, dann sei es das Christentum. Man müsse als Indianer einerseits die eigene Tradition pflegen und andererseits die wesentlichen Impulse dieser Tradition in das Christentum einbringen. Daraus könnte den indianischen Stämmen eine neue, zukunftsorientierte Aufgabe und Identität erwachsen.

C.P.: Wie ist Buffalo Child zu dieser Ansicht gekommen?

J. Pajunk: Das hat er mir anschließend persönlich erzählt. Er sei als Medizinmann auf verschiedene Kongresse in Europa eingeladen worden und daher viel gereist – er ist also ein Mensch, der einen weiten Horizont hat. Unter anderem war er auch in Jerusalem und hatte dort auf dem Ölberg eine Christusbegegnung. Er beschrieb mir diese Erfahrung so, daß ich mit den Worten der Anthroposophie sagen würde: Es war eine Begegnung mit dem ätherischen Christus. Aus dieser inneren Erfahrung heraus kam er zu der Überzeugung, daß sich die Indianer mit dem Christentum verbinden müßten.

Nun gibt es aber in der Realität die Schwierigkeit, daß das Christentum, wie es in Amerika den Indianern entgegentritt, für diese nicht akzeptabel ist. Es ist zu oberflächlich und seicht, manche würden sagen: „zu amerikanisch“. Die Menschen, die auf diesem Treffen waren, hatten aus ihrem religiösen Hintergrund heraus spirituelle Erfahrungen und konnten die Vorstellung, sich mit dem Christentum zu verbinden, schwerlich annehmen. Wenn sie sich einer anderen Religion zuwenden würden, suchten sie natürlich das Esoterische, und das hatten sie bisher im Christentum nicht erfahren. Als

Buffalo Child nun die Meinung vertrat, daß die Indianer mit dem Christentum zusammengehen müßten, um sich dem spirituellen Hauptstrom, der in die Zukunft fließt, anzuschließen, konnte er das seinen Leuten nicht so überzeugend darstellen. Er hätte auf ein esoterisches Christentum hinweisen müssen, das hatte er aber im Äußeren nicht gefunden, sondern kannte nur seine persönliche Erfahrung.

C.P.: Wie hat er denn überhaupt die Brücke von seiner persönlichen Erfahrung des ätherischen Christus zu der Folgerung geschlagen, daß die Indianer als kulturelle Rasse die christliche Religion übernehmen sollten?

J. Pajunk: Äußerlich mag es so klingen, als ob das nicht zusammengehöre, aber für Buffalo Child war es nicht nur eine Vision, sondern es berührte ihn in seiner ganzen Existenz. Er deutete – mit aller Vorsicht – sein Erlebnis so, daß der Christus das Wesen sei, daß die ganze Menschheit in die Zukunft führe – wenn man diese Zukunft haben wolle. Man muß dazu wissen, daß die indianische Religion einer uralten Bewußtseinsstufe entspringt. Die großen seelischen Probleme, die die Indianer heute zu durchleiden haben, hängen zu einem wesentlichen Teil mit dieser Tatsache zusammen. Sie leben in einer gesellschaftlich modernen Umgebung, die einer ganz anderen Bewußtseinsstufe entspricht, entfremden sich dadurch ihrer eigenen Religion und verlieren den inneren Halt. Das führt dann im Rahmen der katastrophalen sozialen Lebensverhältnisse zu den bekannten Folgen wie Alkoholismus, Verwahrlosung usw.

Der Ausweg aus dieser Situation kann für die Indianer nicht allein auf der politischen und sozialen Ebene – Einhaltung der zwischen der amerikanischen Regierung und den indianischen Stämmen geschlossenen Verträge, Schaffung besserer sozialer Lebensverhältnisse – liegen. Der Ausweg liegt vor allem auf der religiösen Ebene, denn die Indianer waren und sind religiöse Menschen. Der Ausweg ist kein Weg zurück in die eigene Tradition – das wird mit geringem Erfolg heute vielfach versucht –, sondern die Anbindung dieser Tradition an ein religiöses Bewußtsein, das der heutigen Entwicklungsstufe der Menschheit entspricht. Für Buffalo Child war das ein Christentum, wie er es aus seiner Christuserfahrung erahnen konnte. Sein Impuls für die indianischen Völker war der Ruf nach dem esoterischen Christentum, nicht nach den christlichen Institutionen, wie er sie kannte.

Der Zivilisation verfallen

C.P.: Kann man beobachten, daß sich die Indianer zu sehr auf ihre Vergangenheit beziehen und auch dadurch ein untergehendes Volk sind?

J. Pajunk: Das erste, was einem in den Reservaten auffällt, ist der ungeheure Kulturverfall. Vor einigen Tagen war ich gerade in Arizona und traf dort einen Sozialarbeiter, der selbst Navajo-Indianer war. Er nannte mir ganz erschreckende Zahlen – ich weiß nicht, ob sie exakt sind –, daß nämlich 98 % seiner Stammesangehörigen alkoholabhängig seien. Selbst wenn es, entgegen seiner festen Überzeugung, nur 80 % wären, wäre das immer noch viel zu viel. Ich konnte auch selbst erfahren, daß die Indianer der Zivilisation auf eine sehr ungute Weise verfallen sind. Sie sind durch Fernsehen, Spielautomaten und Fast-Food auch körperlich sehr geschädigt. Ich war zum Beispiel im Gebiet der Hopi-Indianer, die schlechthin die Hüter der indianischen

Religion sind, um ihre rituellen Tänze zu beobachten. Als ich durch das Dorf ging, um einen Eindruck von dem Leben der Indianer zu bekommen, sah ich in einigen Häusern kleine Spielhöllen mit elektrischen Spielautomaten, wie man sie in größerem Ausmaß in Las Vegas sehen kann. Bis in die kleinsten Dörfer sind diese Automaten vorgedrungen, und die Indianer verfallen ihnen sehr schnell.

Vom Wissenschaftlichen her kann man sagen, daß die kultischen Verrichtungen der Indianer uralt sind. Die Forscher bestätigen, daß sie zu den ältesten Kulten der Menschheit gehören. Meiner Meinung nach sind die heutigen Kulte nur noch Reste, die zwar in Treue gepflegt werden – ich will das gar nicht kritisieren, sondern verstehen – , aber oft sind die Indianer selbst nicht mehr in der Lage, diese Kulte zu vollziehen. Dazu bedarf es nämlich einer gewissen körperlichen Tüchtigkeit, und die Menschen sind oft so geschwächt, daß sie einfach nicht mehr stundenlang diese Tänze durchhalten können. Ich selbst habe Tänze gesehen, die noch recht gut waren, aber auch andere, bei denen ich den Eindruck hatte, daß sie nicht mehr in der rechten Weise vollzogen werden konnten, weil die Menschen gar nicht mehr die Kraft dazu hatten.

Desweiteren sollen diesen kultischen Tänzen auch möglichst alle Stammesangehörigen beiwohnen. Ein kultischer Tanz ging von früh morgens bis spät abends und galt der Verabschiedung der Kachinas für dieses kultische Jahr. Die Kachinas sind hochgeachtete Geister, zum Teil von Pflanzen, Tieren und Planeten, zum anderen Teil auch von verstorbenen Menschen, die sich während ihrer Erdenzeit weit entwickelt haben. Sie gehören höherer geistiger Reiche an, kehren aber eine bestimmte Zeit im Jahr

Navajo-Indianer

auf die Erde zurück, indem sie durch die Darsteller der Kachina-Tänze hindurchwirken, und helfen in dieser Zeit den Menschen in ihrer geistigen Entwicklung. Außerdem bewirken sie, daß die Pflanzen wachsen und daß es regnet. Diese Tänze sind also ein wichtiges Ereignis für die Indianer. Deshalb hatte ich erwartet, daß das ganze Dorf versammelt sei, aber es waren nur wenige Menschen da, und die Hälfte der Teilnehmer waren Weiße.

C.P.: Dann waren die Indianer, die Sie auf der Versammlung der Medizinmänner in Kanada trafen, sozusagen Ausnahmen und die Hüter der indianischen Kultur. Was sagen diese zu der Situation ihres Volkes?

J. Pajunk: Die Medizinmänner, die die spirituellen Vertreter ihrer Kultur sind, erleben, wie ihre eigenen Stammesangehörigen der Zivilisation verfallen. Sie fühlen sich in einem Abseits, weil sich ihre Stammesangehörigen von ihnen und ihrer eigenen Kultur abwenden und auch seelisch-körperlich nicht mehr in der Lage sind, die Einweihungszeremonien überhaupt noch zu ertragen. Einige dieser Medizinmänner verschließen sich und geben ihre Erkenntnisse nicht mehr weiter, weil sie niemanden finden, der für die Einweihung noch geeignet ist.

Ich möchte an dieser Stelle hinzufügen, daß mich diese Fragestellung nach der Zukunft der Indianer und nach dem esoterischen Christentum schon damals sehr berührt hat. Ich war aber zu der Zeit noch evangelischer Pfarrer und mit der Anthroposophie und der Christengemeinschaft noch nicht so vertraut, so daß mir die Gewichtigkeit dieser Frage erst später klargeworden ist. Es war bestimmt kein Zufall, daß ein Weißer auf diesem Treffen war, der diese Frage hören sollte. Diese Tatsache übergab mir eine gewisse Verantwortung, so daß ich mich, als ich ihre Bedeutung irgendwann bemerkt hatte, intensiver mit den Indianern beschäftigte.

Nicht Mission, sondern Beispiel

C.P.: Kann ich Ihre Darstellungen so verstehen, daß es eine Aufgabe der Weißen ist, den Indianern das esoterische Christentum darzustellen?

J. Pajunk: Ich bin gegen jegliche Art von Mission, und davon haben die Indianer auch genug gehabt. Mein Herzensanliegen ist, daß man dort, wo die Indianer besonders konzentriert leben, ein anthroposophisches Zentrum errichtet, ähnlich wie wir das auch sonst kennen: biologisch-dynamische Landwirtschaft, eine heilpädagogische Einrichtung, künstlerische Angebote usw. Es gibt in diesen Gebieten fast nichts, außer einer Waldorfschule in Santa Fé, die sich seit einigen Jahren im Aufbau befindet. Ich denke, es hat auch bestimmte Gründe, daß dort, im Bereich dieses Indianergebietes, also Arizona, Nevada, New Mexiko, Colorado und Utah, nichts entsteht. Dieses Gebiet ist für die Hopi besonders heilig, und für mich ist es ein merkwürdiges Phänomen, daß gerade in diesem Gebiet anthroposophische Impulse kaum vorhanden sind.

Interessanterweise ist gleichzeitig zu beobachten, daß sich in dieser Gegend besonders viele dunkle Kräfte konzentrieren. Gerade in Nevada ist ein großes Atomtestgelände, wo seit 1953 siebenhundert Atombombenversuche gemacht wurden, zunächst überirdisch, dann aber unterirdisch. Und das ist eine destruktive Kraft, die physisch und geistig auf Mensch und Natur wirkt. Weiterhin liegt dort Las Vegas, das man oberflächlich als einen Vergnügungsort betrachten könnte, eine glitzernde und flimmernde Stätte, aber eigentlich ist es viel mehr. Hunderttausende, vielleicht Millionen von Menschen kommen jährlich in diesen Riesenbetrieb und wohnen in Hotels mit 3.000 bis 4.000 Betten. 3.000 bis 5.000 Automaten stehen da, um die Menschen nach Glücksspielen jeder erdenklichen Art süchtig zu machen. Für mich ist diese ganze Stadt eine Wirkenstätte dunkler Mächte – eine Spielhölle.

C.P.: In einem Gebiet, das für die Indianer heilig ist, sammeln sich sozusagen die dunklen Kräfte, um das Heiligtum und letztlich die Indianer selbst zu zerstören.

J. Pajunk: So kann man es sehen. Zum Beispiel soll in der Gegend von Las Vegas das größte Atommüllendlager der USA eingerichtet werden. Aus einem Bericht der „Western Shoshone Nation Newsletter", Januar 1991: „In den Yucca Mountains in der Nähe von Las Vegas (93 Meilen Luftlinie) soll das größte Atommüllendlager der USA entstehen. Ein Gebiet von 1500 acres wird von Schächten durchbohrt mit einer Tunnellänge von 112 Meilen. Das entspricht dem größten U-Bahn-System der Welt in New York."

Außerdem gibt es dort auch große Uranvorkommen. Die Indianer sind der Meinung, man müsse das Uran in der Erde lassen, weil sie ihnen heilig ist und weil sie dort auch ihre kultischen Stätten errichtet haben. Aber die Regierung hat ihnen durch viele Tricks Verträge aufgedrängt, die dann doch ermöglichen, die Bodenschätze auszubeuten. Die Indianer versuchen sich gegen solche Eingriffe zu wehren, aber oft sind sie dann machtlos.

Ich halte es deswegen für wichtig, für die Indianer ein Modell zu schaffen, an dem sie überhaupt erst einmal wahrnehmen könnten, wie man versucht, aus einem esoterischen Christentum heraus zu arbeiten. Es wäre nicht einfach, weil die anthroposophische Arbeit und die der Christengemeinschaft in diesem Gebiet, und in Amerika überhaupt, sehr schwer Boden faßt. Aber meines Erachtens hängt das damit zusammen, daß wir die Vergangenheit Amerikas zu wenig berücksichtigen.

C.P.: Wenn Sie das alles so schildern, gewinnt man den Eindruck, daß die Indianer mit ihrer eigenen Kultur kaum noch etwas anfangen können. Im Gegensatz dazu steht die indianische Kultur bei den Weißen hoch im Kurs: Manche lassen sich von Indianern adoptieren, es werden Seminare angeboten, in denen man das schamanische Wissen lernen und anwenden kann, und nicht zuletzt der Film „Der mit dem Wolf tanzt" verbreitet viel Sympathie für dieses Volk. Steht die indianische Kultur manchen Weißen näher als den Indianern selbst?

J. Pajunk: Das kann ich bestätigen. Im Reservat der Navajos in Arizona wird jedes Jahr der „Sun-Dance" aus der Tradition der Lacota-Indianer vollzogen. Ungefähr 800 Menschen versammeln sich dort für vier Tage. Ich sprach mit den Navajos, die das Lager für dieses Ereignis aufbauten. Was sie berichteten, scheint mit symptomatisch zu sein: „Von den 800 Menschen, die sich hier treffen, sind ungefähr 400 Weiße, und es werden jedes Jahr mehr. Aber niemand denkt daran, uns bei der schweren Arbeit des Auf- und Abbaues des Lagers zu helfen."

Ein anderer Navajo brachte noch einen Aspekt dazu: „Wir überlegen, ob wir den Tanz überhaupt noch aufführen sollen, denn die Weißen, die kommen, stören ungeheuer, weil sie sich nicht in der angemessenen Weise verhalten. Sie nehmen Drogen und Alkohol, und es gibt unschöne Ausschreitungen."

Mir erscheint es auch so, als ob viele dieser Weißen einerseits auf einer spirituellen Suche, andererseits seelisch labil sind. Ich habe beobachtet, daß sie an solchen Ritualen teilnehmen, um ihre eigene Misere zu vergessen.

Es ist mir bekannt, daß auch in Deutschland Seminare über Schamanismus gehalten werden. Ich weiß aber nichts näheres darüber. Ich möchte dazu anmerken, daß es ein Unterschied ist, ob man diese Dinge zu verstehen versucht oder einen indianischen Weg gehen will. In Amerika habe ich, was das letztgenannte betrifft, erlebt, daß dann oft ein Mischmasch mit anderen Religionen oder dem, was aus der Phantasie der Weißen selbst enstammt, entsteht. Es herrscht dann keine Klarheit, und man weiß auch nicht, welche Wirkungen das alles hat. Die Weißen, die ich dabei erlebt habe, probieren alle möglichen Dinge aus, heute dieses, morgen jenes, ohne ausreichende Sachkenntnis.

Natürlich darf man an dieser Stelle nicht vergessen, daß es Ethnologen und andere Wissenschaftler gibt, die uns dank ihrer fleißigen und gewissenhaften Forschungsarbeit die Kultur der Indianer näherbringen.

Das Opfer, das sie brachten

C.P.: Was können wir Weiße von den Indianern lernen?

J. Pajunk: Es sind Dinge, die wir im Grunde auch wissen, die aber durch die Indianer noch einmal deutlicher werden. Ich habe mich immer gefragt, ob dieses Opfer, daß die Indianer durch ihr Blut gebracht haben – es wurde an ihnen der größte Völkermord, der je stattgefunden hat, vollbracht –, einen Sinn hat oder vielleicht völlig sinnlos ist. Nun gehen wir im Christentum davon aus, daß jedes Opfer einen Sinn hat. Christus selbst war dafür ein Urbild. Bei den Indianern, die ihre Tradition ernst nehmen, lebt eine starke Verbundenheit mit der Natur, der Erde, mit den geistigen Wesen, die in der Natur arbeiten, und mit den Wesen, die mit den Sternen in Verbindung stehen. Mir erscheint, als ob das Opfer, das die Indianer gebracht haben, dazu führt, daß bei den Weißen ein neues Verantwortungsbewußtsein für die Natur entsteht und darüber hinaus der Wunsch, die geistigen Hintergründe der Natur zu erkennen.

Rudolf Steiner hat einmal geäußert, daß die früheren Mysterienepochen der Menschheitsgeschichte die Inspiration der heutigen werden können. Um das an einem Beispiel zu verdeutlichen: Das ganze Leben der Hopi-Indianer ist bis in die alltäglichen Verrichtungen hinein von religiösen Zeremonien und vom Kultus geprägt. Ja, man kann sagen, der Alltag selbst ist dadurch zum Kultus geworden, daß man die kultischen Feiern in den unterirdischen Kivas (Kulträumen) so außerordentlich ernst nimmt. Der Alltag wird zum Gottesdienst.

Die Hopi sind der festen Überzeugung, die aus langer Erfahrung stammt, daß sie nur auf diese Weise in der Wüstenlandschaft, in der es keine Bäche und Flüsse gibt, überleben können. Die kultischen Feiern durchdringen den ganzen Jahreskreis und bringen zur rechten Zeit den nötigen Regen und lassen die Pflanzen gedeihen. So können wir uns als Christen durch das Studium der uralten Hopi-Religion dazu anregen lassen, unsere eigene Kultur so ernst zu nehmen, daß auch unser Alltag, unser menschliches Leben und die ersterbende Natur eine Wiederbelebung aus dem Geiste empfangen. In diesem Sinne können wir vieles von den alten Indianerreligionen lernen.

Monument Valley (Arizona/Utah). Navajo-Stammesgebiet

Darüber hinaus bemühe ich mich, Ähnlichkeiten und Entsprechungen zwischen der Esoterik der indianischen Religion und der des Christentums aufzufinden. Dadurch kann ein tieferes Verständnis füreinander entstehen. Beziehungen zwischen Menschen, Völkern und Rassen werden dadurch am ehesten geheilt, daß man sich wirklich kennenlernt und die verborgenen Qualitäten im Wesen und in der Kultur des anderen ins Bewußtsein hebt. Für die weiße Rasse kann diese oft mühsame Arbeit ein Stück Vergangenheitsbewältigung werden und dadurch eine Stärkung der eigenen Zukunftsimpulse bewirken. Für die indianische Rasse bedeutet dieser Weg die Überwindung der Isolation gegenüber den Weißen und dem Christentum. Aus dem Gegeneinander kann ein Miteinander werden. Eine neue Zukunftsperspektive würde sich für die indianischen Völker ergeben.

C.P.: Wie könnten die Weißen den Indianern angemessen helfen?

J. Pajunk: Die Sozialarbeit für die Indianer ist sicher gut gemeint, erbringt aber meistens nicht die erhofften Wirkungen. Aus einer religiös-geistig verstandenen Welt sind sie in die areligiöse Welt der Weißen hineingeschleudert worden. Soziale und politische Maßnahmen alleine können hier nur wenig bewirken. Wenn man den Indianern helfen will, muß man ihnen meines Erachtens Wege zeigen, zu einem religiösen Lebensverständnis zu kommen, das nicht nur auf die alte Tradition zurückführt, wohl aber daran anknüpft und darüber hinaus ein Verstehen unserer heutigen Welt ermöglicht.

Praktisch gesehen bedeutet das für mich: Wir müßten in den Gebieten mit hohem indianischen Bevölkerungsanteil, also zum Beispiel im Südwesten der USA, anthroposophische Einrichtungen schaffen. Die Indianer könnten beispielsweise an der Arbeit der biologisch-dynamischen Farmer ablesen, wie aus einem christlichen Weltverständnis heraus auf neue Weise mit den alten, ihnen wohlvertrauten Kräften gearbeitet wird: mit den Elementarwesen, den Sternenkräften usw.

Hier würde sich die Gesetzmäßigkeit des Christentums in die Tat umsetzen, daß das Neue in das sterbende Alte hineingesät wird. Tod und Auferstehung Christi als Impuls zur „Wiederbelebung des ersterbenden Erdendaseins" geschah in Jerusalem, dem untergehenden geistigen Zentrum der alten Welt. An dieser Gesetzmäßigkeit kann man auch in unserer Arbeit in Amerika nicht vorbeigehen. Man muß das sterbende Alte – die indianische Kultur – liebevoll in sein Bewußtsein aufnehmen und das Neue, in die Zukunft Weisende – den Christusimpuls – da hineinpflanzen. Dann muß man es den indianischen Menschen überlassen, ob sie sich damit verbinden wollen oder nicht.

C.P.: Sie meinen damit konkret ein solches Zentrum, von dem Sie vorhin sprachen?

J. Pajunk: Ja, genau. Es schwebt mir vor, Menschen zu finden, die so ein Projekt fördern möchten. Ich selbst als Priester kann mich dieser Aufgabe nicht widmen, ich kann sie anregen, vor allem wenn ich in Amerika bin, aber nicht selber betreiben.

C.P.: Wenn jetzt jemand durch dieses Interview unmittelbar Interesse hätte, stehen Sie als Kontaktperson zur Verfügung?

J. Pajunk: Ja.

Rituale in der Wüste
INTERVIEW MIT JOCHEN PAJUNK
von Wolfgang Weirauch

Dort, wo der Staat Arizona mit den Staaten Utah, Colorado und New Mexico zusammenstößt, dem sogenannten Four Corners-Gebiet, leben die Hopi heute noch in ihrem Reservat, dem aus ihrer Sicht Heiligen Land, das sie sich mühsam auf langen Wanderungen, die von ihnen als Reinigungsrituale angesehen werden, zu eigen gemacht haben. Dieses Land ist eine einzige Wüste, aus der sich drei hohe Felsen, die sogenannten Mesas, erheben, auf denen die Dörfer der Hopi liegen. Zu ihren Feldern, die in der Ebene gelegen sind, müssen die Hopi täglich 10 km zu Fuß gehen. Fast wie ein Wunder erscheint es, daß sie in der Lage sind, in diesem wüsten und harten Klima Nutzpflanzen wie Bohnen, Tabak und Mais zu züchten. Wie ist so etwas möglich?

Mit Hilfe eines ungeheuer komplizierten Zeremonialsystems, an dessen Erforschung manch ein Anthropologe verzweifelt ist, sind die Hopi in der Lage, Pflanzen wachsen zu lassen. Ihr Ritualjahr beginnt im November und zieht sich mit seinem System einzelner Rituale und Tänze, die strengstens eingehalten werden müssen, durch die weiteren Monate des Jahres hindurch. Auf diese Weise entfalten die Hopi geistige Wirksamkeiten in der sinnlich-physischen Welt und treten mit den Naturgeistern in Verbindung.

Es war uns für das vorliegende Heft wert und wichtig, die Welt der Indianer, den Völkermord an ihnen, die verborgene Beziehung, die viele von uns Europäern zu ihnen haben, sowie vor allem den Umgang mit Naturgeistern und das Zeremonialsystem der Hopi, das heiligste Innere ihrer Welt, in die Thematik des vorliegenden Heftes zu integrieren. Vielleicht greifen wir dieses Thema in einem gesonderten Band ausschließlich über Indianer zu einem späteren Zeitpunkt nochmals ausführlicher auf. Einen ersten Eindruck in die Welt der Hopi vermittelt uns Jochen Pajunk, der diese Kultur studiert und viele Male aus eigener Anschauung erfahren hat. Wer darüber hinaus einen ausführlichen Einblick in die Welt der Hopi erhalten möchte, dem sei das Buch von Frank Waters, „Das Buch der Hopi" (München [6]1990), sehr empfohlen.

Der Große Geist

Wolfgang Weirauch: Ich möchte mit einem Zitat von Tatanga Mani, auch Walking Buffalo genannt, einem 1871 geborenen Stoney-Indianer, beginnen:

„Berge aus Fels sind immer schöner als Häuser aus Stein. Das Leben in der Stadt ist unnatürlich. Viele Menschen spüren kaum jemals richtige Erde unter ihren Füßen und sehen fast nie, wie Pflanzen wachsen, außer vielleicht in Blumentöpfen. Licht in der Nacht bedeutet für sie Straßenbeleuchtung und nicht den Zauber eines mit Sternen bestickten Himmels. Wenn Menschen weit weg vom Schauplatz der Schöpfung des Großen Geistes leben, werden sie auch seine Gesetze schnell vergessen ...

Wir waren ein Volk ohne geschriebene Gebote, aber wir waren unserem Großen Geist nahe, dem Herrscher, dem Schöpfer von allem. Ihr Weißen haltet uns für Wilde, weil ihr niemals unsere Gebete verstanden habt. Ihr habt nicht versucht, sie zu verstehen. Wenn wir der Sonne, dem Mond oder dem Wind unseren Lobgesang darbrachten, sagtet ihr, wir treiben heidnische Vielgötterei. Ohne uns zu verstehen, habt ihr uns als verlorene Seelen verurteilt, einfach deshalb, weil unsere Gottesverehrung sich von der euren unterscheidet.

Wir sahen das Werk des Großen Geistes überall: in der Sonne, im Mond, in den Bäumen, im Wind und in den Bergen. Manchmal naht er sich uns durch die Natur und ihre Gewalten. War das so schlecht? Ich finde, daß wir einen ehrlichen Glauben an das höchste Wesen haben und einen stärkeren Glauben als die meisten Weißen, die uns Heiden nennen ... Indianer, die mit der Natur und dem Beherrscher der Natur in inniger Beziehung stehen, leben nicht in Finsternis.

Wußtet ihr, daß Bäume sprechen? Doch, das tun sie. Sie sprechen miteinander, und sie sprechen auch zu euch, wenn ihr zuhört. Das Schlimme ist, daß die Weißen nicht zuhören. Sie haben es nie gelernt, den Indianern zuzuhören, deshalb werden sie vermutlich auch nicht anderen Stimmen der Natur zuhören. Ich aber habe eine Menge von den Bäumen gelernt: Mal erzählen sie vom Wetter, mal von Tieren und manchmal vom Großen Geist.“ (In: T.C. McLuhan: ... Wie der Hauch eines Büffels im Winter. Indianische Selbstzeugnisse. Hamburg 1979, S.29)

Wer ist diese Gottheit der Indianer, die manchmal Großer Geist genannt wird?

Jochen Pajunk: Man kann die Indianerreligionen nicht in einen Topf schmeißen, denn da gibt es sehr große Unterschiede. Ich spreche jetzt einmal von den Hopi. Die Hopi bezeichnen den Großen Geist als ihren Vater und die Erde als die Mutter. Die Sonne wiederum ist das Antlitz des Vaters, so daß die Hopi durch die Sonne die Möglichkeit haben, zu dem göttlichen Vater eine Beziehung aufzunehmen. Daher resultiert auch die Sonnenbeobachtung der Hopi während ihres Kultus, denn die Beobachtung der Sonne spielt eine wesentliche Rolle bei der Bestimmung und dem zeitlichen Ablauf der kultischen Verrichtungen, also wann sie beginnen und wann sie wiederum beendet werden müssen. Alles richtet sich nach dem Sonnenstand, und darin sehen die Hopi einen Ausdruck des höchsten göttlichen Wesens, den sie als Taiowa bezeichnen.

W.W.: Was die einen Indianerstämme als den Großen Geist bezeichnen, nennen andere Wakan tanka. Ist das dieselbe Wesenheit?

J. Pajunk: Ich würde das vermuten, aber ich kann nicht sagen, daß ich das weiß.

W.W.: Rudolf Steiner spricht an einer Stelle über die Indianer und ihre Beziehung zu dem Großen Geist, indem er u.a. von den Indianern als von einer sterbenden Rasse spricht sowie von ihrer nachklingenden Verbindung zur atlantischen Zeit:

„Sehen Sie sich doch die Bilder der alten Indianer an, und Sie werden gleichsam mit Händen greifen können den geschilderten Vorgang, in dem Niedergang dieser Rasse. In einer solchen Rasse ist alles dasjenige gegenwärtig geworden, auf eine besondere Art gegenwärtig geworden, was in der Saturnentwickelung vorhanden war; dann aber hat es sich in sich selber zurückgezogen und hat den Menschen mit seinem harten Knochensystem allein gelassen, hat ihn zum Absterben gebracht. Man fühlt etwas von dieser wirklich okkulten Wirksamkeit, wenn man noch im neunzehnten Jahrhundert sieht, wie ein Vertreter dieser alten Indianer davon spricht, daß in ihm lebt, was vorher für die Menschen groß und gewaltig war, das aber die Weiterentwickelung unmöglich mitmachen konnte. Es existiert die Schilderung einer schönen Szene, bei welcher ein Führer der untergehenden Indianer einem europäischen Eindringling gegenübersteht. Denken

Sie sich, was da Herz gegen Herz fühlt, indem sich zwei solche Menschen gegenüberstehen: Menschen, die von Europa herüberkamen, und Menschen, die in frühester Zeit, als die Rassen verteilt wurden, nach Westen hinübergegangen sind. Da haben die Indianer nach Westen hinübergenommen alles, was groß war in der atlantischen Kultur. Was war für den Indianer das Größte? Es war, daß er noch ahnen konnte etwas von der alten Größe und Herrlichkeit eines Zeitalters, das in der alten atlantischen Zeit vorhanden war, wo noch wenig um sich gegriffen hatte die Rassenspaltung, wo die Menschen hinaufschauen konnten nach der Sonne und wahrzunehmen vermochten die durch das Nebelmeer eindringenden Geister der Form. Durch ein Nebelmeer blickte der Atlantier hinauf zu dem, was sich für ihn nicht spaltete in eine Sechs- oder Siebenheit, sondern zusammenwirkte. Das, was zusammenwirkte von den sieben Geistern der Form, das nannte der Atlantier den Großen Geist, der in der alten Atlantis dem Menschen sich offenbarte." (Rudolf Steiner: Die Mission einzelner Volksseelen. GA 121, Tb., Dornach 1974, 12.06.1910, S.118 f.)

An dieser Schilderung Rudolf Steiners sehen wir, daß die Indianer als Volk bzw. Rasse eine hierarchisch ausgesprochen hochstehende Wesenheit als ihren Gott verehrten, eine weitaus höherstehende Gottheit als bei fast allen anderen Volksstämmen.

J. Pajunk: Genau.

Der Mythos von der Rückkehr des Weißen Bruders

W.W.: Warum haben die Indianer eine so starke Beziehung zu der Sonne?

J. Pajunk: Das hängt damit zusammen, daß die Indianer als Naturvolk sehr stark auf die Naturgegebenheiten angewiesen sind. Speziell die Hopi haben sich ja ein Lebensgebiet ausgesucht, in welchem sie ganz und gar auf das Zusammenwirken der Naturkräfte und auf diejenigen Kräfte, die hinter der äußerlich wahrnehmbaren Natur stehen, angewiesen sind. Für die Hopi sind auf der einen Seite das Wasser und die Erde, aber eben auch auf der anderen Seite die Sonne von ungeheurer Wichtigkeit. Von daher kann man auch verstehen, daß die Hopi und andere Indianer die Sonne als das Zentralgestirn bzw. das höchste Prinzip des Kosmos ansehen.

W.W.: Damit hängt ja auch der Mythos der Hopi von der Erwartung des Weißen Bruders zusammen. Was hat es mit diesem Weißen Bruder sowie dem Symbol der geöffneten Hand auf sich, und welchem Mißverständnis unterlagen die Indianer, als ihnen die weißen Eroberer entgegenkamen?

J. Pajunk: Diesen Mythos teilen die Hopi auch mit den alten Kulturen der Azteken, Tolteken und den Mayas: Sie glauben, daß in Zeiten, in denen es ihnen als indianische Rasse einmal sehr schlecht gehen wird, der ältere Weiße Bruder – es gibt auch einen jüngeren – wieder in Erscheinung treten wird. Dieser ältere Bruder hat einmal mit seinem jüngeren zusammen die indianische Rasse geführt, ist dann aber nach dem Osten gezogen, um dort die östlichen Weltgegenden kennenzulernen.

Nach der Überzeugung der Hopi wird es aber eine Zeit geben, in der dieser Weiße Bruder zurückkehren wird, zum Beispiel dann, wenn sie ein fremdes Volk unterdrückt oder peinigt. Dieser Zeitpunkt war in den letzten Jahrhunderten eingetreten, und so lebten die Hopi in der Hoffnung der Rückkehr des Weißen Bruders. Für diese Begegnung

Das Nakwach-Symbol

war nun ein Erkennungszeichen ausgemacht worden, das sogenannte Nakwach-Symbol. Der jüngere Bruder werde dem ankommenden älteren Weißen Bruder entgegengehen und ihm seine nach oben geöffnete Hand entgegenstrecken; der ältere Bruder, so war es ausgemacht, würde ihm dann seine nach unten geöffnete Hand entgegenhalten bzw. in die Hand des jüngeren Bruders legen. Durch dieses Symbol, so besagt der Mythos, werden sie erkennen, daß sie zusammengehören.

Historisch gesehen entstand daraus dieses tragische Mißverständnis, daß der geistige Führer der Hopi den ersten ankommenden Spaniern in der Meinung entgegenging, daß der ältere Weiße Bruder unter ihnen sei. Er vollzog auch die Geste der nach oben geöffneten Hand, aber die Spanier glaubten, daß sie ihm etwas schenken müßten, weil sie dachten, dieser Indianer würde um etwas bitten. Zwar haben die Indianer erkannt, daß unter den Spaniern nicht der ältere Weiße Bruder war, trotzdem haben sie es dann doch immer wieder neu vermutet, weil die Spanier in mancher Hinsicht mächtiger waren als sie selbst – durch Waffen, Pferde usw. Sie kamen also immer wieder in Zweifel.

W.W.: Was bedeutet dieses Symbol genauer?

J. Pajunk: Mir scheint, daß die nach oben geöffnete Hand den Menschen zum Ausdruck bringt, der seine Seele der geistigen Welt gegenüber öffnet. Zum anderen sehe ich darin auch die religiöse Einstellung der Indianer, die sich mit der Erde verbinden und die Erde so erleben, daß diese ihre Fruchtbarkeit vom Himmel empfängt; also auch die Erde ist für die Indianer ein Wesen, das sich nach oben zum Himmel öffnet, um von oben den Segen für die Fruchtbarkeit zu empfangen. Die andere Geste dagegen – die des älteren Bruders – scheint mir der Himmel zu sein, der sich der Erde und dem Menschen gegenüber ebenfalls öffnet und seine Kräfte in sie hineingibt. Die Himmelskräfte werden in der Hauptsache durch die Sonne, den Mond, aber auch durch die Sterne vertreten. Da aber die Sonne das Tagesgestirn ist, von dem die Menschen in ihrer Existenz abhängen, ist sie für den Indianer das Hauptgestirn. Deshalb kann man verstehen, daß die Hopi, und wahrscheinlich auch alle anderen Indianervölker, die Sonne so stark verehren.

Verborgene Christus-Erwartung

W.W.: Liegt in diesem Mythos des Weißen Bruders ein christliches Element?

J. Pajunk: Ich sehe in diesem älteren Weißen Bruder einen mythologischen Ausdruck für das Wesen, das wir als den Sohnes-Gott bezeichnen, also das Christuswesen.

Dieser Bruder wird als weiß beschrieben, und wir wissen aus verschiedenen religiösen Schriften, daß eine weiße Gestalt nicht unbedingt als ein Wesen mit einer weißen Hautfarbe vorgestellt werden muß, sondern daß dieses Weiß eine geistige Qualität besitzt, nämlich das geistige Licht bezeichnet. Und dieses Licht bringt der Weiße Bruder Pahana, wie ihn die Hopi nennen, den Indianern, die in der Finsternis leben, zurück. Deshalb scheint mir dieser Mythos auf das Kommen des Christus, den Messias, hinzuweisen, der von sich selbst sagt: „Ich bin das Licht der Welt" (Joh. 8, 12). Sein Kommen hat sich nicht nur in der jüdischen, sondern auch in anderen vorchristlichen Religionen angekündigt.

Wir haben in der Hopi-Religion also ein Beispiel dafür, wie in einer uralten vorchristlichen Religion die Hoffnung auf das Kommen des Christus lebt, die Hoffnung auf das Kommen des älteren weisen Weißen Bruders, der die göttliche Weisheit und das göttliche Licht bringt.

Es liegt eine große Tragik darin, daß die Indianer bis heute nicht wahrgenommen haben, daß der Mythos vom Kommen Pahanas sich bereits vor langer Zeit erfüllt hat. Die Schuld der weißen Eroberer Amerikas besteht in dieser Beziehung darin, daß sie durch ihr brutales Vorgehen den Indianern die Möglichkeit versperrt haben, in denen, die sich Christen nannten, dem Christus zu begegnen. Sie hätten sonst entdecken können, daß der Christus der lang ersehnte Weiße Bruder und die christliche Religion die Erfüllung ihrer eigenen Religion ist.

Man kann an dem Mythos der Hopi weiter ablesen, daß dann, wenn dieser ältere Weiße Bruder komme, sämtliche Völker in Harmonie und Liebe zusammenleben werden und daß dann das Prinzip der Blutsgemeinschaft, das die Menschen voneinander trennt, durch ein übergeordnetes geistiges Prinzip abgelöst werde, nämlich das Prinzip der Liebe und Harmonie, welches dieser göttliche Weiße Bruder Pahana vertritt. Auch an dieser Stelle deckt sich die Vorstellung der Hopi mit der christlichen. Christus ist das Wesen, das die Menschen aus dem Egoismus von National- und Rassenbewußtsein befreien und zu einem Menschheitsbewußtsein führen will, indem sich jeder Mensch für jeden anderen Mitmenschen verantwortlich fühlt, gleichgültig, welchem Volk oder welcher Rasse er angehört. Diese christliche Grundtatsache drückt das Neue Testament durch die Erzählung in Matthäus 12, 46–50 aus.

W.W.: Das würde bedeuten, daß in dem Mythos der Hopi ein Zukunftskeim verborgen liegt, den sie selber wahrscheinlich gar nicht wahrgenommen haben, weil sie diesem tragischen Mißverständnis, der Verwechslung des Christus mit den Spaniern, unterlegen sind, und daß sich dieser Mythos auch mit dem deckt, was Rudolf Steiner in bezug auf eine zukünftige Zeit ausgesagt hat: daß statt des Krieges aller gegen alle, der unter anderem durch nationale Gefühle hervorgerufen werde, eine Zeit kommen werde, in der Menschengemeinschaften entstehen würden, die in der Lage seien, eine geistige Gemeinschaft aufgrund des Christus-Prinzips zu gründen.

J. Pajunk: Genau das liegt in dem Hopi-Mythos verborgen, und das ist auch das Großartige. Meines Erachtens ist diese höhere Gemeinschaft, von der Sie sprachen, eine der Aufgaben des amerikanischen Volkes heute und in Zukunft, auch wenn es sich derzeit sehr verzerrt darstellt. Schließlich versucht man in der amerikanischen Gesellschaft die verschiedensten Rassen in eine Einheit zu bringen. Natürlich gelingt es kaum, daß man derzeit friedlich miteinander zusammenlebt, aber in manchen Beziehungen gelingt es eben doch wieder, so daß mir die amerikanische Gesellschaft ein Versuchsfeld zu sein scheint, auf dem sich dieses Ideal nach und nach verwirklichen könnte.

Wahrscheinlich macht man es sich gar nicht genügend klar, daß das aus der alten Tradition der Indianer kommt. Das ist das Faszinierende daran. Denn so kann man einerseits an die alte Tradition anschließen, andererseits aber auch den Zusammenhang mit der Zukunft entwickeln, die wir aus dem Mysterium von Golgatha entnehmen können. Dieser christliche Impuls, der damals keimhaft gelegt worden ist, ist ja für uns immer noch etwas Zukünftiges, und auch hier decken sich die indianischen und christlichen Vorstellungen. Als aufmerksamer Beobachter kann man hierzu in Amerika, dem Land der Indianer, einen Anfang entdecken. Das sich noch viel deutlicher zu machen, um es auch bewußt auszugestalten, könnte auch dem amerikanischen Volk eine Identität geben, denn noch ringen die Amerikaner um ihre eigene Identität und Aufgabe.

Der Weiße Bruder als das Christus-Prinzip in jedem Menschen

W.W.: Wie stehen die Hopi heute selber zu ihrem eigenen Mythos? Besitzen sie eine anfängliche Erkenntnis dessen, daß der Weiße Bruder, den sie erwartet haben, nicht der weiße Mann ist? Wenn dem so wäre, so würde daraus aber auch folgen, daß sie noch in Erwartung des älteren Weißen Bruders sein müßten. Haben Sie dergleichen bei den Hopi bemerkt?

J. Pajunk: Die Hopi warten noch immer auf die Rückkehr Pahanas, aber sie sehen keinen Zusammenhang dieser Erwartung mit dem Christuswesen, und zwar aus den bereits genannten Gründen. Den einzigen Ansatz, den Mythos vom Weißen Bruder mit dem Christus in Zusammenhang zu bringen, fand ich in dem Buch „The Return of Pahana“ von Robert Boissière. Dieser Mann ist ein sehr ernsthafter Forscher und hat lange Zeit bei den Hopi gelebt, wurde auch von ihnen akzeptiert. Robert Boissière hatte in Zusammenhang mit einer Hopi-Zeremonie ein geistiges Erlebnis, woraus sich mit der Zeit die Begründung eines neuen Hopi-Clans ergeben hat. Er ist der Leiter dieses Clans, die Mitglieder desselben sind allerdings ausschließlich Weiße. Das klingt vielleicht ein wenig befremdlich, und man kann daran auch Fragen haben, aber immerhin steht dieser Mann sehr stark in der Tradition der Hopi.

Ihm sind nun Gedanken gekommen, daß der Hopi-Mythos nicht zu eng zu sehen sei, und daß es sich bei dem älteren Weißen Bruder nicht um ein einzelnes menschliches Wesen handeln könne, sondern daß man es weiter fassen müsse. Robert Boissière spricht es dann so aus, daß man eben diesen Weißen Bruder als das Christus-Prinzip in vielen Menschen erleben könne und daß die Indianer dadurch eine Begegnung mit dem Weißen Bruder haben könnten, wenn sie dem Christus in dem anderen Menschen begegnen würden.

Natürlich hat er dies nicht mit meinen Worten ausgesprochen, sinngemäß läuft es aber auf dasselbe hinaus. Für mich war es deshalb ein interessantes Erlebnis, seinem Buch in dem Augenblick zu begegnen, als ich diese Gedanken selbst hegte. Das war im Hopi-Cultural-Centre auf der zweiten Mesa, also auf einem der drei Tafelberge, auf denen sich die Hopi-Dörfer befinden; dort gibt es ein Restaurant mit einem Buchladen, wo ich dieses Buch entdeckt habe.

W.W.: Aber mit den Hopi selber haben Sie nicht über den Mythos des Weißen Bruders und die Zukunftsperspektive, die darin verborgen liegt, gesprochen?

J. Pajunk: Nein. Aus allen Gesprächen, die ich mit den Hopi geführt habe, konnte ich lediglich entnehmen, daß sie aus Enttäuschung über die Weißen und ihre Zivilisation nicht gerade für derartige Gedanken offen sind. Sie verschließen sich gegenüber dem Christentum und wollen ihre eigene Religion und Kultur retten, indem sie sich von den anderen Religionen und Kulturen möglichst isolieren, um den von diesen ausgehenden starken Einflüssen nicht zu erliegen. Das kann man natürlich auch verstehen, trotzdem führt diese Isolation meines Erachtens erst recht in den Untergang der Hopi-Kultur. Statt dessen müßte ein Gespräch stattfinden, das sowohl den Hopi wie auch den Weißen neue Erkenntnisse vermittelt, und durch dieses Gespräch könnte den Hopi der Anschluß an das esoterische Christentum ermöglicht werden, indem sie ihre eigene Religion noch einmal neu verstehen lernen.

Diesen Versuch eines Gespräches habe ich mir als Aufgabe gestellt, soweit mein Beruf dies zuläßt. Ich möchte zwischen beiden Kulturen eine Brücke ermöglichen, in der Hoffnung, daß er sich weiter auswirken wird. Mein Impuls – ich erwähnte es schon – wäre es also, in diesem großen Indianergebiet, in dem unter anderem die Hopi leben, ein anthroposophisches Zentrum zu gründen. Für die Indianer ist es wichtig, daß sie ganz praktisch etwas erleben, das Gespräch alleine tut es nicht. In diesem konkreten Anschauen, ohne ihnen etwas aufzudrängen, sehe ich fast die einzige Möglichkeit, den Indianern die Zukunft zu öffnen und sie mit dem, was bei den Weißen lebt, in Verbindung zu bringen. Denn die Sozialarbeit, das bestätigen auch indianische Sozialarbeiter, ist lediglich ein Tropfen auf den heißen Stein, es ist nicht mehr als eine Art Erste Hilfe. Es genügt nicht, daß man die vielen Alkoholiker unter den Indianern betreut, denn sie brauchen eine Zukunftsperspektive. Aber das darf nicht nur eine Idee der Weißen sein, sondern muß die Indianer mit ihrer eigenen Vergangenheit in Verbindung bringen, damit sie sich damit identifizieren können. Leider sind die meisten Indianer aber dafür nicht offen, deswegen dürfte es eine recht schwierige Aufgabe werden.

Das Heilige Land mußte in Kreuzform durchwandert werden

W.W.: Die Hopi sprechen von sieben Welten. Welche sind es, wie sind sie untergegangen und in welcher leben wir jetzt?

J. Pajunk: Die Hopi glauben, daß sie aus der dritten Welt in die vierte aufgestiegen sind, und denken, daß diese vierte Welt der heutige amerikanische Kontinent ist. Im Hopi-Glauben gibt es – wie gesagt – sieben Welten für die Menschen, drei weitere werden noch kommen, nachdem die jetzige vierte vergangen sein wird. Die drei bisherigen Welten sind durch die Schuld der Menschen untergegangen, und die Hopi glauben, daß, wenn sie nicht das Gesetz der Gesetze halten – und darunter verstehen sie die Einhaltung ihrer Mysterienspiele und Kulte –, dann die vierte Welt auch untergehen werde. Sie sprechen auch von Prophezeiungen, daß die Menschheit durch einen Atomkrieg vernichtet werde, wenn die Hopi die geistigen Rituale, die für die Erhaltung des Lebens notwendig sind, nicht mehr in der richtigen Weise vollziehen können bzw. wenn die Weißen sie daran hindern.

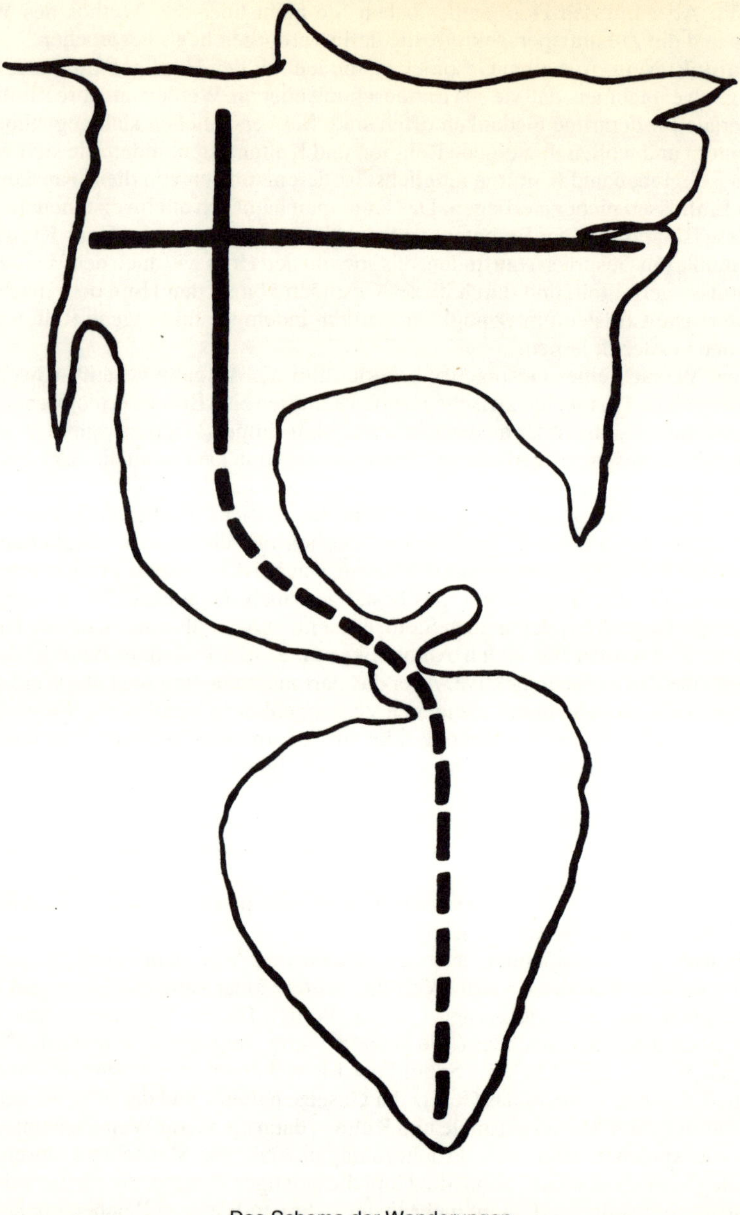

Das Schema der Wanderungen
(Aus Frank Waters: Das Buch der Hopi. München [6]1990. © Eugen Diederichs Verlag)

W.W.: Die vierte Welt sollen sich die Hopi ihrer Ansicht nach durch Wanderung zu eigen machen. Verstehen sie darunter jetzt die gesamte Erde oder nur das Land, in welchem die Hopi derzeit leben?

J. Pajunk: Es wird so dargestellt, als sei dies Nord- und Südamerika. Die Hopi selber sagen, daß sie nach dem Aufstieg aus der dritten Welt auf dem amerikanischen Kontinent der Gottheit dieses Kontinents, Masaw, begegneten; sie befragten Masaw, ob sie in diesem Land leben dürften, und er bejahte dies, aber nur wenn sie diesen Kontinent durchwandern würden. Damit waren verschiedene Dinge verbunden: Die Wanderungen waren ein Ritual der Reinigung, denn die Hopi waren aus der dritten Welt aufgestiegen und hatten diese dritte Welt durch ihre eigenen Fehler zerstört. Die Folge des unmoralischen Lebenswandels dieser Menschen war die Zerstörung, und deshalb befahl der Gott Masaw den Hopi diese Wanderung, damit sie sich dadurch reinigen könnten. Gleichzeitig war damit verbunden, daß sie das Land auch in Besitz nehmen sollten.

Sehr wichtig scheint mir dabei, daß die Hopi dieses Land in Kreuzform durchwandern sollten, bis zu den jeweiligen Enden des amerikanischen Kontinents, den sogenannten Pasos, wo sich Land und Meer berühren: zur Südspitze Südamerikas, bis zu einem bestimmten Punkt in Kanada und jeweils zur Ost- und Westküste des Kontinents. An den vier Enden sollten die Hopi jeweils ein kleines Stück weiter nach links oder rechts wandern, um dann wieder durch das Zentrum des Kreuzes zurückzukehren.

Wenn man sich diese Figur vorstellt, so gibt es entweder ein Hakenkreuz, wie es zur Zeit des deutschen Faschismus gebraucht wurde, oder ein umgekehrtes Hakenkreuz. Nach der Lehre der Hopi werden beide Kreuze durch jeweils eine Gruppe von Clans beschritten: Die einen sind diejenigen, die das Land in Besitz nehmen sollen, das sind diejenigen, die das Hakenkreuz auf ihrer Wanderung so beschreiten, daß sich die Kreuzenden nach rechts umbiegen, das Hakenkreuz dreht sich demzufolge nach links. Die andere Gruppe, die das umgekehrte Hakenkreuz beschreitet, verehren dadurch die Sonne. Die Hopi der ersten Gruppe aber wurden die kultischen Führer der Hopi-Stämme, zum Beispiel der Bärenclan.

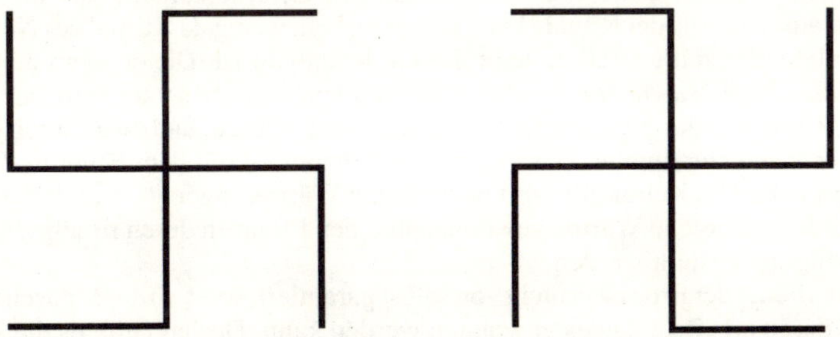

Das Zentrum des Kreuzes ist das Heilige Land, in dem die Hopi heute auch leben. Es ist ihnen von Masaw als endgültiger Wohnsitz zugewiesen worden. Nach der Überzeugung der Hopi dauerte dieser gesamte Vorgang der Wanderung viele Jahrtausende.

Während dieser Zeit entstanden viele Indianerstädte mit interessanten Pueblos, die man noch heute besichtigen kann. In den Pueblos des Chaco Canyon zum Beispiel gibt es sehr viele Kivas, also unterirdische heilige Kulträume. Innerhalb dieser Städte haben die Hopi viele Jahrzehnte gelebt, gearbeitet und ihre Rituale vollzogen und sind dann irgendwann auf ihrer Wanderung weitergezogen. Häufig geschah dies, wenn unter ihnen Streit entstand bzw. das Problem der Überbevölkerung auftauchte. Sie zogen dann weiter, um dieses Kreuz zu vollenden, bis sie schließlich in dem heutigen Reservat gelandet sind, welches zwischen dem Rio Grande und dem Colorado liegt. Dieses Land war ihnen zugewiesen worden, aber sie haben es innerlich bejaht, dort zu leben.

Das Zeremonialjahr der Hopi beginnt mit dem Ritual des Neuen Feuers

W.W.: Welcher Impuls lag dem zugrunde, gerade eine derart wüste Gegend als das geheiligte Land auszuwählen?

J. Pajunk: Dahinter stand der Wille, diese Wüste ohne jedes fließende Wasser auszuwählen, um gezwungen zu sein, mit den Ritualen das ganze Jahr über zu leben, um mit diesen Ritualen die Naturkräfte zu beleben und dadurch auch die Landwirtschaft betreiben zu können. Ohne diese Rituale gibt es in dieser Wüstengegend keine Möglichkeit, irgend etwas anzubauen, denn es regnet nur sehr selten und spärlich. Deswegen ist es auch eine vordringliche Aufgabe der Hopi, Regen zu machen.

W.W.: Das Ergreifen dieser Wüstenregion durch die Hopi ist ja ein ganz bewußtes Sich-auseinandersetzen-Wollen mit den Naturkräften durch die Rituale. Sie bauen dort ihre Landwirtschaftsprodukte an, es gibt Erfolge, denn es wachsen Gemüsesorten, die durch uns Weiße gepflanzt und gezüchtet, dort niemals gedeihen würden. Können Sie darstellen, mit welchen speziellen Methoden und Ritualen die Hopi es bewerkstelligen, daß zwischen Kosmos und Erde, durch Vermittlung der Naturgeister, diese innigere Beziehung zustande kommt?

J. Pajunk: Dazu müßte man in die Rituale selber hineingehen, wobei ich sagen muß, daß es eine ungeheure Vielzahl von Ritualen gibt, die im ganzen genommen außerordentlich kompliziert sind. Die Hopi haben ein Zeremonialjahr, das im November beginnt; aus der Fülle der Rituale kann ich einmal ein wenig das Ritual des Neuen Feuers beschreiben, das zeitlich das erste in diesem Ritualjahr ist. Die erste große Ritualfeier nennen die Hopi *Wuwuchim*, *wu* bedeutet keimen, *chim* bedeutet offenbarwerden. In diesem Ritual soll das Keimen der Samen angeregt werden, und zwar durch die rituelle Form der Winterzeremonie. Das ganze Geschehen wird mit dem Feuer in Zusammenhang gebracht. Die Keimkraft wird ja durch die Wärme angeregt, und deshalb muß die in der Erde verborgene Wärme gewonnen und den Pflanzen durch rituelle Maßnahmen zur Verfügung gestellt werden.

Dieses Feuer der Erde ist ja nicht von selbst garantiert, sondern der Mensch muß durch Rituale daran arbeiten, daß es gewonnen werden kann. Deshalb gibt es die Zeremonie des Neufeuers; dazu versammeln sich die Hopi, die diese Aufgabe haben, in einem unterirdischen Kultraum, einer speziellen Wuwuchim-Kiva, in der sich auch eine Feuergrube in der Nähe des Altars befindet, in der nur mit Flintsteinen und selbst angebauter Baumwolle das Feuer entzündet und mit der Kohle, die man auch in diesem

Soyok Menschenfresserin und Chevayo Menschenfresser-Kachinapuppe

Gebiet findet, unterhalten wird. Dieses äußere Zeichen, das in dieser Zeremonie gesetzt wird, bewirkt nach dem Glauben der Hopi eine geistige Tatsache bzw. Wirklichkeit.

W.W.: Wenn Sie sagen, daß das ganze Leben der Hopi ein Kultus ist, so hat wohl jeder Ton, jedes Zeichen eine bestimmte Bedeutung und ruft eine geistige Wirksamkeit hervor. Auf welche Weise vollzieht sich eine derartige geistige Wirksamkeit, die dann dem äußeren Zeichen oder der entsprechenden Zeremonie entspricht?

J. Pajunk: Hinter jedem echten Kultus steht die Auffassung, daß der Mensch durch äußere Zeichen, die er mit Gebeten verbindet und die nach bestimmten Gesetzmäßigkeiten ablaufen, geistige Kräfte herangezogen werden, und man ist der Überzeugung, daß man mit geistigen Wesenheiten in Verbindung tritt, die dann das tun, was durch das äußere Zeichen symbolisch dargestellt worden ist. Wenn also hier in der Kiva das Neufeuer entzündet wird, so wird dementsprechend auch das Himmelsfeuer geistig entzündet. In der Zeit dieser Zeremonie liegt die Wintersonnenwende, die Sonne ist also auf ihrem Tiefststand. Die Indianer sind der Überzeugung, daß sich der Mensch mit den geistigen Kräften und Wirksamkeiten in Verbindung setzen muß, damit die Sonnenkräfte den Menschen und den Pflanzen neu zur Verfügung gestellt werden können. Und so wird die Sonnenwärme von Masaw empfangen, dem Gott des amerikanischen Kontinents, der gleichzeitig der Gott des Todes ist, weil er der Gott der untergegangenen dritten Welt ist. Seitdem ist er auch der Gott der unterirdischen Reiche und empfängt durch dieses Ritual des Neufeuers das Feuer von der Sonne und lenkt es in die Erde, vor allem in die Erdoberfläche, damit der Humus warm wird und die Pflanzen wachsen können.

Dann gibt es eine andere Zeremonie, das Pflanzen der Bohnen im Februar zur Zeit des Powamu-Festes (Powamu = Reinigung). Die Kiva wird Tag und Nacht mit Öfen aufgeheizt, und in zahlreiche Tonschalen werden Bohnen in eine Erde eingesät, die man von einem ganz bestimmten Ort geholt hat. Dann steckt man Pahos, Gebetsfedern, in den Boden und spricht Gebete für das Wachstum der Bohnen. In der Kiva werden die Tongefäße nun mit den eingesäten Bohnen weiter rituell betreut, kultisch beräuchert und mit geweihtem Mehl bestäubt. In zehn Tagen keimen die Bohnen so weit, daß man ein Bohnenritual anschließen kann, um das weitere Wachstum dieser Pflanzen innerhalb des Jahresablaufes zu garantieren. So ist das ganze Jahr von sehr vielen Ritualen durchzogen, um das Pflanzenwachstum anzuregen.

Die Segnung des kommenden Jahres

W.W.: Gibt es in den Kivas auch Altäre?

J. Pajunk: Ja, zum Beispiel während der zweiten Festeszeit im Jahr wird ein Altar gebaut. Diese Festeszeit heißt *Soyal*, *so* bedeutet alles, *yal* bedeutet das Jahr. In dieser Festeszeit wird der Lebensabschnitt des gesamten kommenden Jahres gesegnet und nach kosmischen Gesetzmäßigkeiten ausgerichtet, man könnte es auch eine Festlegung des Lebensplanes nennen. Der Altar, der während dieser Festeszeit gebaut wird, besteht aus Zweigen, die mit Baumwolle umwickelt werden. Die Höhe dieser Baumwollschicht gibt dann genau an, wie hoch die Schneedecke in diesem Jahr sein müßte, um den Boden für das ganze Jahr mit genügend Wasser zu durchtränken. Das ist wiederum ein äußeres Zeichen, welches aber so in die geistige Welt hineinwirken soll, daß geistige Wesen eine entsprechende Niederschlagsmenge gewähren.

W.W.: Schneit es in dieser Gegend?

J. Pajunk: Ja, dieses Gebiet ist sehr hochgelegen, etwa 2000 m. Der größte Teil des Indianerlandes ist ohnehin ein Hochland, wo es im Sommer sehr heiß werden kann, aber im Oktober beginnt es bereits nachts zu frieren. Das ist ein ganz rauhes Klima, und ich wundere mich immer wieder, wie die Indianer dort überhaupt leben können.

Kachinas

W.W.: Gibt es weitere Rituale? Sie haben jetzt von dem Feuer- und dem Regen- bzw. Schneeritual gesprochen. Gibt es auch Rituale, die ganz bestimmte Wesenheiten ansprechen, die beim Wachstum der Pflanzen mitwirken sollen?

J. Pajunk: Die Hopi setzen sich mit den verschiedensten geistigen Wesenheiten in Verbindung, die dann auch in die Natur hineinwirken, und diese Wesen nennen sie Kachinas. Anthroposophisch gesprochen könnten dies Gruppenseelen oder Geister der Umlaufzeiten sein. Die Geister der Umlaufzeiten entstammen aus der ersten Engelhierarchie, die Gruppenseelen der Tiere und Pflanzen sind Nachkommen bzw. Abschnürungen der zweiten Hierarchie, während aus der dritten Engelhierarchie die Elementarwesen stammen (vgl. Rudolf Steiner: Die geistigen Wesenheiten in den Himmelskörpern und Naturreichen. GA 136, 3.–5. Vortrag; W.W.). Soviel ich aus dem

He´-e´-e Kachinapuppe

Studium der Hopi entnehmen konnte, handelt es sich bei den von ihnen angesprochenen Kachinas im wesentlichen um Wesenheiten, die von der ersten und zweiten Hierarchie abstammen. Diese Kachinas treten nun in den Zeremonien auf, dargestellt von Männern mit verschiedensten Bekleidungen und Masken.

Im Grunde zerfällt das Zeremonialjahr in zwei Teile: Der eine Einschnitt ist um die Wintersonnenwende, der andere liegt bei der Sommersonnenwende. In der Zeit zwischen der Winter- und der Sommersonnenwende treten nun die Kachinas auf. Das ist also die Zeit, in der sie im Kultus mitwirken, in der anderen Jahreshälfte nicht. Die Kachinas selbst werden von Männern und Frauen dargestellt, und zwar mit Masken und kultischen Gewändern, sie führen bestimmte Gesänge durch oder stoßen auch nur Laute aus, die einem Gesang ähnlich sind. Man tanzt in rhythmischer Weise und gebraucht die verschiedensten Musikinstrumente. Ich selber habe zum Beispiel Frauen gesehen, die Kürbisse mit einem Einschnitt hatten, über den sie mit einem Stock, der verschiedenste

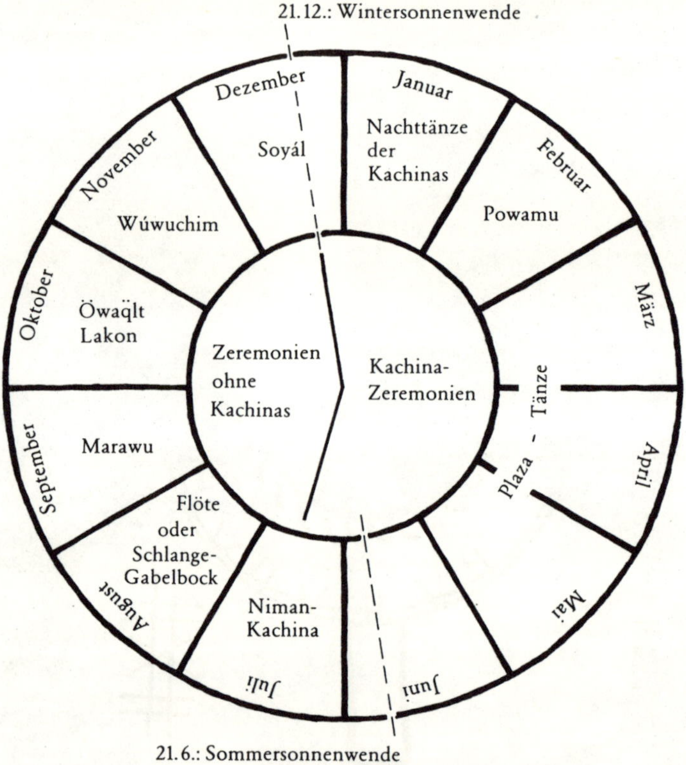

Der Jahreskreis der Zeremonien
(Aus F. Waters, a.a.O. © Eugen Diederichs Verlag)

Einkerbungen hatte, hinüberfuhren, so daß sehr urtümliche Laute entstanden, die mich manchmal an Schweinegrunzen erinnerten. An den Fußgelenken haben sie oft Schildkrötenrasseln und Glöckchen, und wenn dann eine Gruppe von dreißig Männern und Frauen exakt im gleichen Rhythmus stampft, entstehen gewaltige musikalische Wirkungen. Allerdings mutet es sehr alter- und urtümlich an, und wenn man dann noch diese Kostüme dazu betrachtet, so ist das schon sehr beeindruckend.

W.W.: Kommen die Tänzer dadurch in andere Bewußtseinszustände?

J. Pajunk: Man kann sich das vorstellen, zumindest früher. Ich denke auch, daß sowohl die Zuschauer als auch die Tänzer früher bei diesen Tänzen geistige Erlebnisse hatten.

W.W.: Gibt es speziell ausgesuchte Tänzer, sind es Priester oder hat jeder aus dem Volk die Aufgabe, irgendwann diese Tänze zu vollführen?

J. Pajunk: Die Durchführung bestimmter Zeremonien ist an bestimmte Clans gebunden. Die Clans, die die früheren Wanderungen am vollständigsten durchgeführt haben und dabei dem Kontinent das linksdrehende Sonnen- bzw. Hakenkreuz eingeschrieben haben, sind dadurch die angesehensten und mächtigsten Clans unter den Hopi. Sie haben die höchsten und vollständigsten Kulte, und nur Angehörige dieser Clans dürfen die ihnen gehörenden Zeremonien und bestimmte Kachinatänze durchführen. Sie führen diese Zeremonien jedoch nicht nur für sich durch, sondern für alle Clans. Das

Kachinarassel
(Aus F. Waters, a.a.O. © Eugen Diederichs Verlag)

kultische Jahr kann daher nur dann durchgeführt werden, wenn alle Clans, die einen eigenen Kultus oder einen Teil einer Zeremonie verwalten, zusammenwirken. Man kann sich vorstellen, daß dieser Tatbestand auch Probleme verursachen kann, zum Beispiel dann, wenn Streit zwischen den Clans ausbricht. Frank Waters bezeichnet darum das Clan-System als einen wesentlichen Faktor für den Niedergang der Hopi-Kultur.

Für die Hopi selbst hat jede Störung der Mysterienspiele eine verheerende Folge für das Wachstum der Pflanzen auf ihren Feldern und ist damit eine unmittelbare existentielle Bedrohung. Die Kachina-Tänzer müssen in der Lage sein, ein moralisches Leben zu führen, und nach Ansicht der Hopi kommen die Wirkungen nicht zustande, wenn die Tänzer die moralischen Forderungen nicht einhalten. Man muß sich zum Beispiel jeglichen Streits enthalten, ebenso sexuelle Enthaltsamkeit üben, muß bereit sein zu fasten und stundenlange Gebete auf sich zu nehmen und vieles mehr. Das ist schon mit einem ungeheuren Einsatz verbunden, und nur, wer dies kann und will, wird Kachina-Tänzer.

Mongko – das höchste kultische Vollmachtzeichen

Das Anführen eines Kachina-Tanzes bzw. die Leitung eines bestimmten Festkreises dürfen nur einzelne Personen ausführen, die ganz spezielle Vollmachten haben. Es gibt zum Beispiel verschiedene Ritualbünde, etwa den Einhorn- und den Zweihorn-Bund. In diesen Bünden befinden sich verschiedene Clans, allerdings nur diejenigen, die die Wanderung zu Ende geführt haben, und zum Zeichen einer geistigen Vollmacht ein Mongko führen. Das sind zwei Holzbrettchen, die mit einem Maiskolben verbunden sind. Der Maiskolben stellt den Menschen selber dar. Am rechten Ende ist eine Art Zahn zu sehen, wodurch die drei Hauptgesetze bzw. Qualitäten eines geistigen Führers der Hopi zum Ausdruck kommen sollen: Ehrfurcht, Harmonie und Liebe. Die weiße Farbe an diesen Mongkos bedeutet die Reinheit der göttlichen Schöpfung, die blaue Farbe soll die Pflanzendecke und das Wasser der Erde darstellen. Diese Kugel, das ist ein Geflecht aus Baumwolle und Erde, symbolisiert den Erdball. Das Ganze ist das höchste kultische Vollmachtzeichen, welches die Hopi besitzen, aber nur bestimmte Menschen bestimmter Clans, die sich dann zu Ritualbünden zusammenschließen, dürfen es benutzen. Sie haben die Aufgabe, die Festeszeiten anzuführen. Natürlich benötigen diese Menschen auch das Wissen, damit auch wirklich sämtliche Zeremonien in der höchsten Genauigkeit vollzogen werden. Niemand darf bei diesen Zeremonien eine falsche Bewegung machen oder ein falsches Wort aussprechen, niemand darf zu einem falschen Zeitpunkt irgendeine Verrichtung vollziehen, alles wird ganz genau nach kosmischen und irdischen Gesetzmäßigkeiten bestimmt.

Man legt die Festeszeiten durch die Beobachtung der Sonne und dem Stand der Sterne fest. Das geschieht dadurch, daß man den Himmel aus der viereckigen Öffnung der Kiva heraus beobachtet, zum Beispiel betrachtet man durch diese Öffnung den Oriongürtel, und wenn der mittlere Stern genau in der Mitte der Öffnung steht, genau über der Feuerstelle in der Kiva, dann weiß man: jetzt ist Mitternacht, Mitternacht auch des ganzen Jahres – Wintersonnenwende –, das Neu-Feuer wird entzündet, die Sonne beginnt zu steigen, die Keimkräfte in der Natur beginnen sich zu regen.

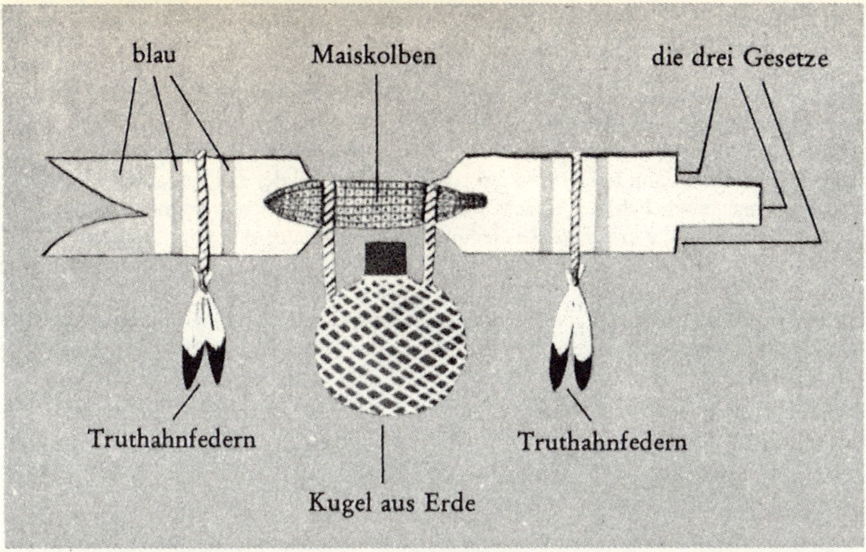

Das Zweihorn-Mongko
(Aus F. Waters, a.a.O. © Eugen Diederichs Verlag)

„Wir, die religiösen Führer, haben stets die Himmelsbilder vor Augen, die unsere Rituale leiten und beherrschen. Am wichtigsten ist die Sonne, und wenn die Sonne untergegangen ist, leiten wir unsere Zeremonien nach den Sternen der Nacht. Daher stellt sich nun der Gehilfe des Zweihornführers in einigem Abstand westlich des Feuerkreises auf und beobachtet den Himmel durch die Dachöffnung der Kiva. Das Erscheinen Hotomkams (des Oriongürtels; J.P.) ist das Zeichen dafür, mit der Durchführung der Rituale zu beginnen. Langsam wandert das Sternbild nach Westen, bis es in der Mitte der Dachöffnung steht. Der Gehilfe stellt sich nun bei der Mitte des Feuerkreises auf und beobachtet sorgfältig den Himmel. Es dauert nur kurze Zeit, bis die drei Sterne des Oriongürtels in einer Linie in der Kivaöffnung stehen, und zwar in ihrer Längsrichtung, und der mittlere Stern sich genau über der Feuerstelle befindet. Es ist nun Mitternacht, und in diesem Augenblick beginnen wir unser wichtigstes Ritual, gemäß dem Plan, der am Anfang auf diesem Planeten Erde niedergelegt worden ist. Das Leben begann mit dem Feuer, und so beginnen auch wir.“ (Frank Waters: Das Buch der Hopi. München ^{6}1990, S.159)

Wenn der Regen ausbleibt

W.W.: Das würde aber bedeuten, daß, wenn die Hopi bei der Festsetzung des Termins oder bei der Vollziehung der Rituale einen Fehler machen, die geistige Wirkung dessen, was man gewollt hat, ausbliebe, so daß in Folge zum Beispiel gewisse Pflanzen nicht wachsen würden.

J. Pajunk: Ja, so ist es. Denn dann vollzieht sich das Geschehen nicht nach der ursprünglichen Festsetzung des Lebensplanes, der für das entsprechende Jahr von der geistigen Welt aus gesehen vorliegt. Der Ablauf wird dann gestört, und es wird keinen oder nur sehr wenig Regen geben, oder es regnet zur falschen Zeit. Entsprechend kann es mit der Wärme sein. Es gibt bei den Hopi Ritualbeobachter, die an bestimmten Zeichen der Natur feststellen können, ob das entsprechende Ritual gelungen ist oder nicht. Man spricht dann auch offen aus, daß der Priester, der ein Ritual in diesem Jahr vollzogen hat, einen Fehler gemacht haben muß; vielleicht war er nicht konzentriert genug, vielleicht hatte er schlechte Gedanken, oder er hatte sich vorher gestritten. Auf der anderen Seite können es auch die Kachina-Tänzer gewesen sein, denen ein Fehler unterlaufen ist, wenn der Regen ausbleibt.

Man muß dazu bedenken, daß es für die dort lebenden Indianerstämme eine Katastrophe bedeutet, wenn es in einem Jahr zu wenig oder gar nicht regnet, zumindest war es früher so, daß man vollkommen von dem Regen abhängig war. Heute verhungern die Hopi natürlich nicht mehr. Zwar kann man nicht sagen, daß die USA ein Sozialstaat sind, aber eine gewisse soziale Hilfe erhalten sie von dem Staat schon. Viele Indianer üben natürlich auch moderne Berufe aus und sind somit nicht mehr auf diese Rituale

Straußen- und Krähen-Kachinapuppe

angewiesen. Das mag auch ein Grund dafür sein, warum auch eine Dekadenz die Rituale erfaßt hat, denn das liegt meines Erachtens sehr stark daran, daß die Hopi nicht mehr dazu gezwungen sind, durch die Rituale zu überleben, weil sie in den heutigen moderneren Zeiten auch anders überleben können.

W.W.: Noch einmal ganz konkret: Die Hopi sind also in der Lage, Mais in der Wüste zu säen und dadurch aufzuziehen, daß sie die entsprechenden Rituale kennen, um die genauen Zeiten der Pflanzung wissen und in der Lage sind, mit den Naturgeistern umgehen zu können. Ein in diesen Dingen ungebildeter Weißer, der an derselben Stelle Mais pflanzen würde, hätte damit also keinen Erfolg. Ist das so?

J. Pajunk: Ich denke, daß man dies genauso formulieren kann. Man hat ja sogar Versuche gemacht, angeblich um den Hopi zu helfen, indem man moderne landwirtschaftliche Methoden in dieser Gegend angewandt hat, mit Maschinen, künstlicher Bewässerung und Kunstdünger, aber es hat schlicht und ergreifend nicht die Erfolge gehabt, die man sich erhofft hatte. Der Versuch ist gescheitert. Erst ganz zum Schluß kamen die Weißen auf den Gedanken, auch einmal die Hopi zu fragen, warum bei ihnen alles das wächst, was bei ihnen selber nicht gewachsen ist. Die Antwort der Hopi war ganz schlicht: „Wir besingen den Mais". Damit meinten sie natürlich die Mysterienspiele, die das ganze Jahr durchziehen und die Natur beleben.

Es wächst dort natürlich nicht nur Mais, sondern die Hopi pflanzen auch Kürbisse, Melonen, Bohnen und Tabak an. Den Tabak gebrauchen sie nicht nur im modernen Sinne, sondern der Tabakrauch wird zu kultischen Zwecken verwendet. In den Ritualen werden immer wieder bestimmte Gegenstände beräuchert, um sie zu weihen und sie mit geistigen Kräften zu heiligen.

Heilende Kräfte durch die Sakramente der Christengemeinschaft

W.W.: Wenn man noch einmal Revue passieren läßt, daß für die Hopi das gesamte Jahr mit Festeszeiten und entsprechenden Ritualen durchzogen ist, durch die sie in der Lage sind, mit den entsprechenden Verrichtungen mit den Naturkräften in Verbindung zu treten, so daß konkrete Nahrungsmittel in dieser Wüstenregion wachsen, dann stellt sich mir die Frage, ob das mit dem Kultus der Christengemeinschaft auch möglich wäre. Also ganz konkret: Wäre es denkbar, mit der Weihehandlung in dieser Wüstenregion so zu leben, daß sich die Wirkungen im äußeren Leben zeigen würden, zum Beispiel in Form von Nahrungsmitteln, die dort gedeihen würden?

J. Pajunk: Wir dürfen doch davon ausgehen, daß die Sakramente der Christengemeinschaft, im besonderen die Weihehandlung, bis in die Reiche der Natur hineinwirken. Wir haben es in der Menschenweihehandlung mit geistigen Wesen der verschiedensten Bereiche zu tun, mit der göttlichen Trinität, sämtlichen Engelhierarchien, aber auch mit den Elementarwesen. Rudolf Steiner hat auch davon gesprochen, daß die Elementarwesen während des Kultus anwesend sind. Natürlich kommen dann auch die Elementarwesen mit der Christuswirksamkeit in Berührung, aber andererseits muß man auch sehen, daß die Elementarwesen natürlich nicht nur während des Kultus tätig, sondern auch im Naturbereich wirksam sind. Die Elementarwesen kommen also während des Kultus mit den Christuskräften in Berührung, können dann demzufolge mit diesen Christuskräften zusätzlich auch in der Natur wirken. Wenn man das auch im einzelnen vielleicht noch nicht beobachtet hat, so kann man doch davon ausgehen, daß dies eine Tatsache ist.

Und ich bin davon überzeugt, daß solche Wirkungen in der Zukunft immer stärker von Menschen beobachtet werden können. Schließlich darf man nicht vergessen, daß die Christengemeinschaft noch nicht sehr alt ist und daß man auch ansonsten in der anthroposophischen Bewegung noch am Anfang steht.

Für mich erscheint es deswegen wünschenswert, daß wir die Christengemeinschaft nicht nur in den Städten begründen, sondern auch Altäre auf dem Lande einrichten, vielleicht auf biologisch-dynamischen Höfen, so daß die Menschen einerseits auf dem Felde arbeiten, andererseits auch mit den Sakramenten der Christengemeinschaft umgehen lernen. So könnte man es lernen, aus dem Kultischen heraus in die Natur hineinzuwirken. So etwas sehe ich als ein Zukunftsbild. Zur Zeit haben wir hauptsächlich städtische Gemeinden, aber hier bei uns in Hamburg-Bergedorf ist die Situation so, daß bereits mehrere ländliche Gemeinschaften bzw. biologisch-dynamische Bauernhöfe zum Einzugsbereich unserer Gemeinde gehören, so daß ein derartiges Zusammenwirken anfänglich beginnt.

W.W.: Ich komme noch einmal auf meine Frage zurück: Auf der einen Seite haben wir die Hopi, die durch ihr kultisches Wirken in der Lage sind, ganz praktisch bis hinein in den Landbau zu wirken, so daß man die konkreten Produkte sehen und essen kann. Könnten Sie auf der anderen Seite ein ähnlich praktisches Beispiel aus der Kultuswirksamkeit der Christengemeinschaft bringen, an dem man sehen kann, wie der Kultus und die Sakramente der Christengemeinschaft heilsam wirksam sind?

J. Pajunk: So etwas auszusprechen, wäre sehr gewagt. Wenn ich allerdings mit Gemeindemitgliedern spreche, dann kommen immer wieder einmal Äußerungen, daß sie dergleichen beobachten, aber inwieweit das auch in Wirklichkeit mit dem kultischen Geschehen zusammenhängt, vermag ich nicht zu beurteilen. Offensichtlich gibt es bei verschiedenen Menschen Beobachtungen, zum Beispiel im Zusammenhang mit der Natur, die sie auf den Gedanken bringen, verschiedene Wirkungen mit dem Kultus zu verbinden. Über die Wirkung des Kultus auf die Gesundheit der Menschen gibt es viele Erfahrungen, allerdings sprechen die Menschen nicht sehr gerne darüber, weil das sehr ins Private geht. Aber daß Menschen heilende Einflüsse im Seelischen erfahren haben, die sich dann auch auf das Körperliche auswirken, ist schon sehr häufig der Fall gewesen. Dies kann man zum Beispiel im Zusammenhang mit dem Sakrament der Taufe feststellen. Es gibt Kollegen, die viele Erfahrungen damit haben, daß Kinder nach einer Taufe zum Beispiel eine gesundheitliche Krise überwunden haben.

W.W.: Aber man sollte die Taufe nicht als Medizin betrachten!

J. Pajunk: Selbstverständlich würde das viel zu weit gehen. Es ist ohnehin sehr gewagt, gesundheitliche Probleme mit einem Sakrament in Verbindung zu bringen, weil man nie den konkreten Beweis antreten kann, daß ein Sakrament für die Gesundung des Menschen einen Beitrag geleistet hat. Trotzdem ist es auffällig, daß im Zusammenhang mit kultischen Wirksamkeiten im seelischen und körperlichen Bereich Ereignisse stattfinden. Aber man muß hier mit Urteilen sehr vorsichtig sein.

W.W.: Genauso sehe ich es auch, denn bei einer derartigen Betrachtungsweise – selbst, wenn sie wahrscheinlich Tatsache ist – läuft man Gefahr, kultische Wirksamkeiten egoistisch zu nehmen, zum Beispiel in der Weise, daß man von einem Kultus etwas haben will, statt den Kultus so mitzuvollziehen, daß man damit anderen Bereichen, zum Beispiel geistigen Wesenheiten, etwas zu geben beabsichtigt. Denn letzteres ist ja die umgekehrte Geste.

J. Pajunk: Selbstverständlich. Auf der einen Seite wird im Kultus von der heilenden Arznei und dem heilenden Geist gesprochen, vielleicht rechnen wir auch ganz persönlich zu wenig mit dem, was uns durch den Kultus bereitstehen könnte, auf der anderen Seite haben Sie recht, daß man natürlich vermeiden muß, in einen religiösen Egoismus hineinzukommen, denn das wollen wir gerade nicht. Viele Menschen haben ja auch ausgesagt, daß es für sie wie eine Art Erlösung gewesen ist, als sie verstanden, daß sie durch den Kultus nicht nur eine Möglichkeit haben, an sich zu arbeiten, sondern am Wohl der Natur und der Menschheit überhaupt. Denn dies ist kein egoistischer Aspekt, deshalb wirkt er oft auch sehr befreiend.

Magische Kräfte der Felszeichnungen

W.W.: Rudolf Steiner spricht davon, daß man mit ganz bestimmten Felszeichnungen oder Linien auf Elementarwesen wirken kann. Was ist konkret damit gemeint?

J. Pajunk: Rudolf Steiner formuliert es folgendermaßen: „Die Kunst der Linie hat ihre eigene ganz unverwechselbare Dynamik und Aussagekraft. Ihr schrieb man in früheren Menschheitsepochen durchaus magische Kräfte zu. Mit ihrer Hilfe vermochte man zu bannen, zu lösen, kosmische Strömungen zu lenken, wovon Steinsetzungen, Felsritzungen und Höhlenmalereien uralter Kultstätten zeugen. In den keltischen Hochkreuzen und Buchmalereien, in Zeichen, Symbolen und Siegeln finden Sie die höchste Vollendung." (Rudolf Steiner, zit. nach: Elisabeth Koch/Gerhard Wagner: Die Individualität der Farbe. Stuttgart [3]1990, S.14)

Wenn man die alten Stätten der Hopi besucht, wo sie auf ihren Wanderungen oft jahrzehntelang gelebt haben, und wo sie an den Höhlenwänden der Canyons Höhlenmalereien oder Felsritzungen angebracht haben, die über die Jahrhunderte hinweg erhalten geblieben sind, dann kann man sich schon vorstellen, gerade im Zusammenhang mit dieser Äußerung Rudolf Steiners, daß diese Malereien und Ritzungen nicht ohne Wirkung auf Wesen und Kräfte der Natur geblieben sind. Er spricht ja davon, daß dadurch kosmische Strömungen gelenkt worden sind. Ich denke auch, daß ein Mann wie Friedrich Benesch recht hatte, wenn er nach einem Besuch in den USA ausgesprochen hat, daß das ganze Land von indianischer Geistigkeit durchdrungen ist. Er hat dies also gespürt, und ich selbst meine auch zu spüren, daß trotz der Dezimierung der Indianer und dem Zerfall ihrer Kultur dieses Land durch die jahrtausendelange indianische zeremonielle Kultur geprägt worden ist.

Diese Felsritzungen bringen mich auch noch einmal auf die Frage des Hakenkreuzes, mit dem wir Deutschen eine zutiefst verbrecherische Vergangenheit haben, denn dazu sagt Rudolf Steiner folgendes aus: „Und wenn man an mancher Bergstätte ... so einzelne Steine sieht hoch oben, aber so, daß der Platz gut ausgewählt ist ..., dann findet man solche Zeichen, Hakenkreuze, Swastika, mit denen heute in Deutschland so viel Unfug getrieben wird. Dieses Hakenkreuz wird getragen von Leuten, die keine Ahnung mehr

Felszeichnungen
McKee Springs, Rainbow Park (Utah/Colorado)

davon haben, daß dieses einmal ein Zeichen war, wodurch angegeben werden sollte für den, der von weither kam: Da sind Leute, die verstehen diese Dinge, die sehen nicht nur mit den physischen Augen, die sehen auch mit den geistigen Augen – ich habe diese geistigen Augen in meinem Buche 'Wie erlangt man Erkenntnisse der höheren Welten?' als Lotusblumen beschrieben – und sie wollten aufmerksam darauf machen: Wir können sehen mit diesen Lotusblumen.

So sehen Sie hier noch einen Kultus, der im wesentlichen darin bestanden hat, daß die Leute das Geistige aus der Weltumgebung für ihre sozialen Verhältnisse, für ihre Lebensverhältnisse hereinbekommen wollten auf die Erde. Dies kann man den Dingen heute noch ansehen, und deshalb ist diese Gegend dort außerordentlich interessant." (Rudolf Steiner: Rhythmen im Kosmos und im Menschenwesen. GA 350, Dornach 1962, 11.09.1923, S.268 f.)

Er spricht hier allerdings nicht über das Gebiet der Hopi, sondern über Ilkley im Südwesten von Großbritannien. Aber man könnte das natürlich genauso auf das Gebiet der Indianer beziehen. Es geht also darum, daß Menschen existieren, die mit ihren geistigen Wahrnehmungsorganen, ihren Lotusblumen, geistige Kraftwirksamkeiten wahrnehmen können. Die Hopi sagen auch von sich selber, daß sie die geistigen Wesenheiten nicht nur symbolisch in den Kachina-Tänzen vor sich hätten, sondern daß sie auch tatsächlich die geistigen Wesenheiten, angeregt durch diese Tänze, wahrnehmen könnten. Zumindest muß das früher der Fall gewesen sein. Diese Hakenkreuze kann man in den Gegenden, die die Hopi in früheren Zeiten durchwandert haben, oftmals schon von weitem sehr deutlich an den Felsen sehen.

Adlerfedern, die die Gebete zum göttlichen Vater emportragen

W.W.: Die Hopi haben eine sehr starke Beziehung zum Adler, verwenden auch die Adlerfedern im Kultus. Es gibt in der Tradition der Hopi eine Legende von einem Adler, dem die Hopi auf ihrer Wanderung begegnet sind. Können Sie diese Legende einmal darstellen?

J. Pajunk: Der Mythos lautet folgendermaßen: Als die Hopi mit ihrer Wanderung begannen, stiegen sie zunächst auf einen Berg, und zwar zusammen mit zwei heuschreckenähnlichen Wesen, die sie als die zwei Mahus bezeichnet haben. Diese zwei Wesen würde man in der Terminologie der Indianer als Kachinas bezeichnen, die äußerlich wie Heuschrecken aussahen. Diese beiden Mahus sprachen auf dem Berg mit einem großen Vogel, stellvertretend für die Indianer, die dies nicht wagten, und das war eben der Adler.

Sie fragten dann für die Menschen, ob sie in diesem Land leben dürften, und der Adler sagte, daß dies wohl möglich sei, aber nur dann, wenn sie sich einigen Prüfungen unterziehen würden. Die erste Prüfung war, daß der Adler einem der beiden Mahus mit einem Pfeil, den er zwischen seinen Krallen hielt, in die Augen stechen würde, das heuschreckenähnliche Wesen aber nicht mit der Wimper zucken dürfte. Die beiden Mahus waren damit einverstanden und so stach der Adler zu, hielt aber ganz kurz vor dem Auge inne, und der Mahu zuckte nicht.

Der Adler sagte daraufhin: „Ihr habt eine größere Kraft, als ich dachte. Die erste Prüfung habt ihr bestanden, aber es besteht noch eine zweite Prüfung, und ich weiß nicht,

Salako Taka Kachinapuppe

ob ihr die bestehen könnt, denn sie ist sehr viel schwieriger.“ Aber die beiden Mahus waren auch mit dieser zweiten Prüfung einverstanden, und dafür nahm der Adler aus seinem Federkleid einen kleinen Bogen, legte den Pfeil an und schoß zuerst dem einen, dann dem anderen Mahu mit diesem Pfeil mitten in den Leib. Aber daraufhin zogen die beiden Mahus eine Flöte heraus und spielten darauf eine ganz zarte und weiche Melodie, und diese Flötenmelodie bewirkte dann, daß die Wunden schnell heilten.

Als der Adler das sah, sagte er: „Ihr habt eine große Kraft in euch, deshalb dürft ihr alle in diesem Land wohnen, und ich werde euch helfen, den Zusammenhang mit der geistigen Welt und dem göttlichen Vater zu bekommen, außerdem dürft ihr ab jetzt meine Federn als Gebetsfedern benutzen. Diese Federn werden von nun an eure Gebete zum göttlichen Vater emportragen." Diese Adlerfedern enthalten nach dem Glauben der Hopi die höchste magnetische Kraft, die überhaupt im Tierreich vorkommt. Seitdem benutzen die Hopi die Adlerfedern als Gebetsfedern, zusammen mit vielen anderen Naturgegenständen.

W.W.: Es lebt also unter den Hopi auch die Überzeugung, daß man mit Flötenspiel oder anderen Klängen eine heilende Wirkung auf den Körper ausüben kann!?

J. Pajunk: In der Hopi-Medizin ist es eine Selbstverständlichkeit, daß man mit kultischen Gesängen und Melodien die Lebenskräfte so verstärken kann, daß die Krankheit verschwindet. Natürlich haben die Hopi auch eine Fülle von pflanzlichen Heilmitteln.

Keine Einweihung ohne Schmerzen

W.W.: Wie vollzieht sich die Einweihung der Hopi?

J. Pajunk: Es würde Stunden dauern, alles zu beschreiben. Schon die Kinder im Alter von acht Jahren erfahren die erste Einweihung in einen der Ritualbünde, und das zieht sich mit immer neuen Einweihungen durch den ganzen Lebenslauf des Menschen hindurch, ist aber insofern nichts besonderes, weil man das in allen alten Kulturen ebenso kannte. Im einzelnen kann man das in dem Buch von Frank Waters nachlesen, zum Beispiel die Einweihung der Kinder, die dort sehr drastisch beschrieben ist, und zwar von jemandem, der das aus seiner eigenen Erinnerung berichtet: wie er Angst hatte, wie die Kinder vor Schmerzen geschrien haben, wie die Paten dann für die Kinder eingetreten sind, weil sie es den Kindern erleichtern wollten. Sie ließen sich anstelle der Kinder schlagen. Das sind natürlich Dramen, die sehr stark den Lebenslauf der Kinder prägen, und die auf uns sehr grausam wirken, die aber immer wieder zeigen sollen, daß eine Einweihung nicht ohne Schmerzen möglich ist. Wir Heutigen glauben ja immer, daß geistige Erkenntnisse so leicht zu haben sind, aber auch Rudolf Steiner betont unaufhörlich, daß geistige Wege – wenn sie echt sind – sehr schwer zu erklimmen, sehr langwierig, mit Mühe, Arbeit und Schmerzen verbunden sind.

Der Schmerz der Selbsterkenntnis

W.W.: Ich möchte noch ein Zitat einer alten Wintu-Frau bringen:

„Den Weißen war das Land gleichgültig; sie liebten den Hirsch nicht, oder den Bären. Wenn wir Indianer Wild erlegen, essen wir alles Fleisch auf. Wenn wir Wurzeln sammeln, graben wir nur kleine Löcher. Wenn wir Häuser bauen, graben wir nur kleine Löcher. Wenn wir wegen der Heuschrecken Gras abbrennen, zerstören wir nichts. Wir schütteln die Eicheln und Kiefernzapfen auf den Boden. Wir fällen keine Bäume. Wir benutzen nur totes Holz. Aber die Weißen wühlen den Boden auf, sie reißen die Bäume um und töten alles. Die Bäume sagen: 'Tu's nicht! Ich bin verwundet! Tu mir nicht weh!'

Aber sie fällen die Bäume und zerhacken sie. Der Geist des Bodens haßt sie. Sie sprengen Bäume aus der Erde und wühlen den Boden bis in die Tiefe auf. Sie zersägen die Bäume. Das tut ihnen weh. Die Indianer verletzen nie etwas, aber die Weißen zerstören alles. Sie sprengen Steine und verstreuen sie über den Boden. Der Stein sagt: 'Tu's nicht! Du tust mir weh!' Aber die Weißen achten nicht darauf. Wenn die Indianer Steine benutzen, nehmen sie die kleinen runden für ihre Kochstelle. Wie kann der Geist der Erde den Weißen Mann lieben? Überall, wo der Weiße die Erde berührt, ist sie wund ..." (T.C. McLuhan, a.a.O., S.21)

Kann dieser Schmerz, den die Weißen den Indianern bereitet haben, zumindest für die heute lebenden Menschen eine Erkenntnisanregung dafür sein, ein neues Verständnis für die Indianer zu entwickeln?

J. Pajunk: Dabei denke ich an einen Satz von Rudolf Frieling: „Die Menschen werden dessen einmal inne werden, was sie in ihrer Gottentfremdung an Mitmensch, Erde und nicht zuletzt am eigenen Wesen Zerstörendes getan haben. Der Schmerz einer radikal durchgreifenden Selbsterkenntnis, der die Seele tief aufpflügt, ist notwendig, um die Kraft zur Christusschau hervorzuholen." (Rudolf Frieling: Gesammelte Werke, Band 3. Stuttgart 1982, S.185)

Hierbei geht es um die Kraft zur Christusschau, die durch den Schmerz einer radikalen Selbsterkenntnis gewonnen werden kann. Zur Selbsterkenntnis gehört natürlich sehr vieles, aber auch die Erkenntnis, die wir durch das Studium der Geschichte gewinnen können. Und dazu gehört auch die Geschichte und das Schicksal, das wir Weißen mit den indianischen Völkern haben. Diese Geschichte zu studieren, ist sehr schmerzlich. Manche Bücher, die die Invasion der Weißen in Amerika beschreiben, sind so schmerzlich, daß sie viele Menschen gar nicht lesen können, weil die ganzen Grausamkeiten und Ungerechtigkeiten ungeschminkt dargestellt werden.

Ich denke auch, daß unter uns immer noch die Tendenz besteht, diese Dinge nicht wahrnehmen zu wollen, zumindest kenne ich diese Tendenzen aus den USA. Zwar kann ich das verstehen, weil es eben eine schmerzhafte Selbsterkenntnis verlangt, aber trotzdem führt es zu einer Mauer bzw. zu einem Graben zwischen dem Heute und der Vergangenheit, wenn wir nicht den Mut haben, den Schmerz der Selbsterkenntnis zu bejahen. Deswegen trete ich dafür ein, daß auch wir die Geschichte der Indianer studieren, damit dieser Schmerz wieder fühlbar wird, und dadurch kann auch eine Verarbeitung dieser Geschichte entstehen, vor allem aber eine Aussöhnung zwischen den Indianern und den Weißen. Weiterhin kann das entstehen, was Rudolf Frieling ausspricht, nämlich die Kraft zur Christusschau aus der Bejahung des Schmerzes über unser So-Sein.

Im letzten Leben ein Indianer!

W.W.: Was bedeutet es für uns Nordeuropäer, wenn wir auf der einen Seite von der Zerstörung der Natur, der Zerstörung der Indianerkultur, dem Völkermord an den Indianern durch die Weißen hören, auf der anderen Seite aber von Rudolf Steiner erfahren, daß der größte Teil der mitteleuropäischen Bevölkerung im letzten Leben Indianer gewesen ist, und zwar vor noch nicht allzu langer Zeit? Mit anderen Worten:

Viele von uns selbst sind wahrscheinlich selbst die Indianer gewesen, die von den Weißen ausgerottet worden sind. Ich möchte hier Rudolf Steiner einmal selbst zitieren:

„Wo waren denn die Seelen eines großen Teiles, geradezu das Gros der europäischen Westbevölkerung und auch eines großen Teiles der mitteleuropäischen Bevölkerung bis weit nach Rußland hinein in einem früheren Erdenleben? – Wenn man diese Frage gewissenhaft untersucht mit den zur Verfügung stehenden geistigen Forschungsmitteln, dann stellt sich heraus, daß man es zu tun hat mit Seelen, die ein verhältnismäßig kürzeres Leben durchgemacht haben zwischen dem letzten Tod und dieser Geburt. Man wird nach Westen hinübergeführt. Man wird dort hingeführt auf seinen Forschungswegen, wo nach der Entdeckung Amerikas ja ein großer Teil der europäischen Bevölkerung dieses Amerika besiedelt und die Urbevölkerung ausgerottet oder wenigstens außerordentlich zurückgedrängt hat. Man wird in die Jahrhunderte der Eroberung Amerikas geführt, zu denjenigen Seelen, die in den Indianerleibern waren, über die sich die Eroberungen ergossen haben. Man wird, was ich zu sagen habe, nur verstehen, wenn man diese von den Europäern ausgerotteten Indianer in der richtigen Weise beurteilt. Gewiß, in dem Sinne waren das nicht gebildete Leute, in dem man jetzt unter uns Bildung auffaßt, aber es war etwas in diesen Seelen, was ich bezeichnen möchte als eine universelle pantheistische religiöse Empfindung. Gerade bei diesen Indianern, nicht gerade bei den entarteten Leuten, aber bei denen, die dort das tonangebende Element bildeten, hat man angetroffen ein religiöses Gefühl, das sich richtete auf eine geistige Wesenheit, monotheistisch sogar, das einen einheitlichen Geist in den Naturerscheinungen und auch in den Taten der Menschen lebendig und intensiv empfand. Diese Seelenstimmung muß man ins Auge fassen und muß durch manches Vorurteil wie durch Gestrüpp hindurch begreifen, daß man in diesen Seelen doch etwas anderes zu sehen hat als das, was man nur dann im Indianer sieht, wenn man ihn nach äußerlicher, naturalistischer Methode gewissermaßen wie ein halbes Tier ansieht. Und die Seelen dieser ausgerotteten, besiegten Indianerbevölkerung leben heute in dem Gros der westeuropäischen und mitteleuropäischen Menschen bis weit nach Rußland hinein. Wir begreifen nicht, wie die Wirklichkeit ist, wenn wir nicht dieses uns scheinbar so paradox Anmutende zu unserem Verständnis bringen." (Rudolf Steiner: Die Verantwortung des Menschen für die Weltentwickelung. GA 203, Dornach 1978, 06.01.1921, S.37 f.)

Wir sind heute also in der Situation, die Geschichte der Indianer aufzuarbeiten, die teilweise unsere eigene ist.

J. Pajunk: Ich denke, daß die Motivation, sich mit den Indianern zu beschäftigen, unbewußt auch von dieser Verbindung rührt. Wir sind ja auch gefühlsmäßig sehr betroffen, wenn wir die Geschichte der Indianer studieren, wahrscheinlich eben gerade deswegen, weil wir tiefgreifende schicksalsmäßige Zusammenhänge spüren.

Ich sehe es so, daß wir durch das Aufarbeiten der Geschichte der Indianer Kräfte freisetzen, die wir für die Zukunft benötigen. Zum einen ist es ein Anknüpfen an das Alte – was auch eine notwendige Gesetzmäßigkeit ist, über die Rudolf Steiner oft gesprochen hat, also daß der Keim des Neuen in das Alte gesät wird –, zum anderen müssen wir Weiße die Geschichte der Indianer nicht nur studieren, sondern den Schmerz der Indianer auch anerkennen und auf uns nehmen. Und das wird uns nicht blockieren, sondern Kräfte freisetzen, und zwar in dem Sinne, daß wir die Impulse, die bei den Indianern lebten, die für uns auch teilweise noch gültig sind, in unsere eigenen Impulse

Sitting Bull
Gemälde nach der ersten Fotografie von ihm, die am 01.08.1881 aufgenommen wurde.

aufnehmen, zum Beispiel den Impuls, die Natur zu lieben, Verantwortung für sie zu übernehmen.

Natürlich entstehen diese Impulse heute mehr und mehr, aber vielfach scheint es doch so zu sein, daß diese Verantwortung fast durch die globale Umweltzerstörung erzwungen ist. Aber diese Impulse könnten ja auch aus Freiheit aufgegriffen werden, denn es ist einfach notwendig, daß die Liebe und Verantwortung zur Natur stärker in der Menschheit auftritt. Und ich meine, daß das Studium der alten Indianerkulturen und ihrer Geschichte dafür eine Hilfe sein kann.

Was mir ebenfalls am Herzen liegt, Rudolf Steiner spricht auch davon, ist, daß das Studium der alten Mysterien unser eigenes geistiges Streben inspirieren kann. Das soll nicht bedeuten, wiederum in alte Mysterien einzutauchen oder gar indianische Spiritualität zu übernehmen, sondern daß wir unseren eigenen Erkenntnisweg oder unseren kultischen Weg in der Christengemeinschaft im Anschauen der alten Kulte neu verstehen lernen und daß wir dadurch auch einen erneuten Willensimpuls bekommen, unseren eigenen Weg noch ernster zu nehmen. Denn wir können am Leben der Hopi erkennen, wie sie damals ihr gesamtes Dasein in einer heilvollen Weise kultisch durchdrungen haben. Wir aber stehen heute an einem Anfang und müssen uns deswegen wieder dahin entwickeln, daß unser ganzes Leben ein kultisches wird, daß der Kultus nicht nur am Sonntag mitvollzogen wird, sondern daß er auch in unser Alltagsleben hineinwirkt, so daß letztendlich auch unsere Arbeit eine kultische Qualität bekommt. Dann wird vieles nicht mehr aus der Hektik des nervösen Bewußtseins heraus getan werden müssen, sondern aus der Ruhe, aus der Liebe und Ehrfurcht zu den Dingen, die wir zu tun haben.

W.W.: Das ist ja das Motiv, das Rudolf Steiner auch oft erwähnt, wenn er davon spricht, daß die ganze Arbeit bzw. der Beruf zum Sakrament werden solle, der Labortisch zum Altar und vieles mehr. Das ist es, was wir von den Hopi lernen können. Hier sehe ich die Verbindung, die Anthroposophie zu der Kultur der Indianer schlagen kann.

J. Pajunk: Genau, im Grunde ist es nichts Neues, sondern ein Altes, was schon einmal in einer sehr guten Weise gelebt worden ist und nun in einer erneuerten Weise wieder aufgegriffen werden kann.

Findhorn

Christine Pflug

Findhorn – das ist ein Name, um den sich vielerlei Geschichten und Legenden ranken und der unterschiedlichste Vorstellungen, Ansichten und Urteile hervorruft. Dem einen kommt eine vage Erinnerung, daß Menschen dort mit Elfen und Zwergen reden, die anderen schwärmen gefühlvoll, manche halten Findhorn für ein „Lebensmodell der Zukunft", und für andere ist es schlicht Humbug. Von anthroposophischer Seite hat man schon manch mißtrauische Bemerkungen und auch schärfste Ablehnung gehört.

So kommt es – und eine kitschig geschriebene Lektüre über Findhorn kann ihren Teil dazu beigetragen haben –, daß viele verworrene Bilder darüber kursieren. Jedoch muß auch zugestanden werden – zumindest wenn man die Entstehung Findhorns betrachtet –, daß magische Geschichten nicht zu vermeiden sind. Hier haben übernatürliche Kräfte mitgewirkt. Vielleicht neigt man gerade deshalb dazu, möglichst schnell die ganze Angelegenheit einordnen und beurteilen zu wollen. Aber damit wird man einem so vielschichtigen, ständig sich ändernden und nach ganz ungewohnten Gesetzen und Regeln funktionierenden Ort wie Findhorn nicht gerecht. Deshalb möchte ich sozusagen als Blickwinkel die Worte Rudolf Steiners voranstellen, die er zur Wahrnehmung der Zeitereignisse angibt:

„In allen Dingen, namentlich in den Zeitverhältnissen, ist man so sehr geneigt, nur ja nicht an die Wirklichkeit heranzutippen, sondern die Dinge eben zu nehmen, wie es einem paßt. Ein Urteil sich zu bilden, das sachgemäß ist, ist natürlich nicht so leicht wie ein Urteilen, das möglichst gradlinig lossteuert auf die Formulierbarkeit. Urteile, die sachgemäß sind, sind nicht ohne weiteres formulierbar, namentlich dann nicht, wenn sie in das Soziale oder in das Menschliche oder in das politische Leben eingreifen, denn da ist fast immer auch das Gegenteil von dem richtig, was man annimmt – auch in demselben Grade richtig wie das Gegenteil." (Rudolf Steiner: Die soziale Grundforderung unserer Zeit – In geänderter Zeitlage. GA 186, Dornach 1979, Vortrag v. 06.12.1918, S.105 f.)

Der Beginn der Findhorn-Gemeinschaft liegt heute fast 30 Jahre zurück. Damals waren es drei Erwachsene und drei Kinder, die in einen Wohnwagen auf dem Wohnwagen-Park des kleinen Fischerortes Findhorn zogen. Dorothy Maclean, Peter und Eileen Caddy und ihre drei Söhne hatten zu der Zeit keine Ahnung, was sich auf ihrem Dünenboden neben der Müllhalde einmal entwickeln würde.

Was ist Findhorn heute, nachdem es 30 Jahre durch verschiedenste Phasen und Umwandlungen gegangen ist? Die Findhorn-Gemeinschaft lebt im Norden Schottlands, in der Nähe von Inverness. Wer diese Landschaft kennt, weiß, daß man sich nicht des Eindruckes entwehren kann: Wenn es Elfen und Gnome gibt, dann sind sie hier zu finden.

Die Menschen der Findhorn-Community leben zum einen in dem bereits genannten Wohnwagen-Park, weiterhin in dem ca. 7 km entfernten Cluny Hill College – einem ehemaligen Hotel –, in verschiedenen Häusern in dieser Gegend und auf der Insel Erraid vor der Westküste Schottlands. Die 170 Mitglieder kommen aus allen Ländern, aus verschiedensten spirituellen und beruflichen Zusammenhängen, und jede Altersstufe ist vertreten. Das Durchschnittsalter der Bewohner beträgt 40 Jahre, und viele bleiben dort

Häuser, in denen Mitglieder der Findhorn-Community wohnen. © D. Bartholomäi

mittlerweile für mehrere Jahre (Findhorn ist als ein Durchgangsort gedacht). Es sind aber nicht nur die Mitglieder, die in Findhorn leben, sondern jedes Jahr kommen über 9.000 Besucher, die kürzer oder länger dort bleiben.

Die Vision Findhorns

Vision – ein inneres Bild von einem erstrebten zukünftigen Zustand – ist ein Begriff, den man in Findhorn oft hört. So versteht sich die Community als eine Saat, deren Keime auf dem ganzen Planeten aufgehen sollen. Es soll eine „planetarische Kultur“ entstehen, in der jeder einzelne das Bewußtsein hat, daß die gesamte Menschheit *eine* Lebensgemeinschaft ist, deren einzelne Glieder voneinander abhängig sind und zum Wohle des Ganzen zusammenarbeiten. Man soll sich nicht auf lokale, nationale, rassische, religiöse, ökonomische Einzel- oder Gruppeninteressen beschränken, sondern dem gesamten Kosmos dienen. Und zu diesem Kosmos gehört nicht nur die Menschheit, sondern auch die Natur, die Erde als lebendiges Wesen und auch die geistige Welt mit ihren Wesen, wie zum Beispiel Naturgeister oder Engel. Dieses Ziel wird so global gedacht, daß es alle Kulturen umspannt und jeder Mensch daran mitarbeiten kann, egal ob jemand „Anarchist, Baptist oder Buddhist“ ist. In der Praxis bedeutet diese Vision, daß man in Findhorn sowohl auf der sozialen Ebene als auch mit der Natur bzw. den Naturgeistern und der geistigen Welt kommuniziert und zusammenarbeitet. „Es ist Findhorns Aufgabe, ein Mikrokosmos dieses Austausches zu sein: ein Ort des Zuhörens, des Teilens, der Verständigung und Gemeinschaft.“ (David Spangler in: Edwin Maynard [Hg.]: Leben in Findhorn. Freiburg 1981, S.15)

Diese Vision soll von den Menschen, die in Findhorn waren, weitergetragen und überall verwirklicht werden. – So würde man wahrscheinlich in Findhorn selbst die Zielsetzung beschreiben. Allerdings gibt es dazu keine feste Meinung, man könnte von verschiedensten Menschen unterschiedlichste Aussagen hören, und es würden auch Begriffe wie „New Age“ und „Wassermannzeitalter“ fallen.

Das Leben in Findhorn

Wenn man in Findhorn ist, kann man feststellen, daß viel und emsig gearbeitet wird. In der Küche, in den Gemüsegärten und Blumenanlagen, in der Druckerei, Weberei, Töpferei, Pflanzenapotheke, in diversen Läden, beim Bauen von neuen Gebäuden oder beim Restaurieren der alten, im Waldorfkindergarten oder der Waldorfschule, in verschiedenen Büros und natürlich in der Betreuung der vielen Seminare und Gäste sind die Findhorn-Bewohner den ganzen Tag beschäftigt. Außerdem gibt es noch Betriebe und Berufstätigkeiten einzelner Personen, die in der Umgebung angesiedelt und mit der Community assoziiert sind, zum Beispiel verschiedene Therapeuten, ein Graphikbüro, ein Betrieb für Solarenergie, alternative Computer-Beratung etc.

Die Arbeitsbereiche werden von sogenannten Focalisern geführt, die dadurch aber keine persönliche Machtposition innehaben sollen, sondern für den Ablauf der Arbeit verantwortlich sind. Findhorn hat nie einen Guru gehabt, und es werden Entscheidungen mit der jeweils betroffenen Gruppe abgesprochen und auch gemeinsam gefällt. Folglich sind die Mitglieder zu vielen Treffen und Sitzungen unterwegs.

Die meisten Bewohner leben entweder im Cluny Hill College in einem Zimmer oder – meistens die Familien – in einem Wohnwagen in dem bereits erwähnten Wohnwagen-Park. Die Lebensverhältnisse sind bescheiden, da viel Geld für das Abbezahlen gekaufter Grundstücke, Gebäude etc. gebraucht wird. In letzter Zeit werden mit ökologischen Materialien Häuser gebaut, so daß der Ort noch mehr Dorfcharakter erhält.

Die neuen Öko-Holzhäuser. Fotos: C. Pflug

Universal Hall. © D. Bartholomäi

Im Wohnwagen-Park ist nach langer Bauzeit die „Universal Hall“ fertiggestellt worden. In diesem sehr schönen Gebäude finden künstlerische Aufführungen, Vorträge und größere Versammlungen statt.

Insgesamt sind die neuen Gebäude, die die Community in den letzten Jahren selbst gebaut hat, sehr künstlerisch und originell gestaltet.

Dreimal am Tag treffen sich die Menschen zu einer gemeinsamen Meditation in dem jeweiligen Andachtsraum (Sanctuary). Diese Meditation wird mit wenigen Worten, die verschiedene Inhalte haben können, begonnen und dauert 20 Minuten. Was jeder nach den einleitenden Worten in der Zeit der Stille innerlich tut, ist wahrscheinlich auch unterschiedlich, es gibt jedenfalls keine gemeinsame Meditationstechnik.

Die Gäste

Jedes Jahr besuchen rund 9.000 Menschen aus aller Welt Findhorn. Sie kommen zu Konferenzen, Workshops oder nehmen einfach am Leben und Arbeiten der Community teil. Jeder Gast durchläuft anfangs eine sogenannte Erfahrungswoche, in der er Grundsätzliches über Findhorn kennenlernt und auch eine gewisse Selbsterfahrung und Gruppenbildung erlebt. Die Themen der Workshops reichen von „persönlichem und spirituellem Wachstum“ über kreative und künstlerische Angebote, Gesundheit und Heilung bis hin zu ökonomischen Themen. Alle Besucher – ganz gleich woran und in welcher Form sie am Leben in Findhorn teilnehmen – beteiligen sich an der alltäglichen Arbeit.

Universal Hall. Foto: C. Pflug

Natur-Sanctuarium. © D. Bartholomäi

Die Waldorfschule

Seit einigen Jahren gibt es in der Findhorn-Community einen Waldorfkindergarten und eine Rudolf Steiner-Schule, die hauptsächlich von den Kindern der Gemeinschaft, aber auch von Dorfkindern besucht werden. Die 70 Kinder sind im Alter von 3.1/2 bis 13 Jahren, und mit dem neuen Schuljahr ist der Aufbau der Schule mittlerweile bis zur sechsten Klasse gediehen. Die Schule wird von der Rudolf Steiner-Schule in Edinburgh betreut, und monatlich treffen sich Lehrer beider Schulen zu einer gemeinsamen Konferenz. „Die Eltern der Kinder" – so sagte mir einer der Lehrer – „sind mehr oder weniger überzeugte Anthroposophen."

Von Anfang an

Im Grunde begann die Entstehung Findhorns schon vor dreißig Jahren, nämlich mit der Begegnung von Eileen und Peter Caddy (siehe dazu die Einleitung zum Interview mit Eileen Caddy). Eileen erhielt durch eine innere Stimme Botschaften, die jeden weiteren Schritt ihrer beider Leben angab. Im Gegensatz zu Peter, der diese Führungen aktiv in die Tat umsetzte, brauchte Eileen jahrelang, um diese innere Stimme völlig annehmen zu können.

Nachdem Eileens Stimme zum ersten Male gesprochen hatte, kamen Jahre, in denen die zwei aufgrund äußerer Umstände zum Teil getrennt leben und durch schwierige Phasen gehen mußten. 1957 übernahm Peter die Leitung des damaligen Cluny Hill Hotels, das er mit Hilfe von Eileens Botschaften verwaltete. Auch dort wurde bis in Kleinigkeiten angegeben, was zu tun sei – Peter hatte keine Ahnung von Hotelverwaltung. Einmal – so lautet eine der vielen Anekdoten aus dieser Zeit – war der Chefkoch völlig betrunken und zum Kochen nicht mehr fähig. Just sollte er aber für viele Gäste, die gerade angekommen waren, ein Essen zubereiten. Eileen befragte ihre innere Führung und die Antwort lautete: „Gebt ihm einen weiteren Whisky." So taten sie es, und er kochte ein Essen zu aller Zufriedenheit. Während der fünf Jahre Hotelverwaltung „unter Gottes direkter Führung" stieg Cluny Hill von einem Drei-Sterne- zu einem Vier-Sterne-Hotel auf.

Im November 1962, Eileens Führung hatte sie lediglich ermahnt „flexibel zu sein", wurden sie entlassen. „Später", so sagte die Stimme, „werdet Ihr wieder nach Cluny Hill zurückkehren". Die beiden hatten natürlich keine Ahnung, daß die Findhorn-Gemeinschaft sehr viel später Cluny Hill kaufen würde.

Der einzige Ort, wo die beiden, ihre drei Söhne und ihre Mitarbeiterin und Freundin Dorothy Maclean hinziehen konnten, war der kleine grüne Wohnwagen im Findhorn Caravan Park – auf Sanddünen und neben einer Müllkippe. Dort, so wurde ihnen gesagt, sollten sie einen Garten anpflanzen.

Der Kontakt mit Pflanzengeistern

Dorothy Maclean hatte von dieser Zeit an die Fähigkeit, mit den „Devas" – ihrem Verständnis nach sind das die Engel einer jeweiligen Pflanzenart – zu kommunizieren.

Eileens und Peters Wohnwagen, in dem alles begann. Foto: C. Pflug

Die Devas gaben – so wird berichtet – ganz spezielle Ratschläge, zum Beispiel sagte der Deva der rundköpfigen Artischocke: „Wir meinen, daß das Gelände dort oben gut für uns wäre, solange es nicht zu windig ist." Der Kohl-Deva sagte: „Es wäre besser, die Pflanzen jetzt zu verziehen. Auch kann man die untersten Blätter entfernen." Im Frühjahr sagte der Deva der schwarzen Johannisbeere: „Nein, schneidet die Sträucher jetzt nicht zurück. Wenn ihr das tut, hat die Wurzel nachher zu wenig Kraft. Sie braucht die Blätter, damit der Lebensvorgang in der Pflanze funktioniert." (Zitate aus: Findhorn-Gemeinschaft [Hg.]: Der Findhorn-Garten, Berlin 1981, S.62). Man kann das nun glauben oder nicht! Einer, der es jedenfalls nicht glaubte, war der Gartenbauberater, der „British Soil Association". Er entnahm Bodenproben, denn er war der Ansicht, der Sandboden könne unmöglich genug Nährstoffe aufweisen. Aber die Analyse ergab, daß keinerlei Mängel vorhanden waren. Die Devas – so sollen sie selbst gesagt haben – hätten mit Hilfe der Naturgeister (Elementarwesen) die fehlenden Elemente aus dem Äther, der ewigen Lebenssubstanz, beschafft.

Der Garten gedieh, und es wuchsen, dank Peters körperlicher Arbeit und der Ratschläge der Devas, die populären 40 Pfund schweren Kohlköpfe. Peter wurde nun öfters zu Vorträgen, Versammlungen und zu einer Radiosendung eingeladen, um über den Garten zu berichten. Dadurch wurde Findhorn bekannt, und es kamen allmählich Menschen dorthin, um die kleine Gruppe und ihren Garten kennenzulernen.

ROC und der Pan

1966 lernte Peter einen sechzigjährigen gebildeten Mann namens Roger Ogilvie Crombie kennen. ROC, so wurde er genannt, fuhr öfters von seinem Wohnort Edinburgh nach Findhorn, um die Gemeinschaft zu unterstützen. Es heißt, daß er mit den Naturgeistern (Elementarwesen) – also Feen, Elfen, Zwerge usw. – reden konnte. Aber nicht nur das. Es gibt ausführliche Berichte, wie er den „Naturgott Pan“ getroffen und auch mit ihm Gespräche geführt habe.

Roger Ogilvie Crombie (ROC). © Findhorn Foundation

Schottland und die Magie

So gibt es in und um Findhorn Geschichten – das sind bei weitem noch nicht alle – , die man wahrscheinlich mit sehr eindeutigen Begriffen belegen würde, wenn jemand beispielsweise in einer deutschen Großstadt erzählen würde, daß er sie gerade erlebt hätte (und vielleicht wäre das dann auch angemessen). Ob man die Findhorn-Geschichten im einzelnen glauben will oder auch nicht – man sollte jedenfalls wissen, daß das Geographische dabei eine Rolle spielt. Es gibt Gegenden in der Welt, wo das Materielle nicht so verdichtet erlebt wird und Nichtsinnliches leichter durchdringt. Schottland ist ein Land, das eine sehr sprechende Natur hat, nicht umsonst gibt es dort viele Gespenstergeschichten, und auch der Schwarzmagier Aleister Crowley hatte dort ein Zentrum (und Nessie nicht zu vergessen). Man lebt hier viel selbstverständlicher mit übersinnlichen Phänomenen, was nicht ausschließt, daß die Phantasie und ganz persönliche „Dichtungen“ auch mitmischen können.

Von den Pflanzen zu den Menschen

Der Findhorn-Garten sollte anfangs entstehen – so war laut Eileen die Anweisung ihrer Stimme –, damit die drei sich von dem Gemüse ernähren und ihre Körper dadurch eine „feinere Schwingung“ bekommen sollten. Auch war der Garten der Anlaß, daß immer mehr Menschen angezogen wurden. Mit den Jahren wurde dann die Gemeinschaft und das Miteinanderleben wichtiger, und der Garten hatte nicht mehr die anfängliche Bedeutung. So ist es in dieser Hinsicht bis heute geblieben.

Mehrere Menschen brachten wichtige Impulse nach Findhorn, zum Beispiel Sir George Trevelyan, angeblich der Initiator der Erwachsenenbildung in England, und Richard St. Barbe Baker, Gründer der Gesellschaft „Men of the Trees“. 1970 kam ein junger Amerikaner, David Spangler, mit seiner geistigen Mitarbeiterin Myrtle Glines für drei Jahre nach Findhorn. Er hatte davor in Amerika mehrere Jahre lang über Themen des New Age geschrieben und Vorlesungen gehalten. David Spangler war in Findhorn der Impulsator für die Erwachsenenbildung, d.h. für die Seminare und Workshops. Er berichtet von seinem Kontakt mit mehreren geistigen Wesen, eines davon habe sich beispielsweise „Grenzenlose Liebe und Wahrheit“ genannt. Mit den Botschaften dieses Wesens schrieb er das Buch „Revelation: The Birth of a New Age“ (Offenbarung: Die Geburt eines neuen Zeitalters). Durch dieses Buch stellte David Spangler die Findhorn-Community in den geistigen Zusammenhang des New Age.

Das Gesetz der Manifestation

In den Anfängen Findhorns wurde Eileen immer wieder durch ihre Führung gesagt, wo und welche Gebäude von der Gemeinschaft zu bauen wären. 1970 bestand die Community nur aus zehn Menschen, die Weisung aber lautete, man solle ein Gemeinschaftszentrum für 200 Leute errichten. Und dies, obwohl kein Geld dafür vorhanden war. Dennoch wurde mit dem Bau begonnen, und „die richtigen Leute und das richtige Material erschienen zum absolut richtigen Zeitpunkt. In dem folgenden Jahr wuchs die Gemeinschaft auf 45 Leute und es kamen Hunderte von Gästen“ (Edwin Maynard [Hg.]: Leben in Findhorn. Freiburg 1981, S.115). Das entsprach dem Gesetz der Manifestation, wie es in Findhorn angewandt wurde: Zuerst sollte man sich eine Vision von dem bilden, was angestrebt wurde – dieses durfte aber kein persönliches Verlangen sein –, und dann darum bitten und anschließend nicht weiter daran denken. Irgendwann würde sich die Erfüllung des Wunsches dann manifestieren. Nach diesem Prinzip wurde Findhorn aufgebaut, denn damals war Geld im voraus nie vorhanden.

Die Community wird selbständig

1971 wurde Eileen durch ihre Führung gesagt, sie solle keine Botschaften an die Community mehr weitergeben, die Menschen sollten selbständig werden. Meist waren die Botschaften Bestätigungen für Peters eigene „Intuitionen“ gewesen, der bis dahin die Gemeinschaft streng geführt hatte. Sieben Tage in der Woche wurde hart gearbeitet, und wer das nicht wollte, „durfte“ die Gemeinschaft verlassen. Mit wachsender Selbständigkeit der Gemeinschaft kam natürlich auch Peters Rolle ins Wanken. Er übergab die Leitung einer Führungsgruppe, und Ende 1970 verließ er Findhorn.

Heute steht er in freundschaftlichen Kontakt mit Findhorn und Eileen und kommt öfters zu Besuch. (Als ich ihn zufällig im Sommer traf, erklärte er mir: „Ich bin hier nie zu Besuch, sondern zum Arbeiten.“) Er lebt mit einer neuen Lebenspartnerin in Deutschland am Bodensee. Dorothy Maclean, David Spangler und Myrtle Glines haben in Amerika andere Gemeinschaften gegründet. Eileen Caddy ist die einzige der Gründerpersönlichkeiten, die heute noch in Findhorn lebt.

Mediumismus neben sozialer Intelligenz

In Findhorn ist vieles möglich, deshalb müssen auch viele Aspekte zu einem Verstehen herangezogen werden. Rudolf Steiner macht eindeutige Aussagen, in denen er die Belehrung und Beeinflussung durch geistige Wesen, die medial durch einen Menschen hindurchsprechen, als nicht zeitgemäß ablehnt. Der Mensch muß sich – dem gegenwärtigen Stand der Bewußtseinsentwicklung gemäß – seine Erkenntnisse und Handlungsgrundlagen selbständig denkend und urteilend erwerben und sie auch selbst verantworten. Rudolf Steiner nennt zwei Axiome:

„... man beachte, daß alles unmittelbare Glauben an die Autorität eines Menschen in dem Maße geringer werden muß, je mehr dieser Mensch Züge der Medialität annimmt, je mehr dieser Mensch die Merkmale eines Mediums zeigt. Je mehr solch ein Mensch damit kommt zu sagen: Ich habe da oder dort dieses oder jenes als Eindruck empfangen –, und er nicht mit seiner vollbewußten Vernunft bei diesem Empfangen ist und die Dinge prüfen kann, umso weniger Autorität muß gerade die Medialität geben ...

Für die Überlieferung der Lehre ist es daher recht wichtig, daß derjenige, der die Lehre aus den Quellen heraus mitteilt, mit seiner eigenen Persönlichkeit, so wie er dasteht in der physischen Welt, die volle Verantwortlichkeit für die Lehren übernimmt, und er darf sich nicht berufen auf unbekannte Meister. Und wer die Lehre weiter verbreitet, darf sich auch nur berufen auf physische Persönlichkeiten, die wiederum als physische Persönlichkeiten die volle Verantwortung für die Lehre zu übernehmen bereit sind. Damit ist der gewisse Weg geschaffen für die Verbreitung der Lehre in einem weiteren Umkreis, aber Tür und Tor verschlossen allem Ungenannten, allen Andeutungen. Wer sagt, daß er von da oder dort her dies oder jenes habe, von unbekannten Meistern oder Verstorbenen, wodurch man sich selber so an seinem eigenen Hochmut laben kann, dem ist Tür und Tor verschlossen.“ (Rudolf Steiner: Kunst- und Lebensfragen im Lichte der Geisteswissenschaft. GA 162, Dornach 1985, S.234 ff.)

Auch weist Rudolf Steiner darauf hin, daß die Führung durch unbekannte geistige Wesen Gefahren in sich birgt:

„Es ist eine große Gefahr in dem gegenwärtigen Stadium unserer kosmischen Entwickelung, das menschliche Bewußtsein auszuschalten. Nach dem ganzen Verlauf der kosmischen Entwickelung muß der Mensch in diesem Bewußtsein auf der Erde wirken. Schaltet er es aus, so ist er willenlos, bewußtlos den geistigen Mächten ausgeliefert ... Wir müssen die Dinge, welche an uns herantreten, mit klarem Bewußtsein und Verstand erfassen. Nicht zu willenlosen Werkzeugen dürfen wir uns machen, auch nicht der geistigen Mächte, denn diese könnten dann mit uns alles mögliche treiben.“ (Rudolf Steiner: Spirituelle Seelenlehre und Weltbetrachtung. GA 52, Dornach 1986, S.239)

Mediumismus – „Chanelling“ würde man heute sagen – ist in Findhorn auch noch heute möglich. Gleichzeitig finden dort aber auch ichhafte Selbsterkenntnisprozesse statt, die keineswegs nur harmonisch-nett verlaufen. Findhorn ist dafür bekannt, daß man auf ernüchternde Weise mit den eigenen Schattenseiten konfrontiert wird (siehe das Interview mit Hannah Albrecht).

Da in Findhorn vieles an religiösen und spirituellen Richtungen nebeneinander steht, kann man durchaus geistige Unklarheiten, Widersprüchlichkeiten und nichtzeitgemäße Spiritualität finden. Aber man kann auch sehr vieles von Findhorn lernen. Und der Schwerpunkt Findhorns liegt meines Erachtens auch nicht so sehr im Entwickeln einer neuen Spiritualität, sondern im alltäglichen Miteinander und im Sozialen, das dort seit immerhin dreißig Jahren erfolgreich praktiziert wird. Ich habe die Entwicklung Findhorns seit zehn Jahren verfolgt und den Eindruck gewonnen, daß der Pioniergeist dort nie ermüdet. Es entsteht ständig etwas Neues, im Moment sind es die Öko-Holzhäuser, die Windmühle für alternative Energie, es soll ein Gesundheitszentrum gebaut werden, vor einigen Jahren war es die Waldorfschule. Natürlich trägt dazu bei, daß Findhorn für viele ein Durchgangsort ist, aber das betrifft nicht alle, und die begonnenen Projekte werden immer „auf die Erde gebracht". Bei allen Aktivitäten, seien es Arbeiten, Seminare oder Feiern, herrschen Heiterkeit, Phantasie und Humor.

Die Menschen haben im Laufe der Jahre verschiedene Techniken entwickelt, wie man im Sozialen miteinander umgehen kann (siehe das Interview mit Hannah Albrecht). Mit der Experimentierfreudigkeit, die die Menschen dort haben, werden Methoden aus der Humanistischen Psychologie ausprobiert und weiterentwickelt.

Interessanterweise werden von verschiedenen Gruppierungen und Richtungen immer ähnliche Menschentypen angezogen. Und wenn ich die „Findhorner" unter diesem Aspekt betrachte, würde ich sagen: Sie sind offen, begegnungsfähig, herzlich und von sozialer und psychologischer Intelligenz. Sie haben in dreißig Jahren interessante Lebens- und Gemeinschaftsformen entwickelt. Und warum sollte man von Findhorn nicht etwas lernen können?

Der Wohnwagen-Park vor ca. 10 Jahren. © Findhorn Foundation

Ein Leben mit der inneren Stimme

INTERVIEW MIT EILEEN CADDY

von Christine Pflug

Foto: C. Pflug

Eileen Caddy, Mitbegründerin der Findhorn-Gemeinschaft, wurde 1917 in Alexandria in Ägypten geboren. Ihre Familie kam aus England, und der Vater war aus beruflichen Gründen ins Ausland versetzt worden. Eileen wurde in einem strenggläubig-christlichen und gut englischem Sinne erzogen. Mit 19 Jahren machte sie eine Ausbildung als Hauswirtschafterin, heiratete bald darauf einen Offizier der britischen Luftwaffe, zog mit ihm in den Irak und gebar fünf Kinder. Sie führte ein normales Dasein als Ehefrau und Mutter, und dies wäre wahrscheinlich auch weiterhin so geblieben, wenn nicht Peter Caddy in ihr Leben getreten wäre. Er behauptete, er habe in einer inneren Eingebung erfahren, daß sie beide als zwei Teile zur Ausführung eines göttlichen Planes zusammengehörten. Natürlich wies Eileen diese Idee weit von sich, nach einiger Zeit ging sie aber doch mit ihm mit. Und damit begann für die bisher ganz gewöhnliche Frau ein abenteuerliches Leben, über das sie wie folgt berichtet:

1953 saß Eileen in einem Andachtsraum, als plötzlich eine innere Stimme zu ihr sprach. Diese Stimme sagte: „Sei ruhig und erkenne, daß Ich Gott bin" (Eileen Caddy: Flug in die innere Freiheit. Kimratshofen 1988, S.44). Von nun an war Eileen in Kontakt mit dieser inneren Führung, die ganz deutlich hörbare Aussagen machte. Es folgten für Eileen Jahre der Änderungen, Ungewißheiten, inneren Kämpfe und einer spirituellen Unterweisung durch Sheena, Peters ehemaliger Frau. Eileen hatte sich während dieser Zeit öfters geweigert, ihre innere Stimme zu akzeptieren, durch die Krisen gelangte sie dann aber dazu, ihr Leben unter „Gottes Führung" zu stellen. Sie erhielt deutliche Botschaften, wie sie und Peter ihren weiteren Lebensgang zu gestalten hätten. Sie leiteten beide zunächst ein Hotel, d.h. Eileen erhielt Anweisungen bis in die kleinsten Details, und Peter führte nach außen alles aus. Peter hatte keine Ahnung vom Hotelmanagement, aber Eileens innere Führung war so perfekt, daß das Hotel von einem Drei-Sterne- zu einem Vier-Sterne-Hotel aufstieg.

1962 zogen Eileen, Peter und ihre drei Söhne und Dorothy Maclean in einen Wohnwagen auf dem Findhorn Caravan Park. Äußerlich war dem eine Entlassung aus dem Hotel vorausgegangen, Eileens Führung sagte dazu aber: „Bleibt vollkommen gelassen, mitten im Zentrum des Sturms, wie gestern. Ich weiß, daß das ein schwerer Schock für euch war, aber Ich war auch bemüht, euch schonend darauf vorzubereiten. Ihr sollt wissen, daß daraus nur Gutes entstehen wird. Ihr mögt es im Augenblick noch nicht erkennen, aber so wird es sein ..." (ebd., S.102)

In den nächsten Jahren bauten die drei den bekannten Findhorn-Garten auf. Eileen führte in dieser Zeit ein sehr strenges und diszipliniertes Leben. Sie schlief nur kurze Zeit, meditierte jede Nacht von Mitternacht bis fünf Uhr morgens, schrieb die Botschaften ihrer inneren Stimme auf, und danach begann sie mit der täglichen Arbeit. Sie aß täglich nur eine Mahlzeit, die aus dem Gemüse ihres Gartens bestand. Die Disziplin, die im Sozialen gefordert war, kann man sich selbst vorstellen, wenn man bedenkt, daß Eileen, Peter und ihre drei lebhaften Jungen jahrelang in einem Wohnwagen von ca. 27 Quadratmetern wohnten.

Als nach einigen Jahren immer mehr Menschen nach Findhorn kamen – Eileen hatte inzwischen auch in einem Buch ihre inneren Führungen veröffentlicht –, entstand eine immer größere Gemeinschaft mit den entsprechenden Erfordernissen. Peter war derjenige, der im Äußeren handelnd und bestimmend war, aber immer orientierte er sich an Eileens Führungen. Eileen blieb im Hintergrund. Ihre und Peters Zusammenarbeit wurde von Eileens innerer Stimme mit einer Uhr verglichen: „Du arbeitest unsichtbar und in aller Stille. Peter stellt das Zifferblatt und die Zeiger der Uhr dar, die vorrücken und die Zeit anzeigen, du hingegen die winzigen Zahnrädchen, die sich leise und stetig dahinter drehen und Zifferblatt und Zeigern die Arbeit erst ermöglichen. Beide werden gebraucht; ihr müßt in vollkommener Übereinstimmung zusammenwirken, um Ergebnisse zu erzielen." (ebd., S.183)

1971 – die Community war inzwischen gewachsen und stabil geworden – erhielt Eileen folgende Botschaft: „Meine Geliebte, jetzt ist der beste Zeitpunkt für die vollkommene Änderung deines Lebensrhythmus gekommen. Es ist nicht mehr notwendig, daß du jeden Tag eine Weisung von Mir für die Gemeinschaft und viele andere entgegennimmst. Eine lange Zeit habe Ich Mich nun Tag für Tag wiederholt. Jetzt ist es an der Zeit, daß Mein Wort gelebt und anschaulich gemacht wird für alle, die es sich bisher nicht zu Herzen genommen haben, und für alle, die stets daran erinnert werden müssen, ist es da, schwarz auf weiß gedruckt ... Man kann ein Kind nicht ein Leben lang füttern. Es kommt die Zeit, wo es selbst essen lernen muß, und dazu mußt du es anhalten.

Laß los, tritt zurück und ermögliche es allen in der Gemeinschaft, ein Leben unter Meiner Anleitung und Führung zu leben ... Wenn dadurch die Arbeit eine Zeitlang aufgehalten werden sollte, dann laß es geschehen. Solange das Leben nicht gelebt wird, werden keine Lektionen gelernt, und diese Lektionen sind viel wichtiger, als sich zu vergrößern, ohne dabei zu lernen, und nach dem zu leben, was andere gelernt haben" (ebd., S.229). Kurz darauf kam eine weitere Weisung, daß Eileen nun auch an Peter keine Botschaften mehr weitergeben sollte.

Eileen mußte sich nun völlig neu orientieren, da ihre bisherigen Aufgaben hinfällig waren. 1979 kam für sie ein weiterer Schlag: Peter verließ sie und die Community, um mit einer neuen Lebensgefährtin nach Amerika zu gehen. Kurz davor hatte Eileen Gott gebeten, bedingungslos lieben zu lernen. Ihre innere Führung meinte zu dem Vorfall: „Du hast gesagt, du wolltest vorbehaltlos lieben lernen. Dies ist eine gute Gelegenheit, Peter lieben zu lernen, ohne Erwartungen oder Forderungen daran zu knüpfen." (ebd., S.281)

Die Frau, die bisher immer nur im Hintergrund gewirkt hatte, und die *eine Hälfte* eines in ihrem Sinne göttlichen Planes war, stand nun vor der Aufgabe, ihre männlichen Seiten zu entwickeln und für sich alleine zu stehen.

Eileens Haus
Foto: C. Pflug

Als ich Eileen Caddy bei dem Interview traf, lernte ich eine Frau mit sehr weiblichen und mütterlichen Seiten kennen. Sie ist Mutter von acht Kindern, wenn man ihr „größtes", die Findhorn-Gemeinschaft, nicht mitrechnet. Glücklich zeigte sie mir ihr neues Haus, in dem sie nun im Alter wohnen durfte, führte mich in ihren Blumengarten und erzählte stolz von ihren vielen Enkelkindern.

Eileen mußte in ihrem Leben einiges an Verzichten und Prüfungen hinnehmen und bewältigen. Andererseits muß man wissen, daß diese Handlungen immer von ihrer inneren Führung gefordert wurden. So blieb für mich offen, inwiefern und ab wann – in den letzten Jahren, so sagt sie, seien sie und die Stimme eines geworden – ihre selbstlosen Taten aus einer ichhaften Entscheidung oder Einsicht folgten oder noch aus dem Gehorchen auf ihre innere Führung. Sie selbst bezeichnet sich wiederum auch als einen „Kanal für Gott".

Zum Verständnis des Interviews (es wurde auf englisch geführt und von mir übersetzt) muß man wissen, daß es nicht Eileens Stärke ist, einen spirituellen Sachverhalt analytisch und denkerisch darzustellen. Ihre Qualitäten liegen im Bereich des Gefühls: Sie hat in ihrem Leben immer darum gerungen, bedingungslos lieben zu können, sie hat ihr persönliches Wohlergehen zurückgestellt und ein strenges und zeitweise armes Leben geführt (wer möchte gerne 28 Jahre in einem kleinen Wohnwagen bei schottischer Kälte leben?). Mit großer Ehrlichkeit und Aufrichtigkeit sich selbst und anderen gegenüber spricht sie über ihre inneren Entwicklungen, Krisen und auch Schwächen, die sie immer mit Tapferkeit angegangen ist.

Eileen spielte für die Gründung Findhorns eine wichtige Rolle, und diese Aufgabe war irgendwann abgeschlossen. Insofern sind ihre Aussagen für die Entstehung Findhorns von Bedeutung, aber ein außenstehender Leser muß wissen, daß Eileen in dem Interview nicht für die Findhorn-Gemeinschaft als Ganzes spricht oder sie repräsentiert. Findhorn ist heute wesentlich anders als in den Zeiten der Gründung. Ich fragte Eileen, welche Rolle sie heute in der Findhorn-Gemeinschaft habe, und sie erwiderte: „Ich bin lediglich Eileen."

Als die innere Stimme zu sprechen begann

Christine Pflug: Wann hörten Sie zum ersten Mal Ihre innere Stimme?
Eileen Caddy: Das ist etwa 37 Jahre her.
C.P.: Darf ich fragen, wie alt Sie sind?
E. Caddy: Aber selbstverständlich. Ich werde in diesem Monat 74 Jahre alt.
C.P.: Wie war Ihr Leben, als die innere Stimme zu sprechen begann?
E. Caddy: Mein Leben war in großem Aufruhr. Ich hatte damals keine Ahnung von Meditation, Andachtsräumen oder ähnlichem. Aber ich konnte beten. Als Kind wurde ich in einem strenggläubig-christlichen Sinne erzogen. Damals saß ich in einem Andachtsraum – so etwas kannte ich vorher noch gar nicht – und betete: „Mein Leben ist völlig durcheinander geraten. Was kann ich tun?" Das war der Moment, als ich zum ersten Mal die Stimme hörte: „Sei ruhig und erkenne, daß Ich Gott bin." Ich dachte, ich hätte einen Nervenzusammenbruch. Normalerweise, wenn man durch eine Krise geht und plötzlich eine Stimme hört, fragt man sich, was mit einem los ist.

Es waren nur noch zwei andere Menschen in diesem Raum, Peter und seine damalige Frau. Ich schaute mich um, um zu entdecken, wo die Stimme herkäme, bis ich feststellte, daß sie aus meinem Inneren sprach. Das machte alles nur noch schlimmer! Die Stimme aber fuhr fort: „Alles wird zum Besten werden." Als wir aus dem Andachtsraum herauskamen, sagte ich zu Peter und Sheena: „Ich hatte ein sehr merkwürdiges Erlebnis.

Das Community Centre. © D. Bartholomäi (Bild oben), übrige Fotos: C. Pflug

Ich weiß nicht, was los ist, vielleicht habe ich einen Nervenzusammenbruch, aber ich hörte eine innere Stimme." Ich dachte, die anderen beiden würden mich nun als verrückt betrachten, aber sie sagten nur: „Das ist doch wunderbar!"

C.P.: Warum mißfiel Ihnen selbst diese innere Stimme?

E. Caddy: Ich dachte damals, ich würde mir das alles nur einbilden, weil ich einen Nervenzusammenbruch hätte. Ich fand es schrecklich. Es war Peter, der sagte, diese Stimme sei von der höchsten Instanz. Ich wollte das einfach nicht glauben. So begann damals alles, und Peter war derjenige, der an die Botschaften glaubte, die ich empfing. Er sagte mir, ich solle alles aufschreiben, was ich gehört hätte. So wurde auch mein Glaube daran allmählich aufgebaut.

C.P.: Sie wollten zunächst diese innere Führung gar nicht haben!

E. Caddy: Nein, überhaupt nicht. Ich wollte nur beten. Ich habe es mir nicht ausgesucht, eine innere Stimme zu hören. Peter und Sheena waren diejenigen, die mich immer wieder unterstützten und bestärkten.

C.P.: Was fanden die beiden an dieser inneren Führung so gut?

E. Caddy: Sie behaupteten, sie käme von dem höchsten Teil in mir. Später konnte ich auch bestätigen, daß sie aus der göttlichen Quelle in mir selbst stammte.

C.P.: Sie behaupten, diese innere Stimme käme von Gott. Warum könnte es nicht auch ein Engel oder ein Naturgeist sein?

E. Caddy: Kurz nachdem diese Stimme zu sprechen begonnen hatte, kamen auch noch andere Stimmen dazu. Als diese dann auch noch da waren, geriet ich sehr durcheinander.

C.P.: Kamen diese anderen Stimmen aus dem niederen Teil von Ihnen?

E. Caddy: Jedenfalls aus dieser Richtung. Die Stimme aber, die ich das erste Mal gehört hatte, blieb weiterhin und sprach: „Höre auf mich!" Und dann begann ich, auf diese *eine* Stimme zu hören, und alle anderen verschwanden. Sie hatten nicht lange gesprochen, aber es war genug Zeit, um mich durcheinander zu bringen. Es war ein Test: Würde ich auf diese eine Stimme hören oder auf all die vielen anderen, die auch noch in mir waren? Ich selbst habe mich dafür entschieden, auf diese *eine* Stimme zu hören, und mit dieser Entscheidung hörte die innere Konfusion auf.

C.P.: Es schien für Sie also völlig klar gewesen zu sein, welches die richtige Stimme ist?

E. Caddy: Oh, es war äußerst klar. Ich hörte es an dem Ton dieser Stimme, an der Art und Weise, wie die Botschaften hindurchdrangen. Ich erkannte an den Schwingungen und Vibrationen dieser Stimme, daß es diejenige war, auf die ich hören sollte.

C.P.: Können Sie die Unterschiede beschreiben zu den Stimmen, die Sie durcheinander bringen wollten?

C.P.: Es waren sehr unterschiedliche Klänge. Sie lassen sich nicht beschreiben. Es war mein inneres Wissen, mit dem ich diese eine, göttliche Stimme erkannte. Die Entwicklung, die ich dann mit dieser inneren Führung gemacht habe, ist außerdem sehr wesentlich. Als ich zum ersten Mal diese Stimme hörte, nannte sie mich „Mein liebes Kind". Das war so, als ob jemand auf eine sehr liebevolle Weise zu einem Kind sprach. Ich schrieb damals diese Worte auf: „Mein Kind", und anschließend die Botschaften, die dann folgten. Mit der Zeit lernte ich, diese Stimme zu lieben. Nach etlichen Wochen begann die Stimme, mich anders zu nennen, nämlich „Meine Geliebte" (My beloved).

So schrieb ich die weiteren Jahre alle Durchsagen mit dieser Anrede auf. Und irgendwann, es ist noch gar nicht so lange her, ein paar Jahre, konnte ich plötzlich innerlich feststellen: „*Ich* bin diese Stimme." In dem Moment, als ich das Göttliche in mir erkannt und angenommen hatte, *war* ich diese Stimme. Ich war der Gott in mir. Ab da gab es keine Trennung mehr. Ich war meine innere Stimme. Aber dazu mußte ich all diese verschiedenen Schritte tun.

„Ich und die innere Führung sind eines"

C.P.: Das hört sich so an, als ob Sie in diesem spirituellen Sinne erwachsen geworden sind.

E. Caddy: Ja, genau das ist es. Ich begann als ein Kind, und dann wurde ich älter und älter, bis ich erkannte, daß es keine Trennung gibt. Diese Erfahrung mußte ich aber selbst machen. Niemand hätte mir das sagen können. Jahrelang hatte mir diese innere Führung gesagt: „Wir sind eines", aber das mußte ich erst selbst erleben. Das gehört zu den Erfahrungen, die einem niemand mehr wegnehmen kann. Wenn ich heute diese Führungen aufschreibe, beginne ich immer mit den Worten: „Ich bin es ..." Der Reifungsprozeß dauerte über 37 Jahre. Es war ein ständiges inneres Wachsen während der Zeit, als ich die Botschaften empfing, und es war nicht immer leicht für mich. Manchmal dachte ich, von dieser Stimme benutzt zu werden. Genauso kam ich mir von Peter benutzt vor, dem ich die Durchsagen immer weitergab. Es dauerte einige Zeit, bis ich das innerlich akzeptieren konnte. Mir wurde dann deutlich, daß Gott Kanäle benötigt und daß Peter und ich solch ein Kanal waren, daß wir zusammen sein sollten und gebraucht wurden, um diesen Ort hier zu erschaffen. Diese Einsicht war zum Beispiel auch eine Entwicklungsstufe für mich auf meinem Weg.

C.P.: Mußten Sie Ihre ganze Persönlichkeit aufgeben?

E. Caddy: Ich mußte in meinem Leben alles verlieren. Ich mußte sterben, um alles neu geschenkt zu bekommen. Es ist wie bei einer Kartoffel, die man in den Boden pflanzt und die dann vergehen muß, damit all die jungen neuen Kartoffeln wachsen können. So mußte alles Alte in mir sterben, damit etwas Neues entstehen konnte. Das war so während meines ganzen Lebens, und es war nicht einfach.

C.P.: Würden Sie sagen, daß Ihr spiritueller Schulungsweg Ihr Leben war?

E. Caddy: Absolut!

C.P.: Sie haben niemals esoterische Übungen gemacht?

E. Caddy: Nein, mein religiöser Hintergrund war ein strenggläubig-christlicher. Vieles davon mußte ich umlernen, ich kam mit einem vollen Korb und mußte alles hinauswerfen. Das Alte mußte gebrochen werden, damit etwas Neues entstehen konnte.

C.P.: Und das alles geschah schicksalhaft, Sie haben es sich nicht ausgesucht?

E. Caddy: Nein, es passierte, und es war auch immer äußerst schwer.

C.P.: Als junge Frau waren Sie verheiratet mit einem Mann, mit dem Sie auch fünf Kinder hatten. Sie lebten damals im Irak. Peter Caddy trat in Ihr Leben und behauptete, er hätte durch eine innere Einsicht in Jerusalem das Wissen erhalten, daß sie beide als zwei Teile eines Ganzen zusammengehörten, um einen göttlichen Plan zu erfüllen.

E. Caddy: Ja. Als ich das damals hörte, dachte ich, es sei alles völliger Unsinn. Ich war eine Ehefrau und Mutter und konnte mir das überhaupt nicht vorstellen.

C.P.: ... zumal in einer Zeit, in der solche Trennungen nicht üblich waren.

E. Caddy: Oh ja, damals war so etwas ganz und gar nicht üblich. Heute macht das ja jeder, als sei nichts dabei.

C.P.: Wie kam es denn, daß Sie schließlich doch mit Peter weggingen? War es eine Liebesgeschichte?

E. Caddy: Es war ganz und gar keine Liebesgeschichte. Es war eine innere Führung, ich wußte, daß wir beide zusammengehörten, um eine bestimmte Arbeit ausführen zu können.

C.P.: Wie konnten Sie sich über diese Entscheidung so sicher sein? Ich kann mir vorstellen, daß es ein innerer Kampf war.

E. Caddy: Es war ein enormer Kampf. Ich mußte meine kleinen Kinder verlassen, und mein ehemaliger Mann war sehr lange böse auf mich. Er unterbrach jahrelang meinen Kontakt zu den Kindern.

C.P.: Aber woher kann man wissen, ob eine solche Entscheidung richtig ist?

E. Caddy: Das einzige, was man tun kann, ist nach innen zu gehen und durch die innere Stimme die Antwort zu finden.

Wir beide wurden damals zusammengebracht, um diesen Ort hier zu erschaffen. Nachdem ich mich entschieden hatte, entstand in mir außerdem eine enorme Liebe für Peter. Gleichzeitig fühlte ich mich aber miserabel, voller Schuldgefühle und Zweifel. Jedes Mal, wenn ich meinen Kindern ein Päckchen oder einen Brief geschickt hatte, kam es alles ungeöffnet zurück. Mir war, als ob man mir ein Messer im Herz herumdrehte.

C.P.: Wie ging es dann weiter?

E. Caddy: Peter wurde nach einiger Zeit wieder in den Mittleren Osten zurückversetzt. Ich blieb mit Sheena, Peters ehemaliger Frau, zurück. Sheena war vorher Peters spirituelle Lehrerin, und nun sollte sie es – so sagte es Peter – auch für mich werden.

C.P.: Und was hielten Sie davon?

E. Caddy: Ich dachte: „Alles in Ordnung, ich werde es tun." Aber sie lehrte mich immer nur durch Furcht. Ich denke, man sollte niemals aus Furcht lernen, sondern immer aus Liebe. Außerdem hatte ich damals Angst, daß sie mir Peter wieder wegnehmen würde. Es war die Zeit, als ich für ihn eine sehr große Liebe empfand. Peter liebte Sheena damals immer noch und hörte auf alles, was sie sagte. Ich denke, Sheena war eine gute Lehrerin, aber gleichzeitig fürchtete ich sie sehr.

C.P.: Einige Zeit später lebten Sie auf der Insel Mull, wo sie seelisch in großer Not waren.

E. Caddy: Ja, damals dachte ich, Peter hätte mich verlassen, und ich fühlte mich von Gott fallengelassen. Es war die schwarze Nacht meiner Seele, ich fühlte mich von allem abgeschnitten. Ich denke, wenn ich damals nicht mein kleines Baby bei mir gehabt hätte, hätte ich nicht überlebt. Ich hätte meinem Leben ein Ende gesetzt. Damals mußte ich lernen, für all die kleinen Dinge um mich herum wieder dankbar zu sein.

C.P.: Glauben Sie, daß es spezielle Gründe dafür gibt, daß Ihre innere Stimme gerade 1953 einsetzte?

E. Caddy: Nein, dazu kann ich nichts sagen. 1967 war noch einmal eine große Veränderung in Findhorn. Diese hat auch mit dem Zeitgeschehen zu tun. Aber über die damalige Zeit weiß ich nichts.

C.P.: Wußten Sie damals auch noch nicht, daß alles das, was Sie taten, solche Folgen haben würde, bis hin zu dem, was Sie später New Age nannten?

E. Caddy: Ach du liebe Zeit, nein! Wenn ich das damals alles gewußt hätte, wäre ich davongerannt. Ich hatte keine Ahnung, daß wir eine so große Gemeinschaft, wie sie es inzwischen geworden ist, gründen sollten. Glücklicherweise wurde mir ein kleiner Schritt nach dem nächsten angezeigt, sonst wäre das alles auf einmal viel zu groß für mich gewesen. Ich bin eher ein ganz zurückhaltender Mensch. Als ich heute morgen zum Beispiel ein Video angeschaut habe, daß man von mir gedreht hat, erschrak ich bei dem Gedanken, daß dies nun Millionen von Menschen sehen würden. Es ist für mich immer eine große Überwindung, so öffentlich aufzutreten.

Die innere Führung managte das Hotel

C.P.: Später zogen Sie dann in das Cluny Hill Hotel, weil die innere Führung angegeben hatte, daß Sie dieses Hotel leiten sollten. Peter hatte keine Ahnung vom Hotelmanagement, aber dank Ihrer inneren Stimme verwaltete er es mit großem Erfolg. Ihre innere Stimme gab damals alle Details an, was Sie kochen sollten, in welchen Räumen Sie wohnen sollten usw.

E. Caddy: Genauso war es. Wir wohnten in den Räumen 21 und 22, und der Hoteldirektor war sehr dagegen. Peter sagte ihm aber, unsere innere Führung habe dies angegeben, und so konnte er nichts darauf erwidern.

C.P.: Wissen Sie noch eine kleine Anekdote aus dieser Zeit?

E. Caddy: Es gibt sehr viele davon. Einmal war Charles, der Chefkoch, sehr betrunken und kam zu mir. Aus irgendeinem Grunde war er sehr ärgerlich auf Peter und raste mit einem riesigen Küchenmesser in meinen Raum hinein: „Ich werde dich töten!" Ich hatte überhaupt keine Angst, blieb ganz ruhig und sagte zu ihm: „Dann tu's!" Er wollte mir mit dem Messer an die Gurgel gehen. „Aber es wird eine Menge Ärger geben für dich, und du mußt hinterher wieder alles in Ordnung bringen", sagte ich zu ihm. „Du dämliche Frau", schrie er. Schließlich rannte er wieder raus.

Ich hatte eine Menge merkwürdiger Erlebnisse mit ihm, aber immer liebte ich ihn, und ich denke, daß das dazu beigetragen hat, daß er bis zum Schluß sehr viel Respekt vor mir hatte.

C.P.: Nach dem Cluny Hill Hotel wurden Sie in ein anderes versetzt, in dem die Arbeit sehr schwierig war.

E. Caddy: Oh ja, es war fürchterlich. Wir wurden damals dann auch rausgeworfen und zogen anschließend in den kleinen Wohnwagen, der hier im Findhorn Park noch steht. In diesem Wohnwagen lebten wir dann zu fünft für sieben Jahre. Dorothy kam damals mit uns und wohnte in einem kleinen Anbau.

C.P.: Wissen Sie, warum Sie damals die Community mit drei Menschen, drei Erwachsenen, begannen?

E. Caddy: Nein, das weiß ich nicht. Mir wurde damals gesagt, wo ich den Wohnwagen hinstellen sollte und wo wir zu leben hätten. Ich schrieb meine inneren Führungen auf, und zu dieser Zeit wurde mir mitgeteilt, daß einmal Tausende von Menschen zu uns kommen würden. Ich selbst war höchst erstaunt darüber, wie ein solch ärmlicher Platz,

Cluny Hill, heute College der Findhorn Foundation. © D. Bartholomäi

der er damals war, jemals dazu kommen sollte. Das alles begann im November 1962. Peter konnte damals trotz aller Bemühungen keine Arbeit finden. Er sollte hier auf unserem Platz arbeiten.

Der Kontakt mit den Naturgeistern – 40 Pfund schwere Kohlköpfe

C.P.: Und dann begannen Sie alle miteinander diesen berühmten Findhorn-Garten anzupflanzen?

E. Caddy: Ja, aber es muß ganz deutlich hervorgehoben werden, daß dies alles mit der inneren Stimme begann. Sie sagte uns, was wir zu tun hätten, wie wir den Garten anzulegen und zu bepflanzen hätten. Wir folgten Schritt für Schritt. Es war also nicht der Garten, mit dem Findhorn begann, sondern diese innere Führung. Und dann begann Dorothy langsam mit den Devas, nicht mit den Naturgeistern, Kontakt aufzunehmen.

C.P.: Was ist der Unterschied zwischen Naturgeistern und Devas?

E. Caddy: Naturgeister, auch Elementarwesen genannt, sind Elfen, Gnome, Zwerge usw. Devas sind engelhafte Wesen, die über den Naturgeistern stehen. Ich denke aber, daß das alles ein Teil eines Ganzen ist, daß es im Grunde genommen keine Trennung zwischen Elementarwesen, Engeln usw. gibt.

C.P.: Als der Garten dann entgegen aller Vermutungen wuchs und gedieh, kamen Vertreter der Bodenassoziation (Soil Association).

E. Caddy: Ja, sie kamen, um Bodenproben zu entnehmen und zu schauen, wo denn diese großen Gemüsesorten entstehen würden. Wir hatten damals 40 Pfund schwere

Kohlköpfe. Sie dachten, auf diesem Dünenboden könnten niemals genug ausgewogene Nährstoffe vorhanden sein. Aber es war alles perfekt vorhanden.

C.P.: Führen Sie das auf die Zusammenarbeit mit den Devas zurück?

E. Caddy: Oh ja. In dieser Zeit kam auch ROC (*R*oger *O*gilvie *C*rombie). Er konnte ebenfalls mit den Naturgeistern arbeiten. Er wohnte in Edinburgh, besuchte uns aber sehr oft. ROC konnte mit den Elementarwesen sprechen. Es gibt ein wunderbares Video, auf dem ROC alles erzählt, was er mit den Elementarwesen erlebt hat. Wenn man das anhört, weiß man sofort, daß er kein Lügner ist. Es sind all seine Erlebnisse mit diesen kleinen Wesen. Man spürt einfach, daß er ganz die Wahrheit berichtet. So arbeitete Dorothy mit den Devas, ROC mit den Naturgeistern und ich hörte meine innere Stimme. Peter führte nach außen vieles aus, und jedes Mal, wenn er eine Idee hatte, bat er mich um Bestätigung. So fragte ich meine Führung, und er setzte dann alles in die Tat um.

C.P.: ROC berichtet, daß er den Naturgott Pan gesehen habe. Geschah das hier oder woanders?

E. Caddy: Es war hier und auch in Cluny Hill. Er hatte einige sehr markante Erlebnisse, aber das sollte man lieber in dem Buch „Der Garten von Findhorn“ nachlesen. Es ist dort besser beschrieben, als ich es jetzt hier berichten könnte.

C.P.: Haben Sie den Pan oder Elementargeister gesehen?

E. Caddy: Nein, beides nicht. Ich liebe die Pflanzen, spreche manchmal mit ihnen und verbinde mich dadurch mit ihnen.

C.P.: Welche Rolle spielte David Spangler, als er damals kam?

E. Caddy: Er brachte damals den ganzen Bereich der Weiterbildung (Education) hinein. Geistig hatte er zu sehr vielen Wesen Kontakt. Ich kenne immer nur die eine

David Spangler

Stimme, die Gott ist, aber er empfing Botschaften von vielen Wesen. Er war dann drei Jahre bei uns und fing sehr viele Seminare und Workshops an, hielt Vorträge und Reden. Bevor ich ihn traf, wurde mir ein kleines Buch geschickt, „Das Christuserleben im New Age", das er geschrieben hatte. Als ich es damals las, muß ich in einem erhöhten Bewußtseinszustand gewesen sein, denn ich dachte sofort: „Das ist völlig richtig, es muß hinaus in die Welt, damit es jeder lesen kann." Drei Wochen später las ich es wieder und verstand kein einziges Wort davon. David Spangler war damals noch sehr jung, und als er nach Findhorn kam, dachte ich: „Es kann doch niemals dieser junge unbedarfte Mensch gewesen sein, der dieses Buch geschrieben hat." Schließlich erkannte ich, welche großartige Seele er war. In dieser Zeit wuchs die Community, und es waren damals um die 300 Menschen bei uns, viele von ihnen waren Amerikaner. Schließlich verließen David und Myrtle, seine spirituelle Partnerin, Findhorn. Viele gingen daraufhin auch weg, so daß wir schließlich nur noch 200 Mitglieder waren. Das war auch gut so, denn mit mehr Bewohnern wären wir wohl nicht zurechtgekommen. Weitere Änderungen folgten. Peter mußte viel reisen, und deshalb bildete er eine Leitungsgruppe, die sich dann um das Ganze kümmerte.

Keine innere Führung mehr für die Community

C.P.: Eine ganze Zeitlang bestätigten Sie mit Hilfe Ihrer inneren Stimme alle Entscheidungen, die in Findhorn getroffen wurden. Irgendwann aber hörten Sie dann damit auf. Was war geschehen?

E. Caddy: 1971 kam eine sehr deutliche Botschaft: „Keine Führung mehr für die Community." Weiterhin wurde mir gesagt, daß ich die Community aufpäppeln würde, und es an der Zeit sei, daß jeder selbst seine eigene Führung finden solle und selbständig werde. Das teilte ich am nächten Tag allen im Andachtsraum mit.

Einige Zeit später wurde mir gesagt, daß ich auch keine inneren Führungen mehr an Peter weitergeben sollte. Trotzdem kam er manchmal zu mir und fragte danach. Ich erwiderte ihm immer: „Was fühlst du selbst dazu?"

Ich verlor damals meine Identität. Immer war ich dafür da gewesen, die inneren Botschaften an andere weiterzugeben, und nun durfte ich das nicht mehr. Es dauerte drei Jahre, bis ich wieder einen Sinn hier fand. Es war meine Aufgabe, die Menschen nach innen zu führen, so daß sie zu ihrer eigenen Führung finden.

C.P.: Wie war es für die Menschen, die hier lebten, nun keine Bestätigung und Führung mehr zu bekommen?

E. Caddy: Es brachte zunächst alles durcheinander. Jeder hatte nun auf einmal seine eigene Stimme, die eine sagte dieses, die eines anderen genau das Gegenteil davon. Es war ein großes Durcheinander. Langsam kam es dann aber wieder in Ordnung.

C.P.: Wie kam es in Ordnung?

E. Caddy: Indem wir uns alle aufeinander und auf die Arbeit eingestimmt haben. Es brauchte Zeit, Ruhe und innere Einstimmung (Attunement).

C.P.: Bekommen Sie jetzt noch innere Führungen?

E. Caddy: Ja, aber ich teile sie niemandem mehr mit. Nur manchmal, wenn ich das Gefühl habe, es ist richtig und nötig, erzähle ich etwas davon, zum Beispiel in der

Leitungsgruppe. Aber ich stelle immer wieder fest, die Menschen wollen das gar nicht hören. Sie finden ihre eigene innere Führung, und das ist gut so.

Meditation

C.P.: Woher stammt die Idee, daß sie alle, die ganze Gemeinschaft, zusammen in einem Andachtsraum meditieren sollten?

E. Caddy: Das wurde mir innerlich gesagt. Es ist viel wirkungsvoller, wenn man gemeinsam in einer Gruppe meditiert. Schon in der Bibel steht geschrieben: „Wenn sich zwei oder drei in meinem Namen versammeln, bin ich in ihrer Mitte." Ich selbst hatte auch innere Erlebnisse, welch starke Wirkung es haben kann, wenn drei Menschen miteinander meditieren.

C.P.: Welche Erlebnisse waren das?

E. Caddy: Jeden Morgen ging ich um sechs Uhr in den Meditationsraum. Das tat ich jahrelang und saß dort alleine, weil niemand anderes um diese Zeit da war. Einmal jedoch spürte ich eine ungeheure Kraft und Energie. Als ich die Augen aufschlug, sah ich, daß noch zwei andere Menschen im Andachtsraum meditierend saßen. Dieses Erlebnis war aber nur mit Hilfe dieser zwei Menschen möglich, es könnte nicht jeder x-beliebige sein. Und eines Tages passierte es, daß noch ein vierter hinzukam. Ich konnte dann feststellen, daß man zu viert an einer spirituellen Kraft bauen kann.

Am Anfang waren es Peter, Dorothy und ich, und es war ein Prozeß des Kreierens auf einer spirituellen Ebene. Als Naomi, eine Freundin aus Amerika, zu uns hinzustieß, konnten wir beginnen zu bauen. Ich meine dies aber immer auf einer spirituellen Ebene, nicht auf einer physischen.

Heute bin ich hier, um diese geistige Energie zu verankern. Das ist meine Aufgabe. Es ist eine Christuskraft, die durch mich hindurchgeht.

C.P.: Was ist für Sie der Unterschied zwischen Gott und Christus?

E. Caddy: Im Grunde genommen, auf einer bestimmten Ebene betrachtet, ist es alles das gleiche.

Zwischen Jesus und Christus ist ein Unterschied. Als der Mensch Jesus im Jordan getauft wurde – es war der Moment, als die Taube herabflog –, floß die Christuskraft in ihn. Die Christusenergie ist eine ungeheure Kraft, die uns verwandelt und ändert. Sie wohnt in jedem Menschen. Es hat für mich viele Jahre gedauert, bis ich verstanden habe, was und wer diese Christuskraft ist. Es ist eine gewaltige Erfahrung, wenn sich das einem von innen offenbart, die einem niemand wegnehmen kann. Man kann erst wirklich dann mit Autorität darüber sprechen, wenn man es selbst als eigenes Erlebnis hatte. Manche Menschen verstehen einen dann, manche nicht.

„Es war eine Art elektrisches Schwirren um mich"

C.P.: Wann hatten Sie das Erlebnis, daß es nicht Gott war, der in ihnen sprach, sondern Christus?

E. Caddy: Ich erzähle am besten, wie es begann. Einmal hatte ich die Empfindung, als sei eine Art elektrisches Schwirren um mich. Ich versenkte mich in Meditation und fragte, was mir das zu sagen hätte. Die Antwort, die ich bekam, war: „Du bist dir der Christusenergie bewußt." Ich selbst fragte mich, was das denn bedeuten solle. Mit der Zeit ging ich aber immer tiefer und tiefer in dieses Erlebnis hinein. Schließlich offenbarte es sich mir in seiner eigentlichen Qualität: Es war göttliche Liebe, bedingungslose Liebe. Es ist eine starke verändernde und verwandelnde Kraft, sie transformiert das Dunkle in Licht. Es liegt an uns, uns für diese Kraft zu entscheiden, wir können es tun. Der Christus ist in jedem von uns.

C.P.: Würden Sie sagen, daß er auch in der Materie, in den Pflanzen, in den Steinen und in allem Physischen ist?

E. Caddy: Ja natürlich, diese Kraft ist, wie Gott selbst, in allem. Wenn ich Ihnen jetzt in die Augen schaue, und den Gott in mir selbst finden kann, sehe ich auch das Göttliche in Ihnen. Das hängt davon ab, ob wir es wollen und ob wir das Göttliche in jedem Menschen erkennen wollen.

C.P.: Ich möchte Sie dazu gerne etwas aus Ihrer eigenen Biographie fragen. Vor zwölf Jahren verließ Sie Peter Caddy, um eine jüngere Frau zu heiraten.

E. Caddy: Ja, er ging damals von der Findhorn-Gemeinschaft fort, damit diese selbständiger werden sollte, und heiratete eine junge Frau in Amerika. Er selbst behauptete, diese Entscheidung sei aufgrund einer inneren Führung von ihm so gefällt worden. Vor einigen Jahren sprach ich ihn noch einmal daraufhin an, und er behauptete nach wie vor, es sei damals nur innere Führung gewesen.

Ich wurde mir später bewußt, daß ich ja auch meinen früheren Mann und meine Kinder verlassen hatte. Bis zu dem Zeitpunkt, als Peter von mir wegging, wußte ich eigentlich nicht, was das wirklich bedeutet. Als Peter mich verlassen hatte, dachte ich: „Jetzt mußt du dein Karma abarbeiten." Meine älteste Tochter hatte mir damals gesagt: „Das ist auch ein Ereignis, das dem Göttlichen dient." Ich habe lange dafür gebraucht, aber schließlich konnte ich es dann auch so sehen.

C.P.: Nach vielen Jahren kann man das vielleicht so gelassen betrachten, aber damals, in der aktuellen Situation, waren Sie da nicht wütend, eifersüchtig und verletzt?

E. Caddy: Oh ja! Wir waren 27 Jahre zusammen. Meine größte Verletzung war damals, daß ich mich völlig zurückgewiesen fühlte. Natürlich empfand ich auch Ärger, Eifersucht und alles andere Negative, aber das Gewichtigste war dieses Minderwertigkeitsgefühl. Ich fühlte mich als Frau und Ehepartnerin abgelehnt. Von diesem Nullpunkt aus mußte ich damals lernen, mich selbst wirklich anzunehmen und später auch zu lieben. Es war eine wundervolle Lektion, aber natürlich auch eine sehr schwierige.

„Ich hatte Gott gebeten, bedingungslos lieben zu lernen"

C.P.: Hatten Sie den Eindruck, damals auch von Gott Hilfen zu bekommen?

E. Caddy: Kurz bevor das alles geschah, hatte ich Gott gebeten, bedingungslos lieben zu lernen. Gott fragte mich: „Willst du das wirklich?" Ich erwiderte: „Ganz bestimmt!" Dann verließ mich Peter. Es dauerte 5.1/2 Jahre, bis ich es wirklich geschafft hatte, ihn und seine neue Frau bedingungslos zu lieben. Immer wenn ich damals dachte, ich hätte die Schmerzen hinter mir, kamen neue negative Gefühle hoch. Ich mußte durch alles hindurchgehen, und heute bin ich dankbar dafür. Peter und ich sind heute gute Freunde, er geht hier ein und aus, und ich hege gegen ihn und seine neue Frau keine negativen Gefühle.

Ich habe damals viel gebetet, um mit dieser Sache fertig zu werden. Das war eine meiner Lektionen. Wenn man bedingungslos lieben will, darf man keine Erwartungen haben.

C.P.: Dieses Thema „bedingungslose Liebe", ist das Ihr Lebensmotiv?

E. Caddy: Ja, das ist es. Mittlerweile habe ich eine Art Werkzeug, das ich dafür benutze. Wenn ich jemanden treffe oder an jemanden denke, sage ich innerlich: „Ich liebe dich, ich segne dich, ich sehe das Göttliche in dir." Und falls es mir einmal so ergeht, daß ich gegen jemanden eine Abneigung spüre, stelle ich mir folgendes vor: Ich hole aus meinem Kopf dieses Tonband raus, das heißt: „Ich kann diesen Menschen nicht ausstehen." Dann stecke ich mir sozusagen ein neues Tonband hinein, das heißt: „Ich liebe dich, ich segne dich, ich sehe das Göttliche in dir." Ich versuche niemals, einen anderen Menschen zu ändern. Das einzige, was ich ändere, ist mein Bewußtsein. Ich denke, daß das meine Aufgabe ist, andere Menschen bedingungslos und ohne Erwartungen zu lieben.

C.P.: Ich möchte noch einmal auf die gemeinsamen Meditationen zurückkommen, die Ihr hier in Findhorn dreimal am Tage zusammen macht. Was geschieht in diesen Meditationen?

E. Caddy: Am besten erzähle ich, wie ich selbst so eine Meditation anleiten würde und auch schon angeleitet habe. Wir alle hier wechseln uns bei der Anleitung dieser täglichen Meditationen ab. Ich selbst würde die Menschen als erstes dazu auffordern, zur Ruhe zu kommen und innerlich ganz still zu sein. Ich würde weiterhin sagen, daß alle in sich selbst einen Ort des Friedens schaffen sollten, in dem sie Gott finden und sich der christlichen Kraft bewußt werden sollten. Dann würde ich sagen: „Laßt uns unsere Herzen öffnen und werdet euch über die Kräfte der Liebe, des Lichtes, des Friedens und der Freude bewußt. Sammelt diese Kräfte und dann schickt sie hinaus an all die Menschen, die sie brauchen, auf dem ganzen Planeten."

So würde ich es anleiten, weil ich es für wichtig halte, in der Stille all diese Kräfte zu sammeln. Und dann darf man sie aber nicht festhalten, sondern soll sie weitergeben. So würde ich eine Meditation führen, aber manche haben andere Wege. Sie konzentrieren sich mehr auf die Devas, auf die Naturgeister, vielleicht manchmal politische Themen und alles andere, was man mit positiven Gedanken unterstützen möchte.

C.P.: Ist es immer so, daß Ihr alle Kräfte, die Ihr in der Meditation ansammelt, nachher weitergebt?

E. Caddy: Ja, das ist immer so. Dafür ist eine gemeinsame Meditation schließlich da. Natürlich kann man auch für sich alleine meditieren, aber das ist etwas anderes. Speziell die Mittagsmeditation um 12.15 Uhr empfinde ich als eine sehr starke im Hinblick darauf, daß man sich mit dem ganzen Planeten verbindet.

Gruppenseele – ja oder nein?

C.P.: Gibt jeder einzelne bei solch einer Gruppenmeditation seine Individualität auf, damit so etwas wie eine Gruppenseele entstehen kann?

E. Caddy: Das kann ich so nicht sagen, ich bin nicht hellsichtig. Ich fühle, daß wir gemeinsam etwas ansammeln, um es dann weiterzusenden. So visualisiere ich das auch, und ich habe festgestellt, daß in einer gemeinsamen Meditation immer mehr Kraft vorhanden ist, als wenn man es alleine macht.

C.P.: Rudolf Steiner sprach darüber, daß die Menschen in früheren Zeiten in und aus einer gewachsenen Gruppe lebten – sei es eine Familie, ein Volk oder eine andere Gemeinschaft – und ihre Persönlichkeit auf die Gruppe stützen konnten, in der so etwas wie eine Gruppenseele wirkte. Die Menschen tauchten gewissermaßen in der Gruppe unter und handelten aus ihr. Heute sei es auch wichtig, daß man Gemeinschaften bildet, aber auf eine andere Weise. Die einzelnen Menschen sollten aus freier Entscheidung und eigener Willenskraft heraus sich zu einer Gruppe zusammenfinden, damit sich ein Engelwesen mit dieser Gruppe verbinden könne – aber *ohne* die eigene freie Persönlichkeit dabei aufzugeben. Es sei heutzutage unpassend, wenn ein Mensch seine eigene Individualität zugunsten einer Gruppenseele zurückstelle. Dies scheint mir insbesondere auch für die Meditation zu gelten. Wie sehen Sie diese Aussagen in bezug auf das, was Sie hier in Findhorn tun?

E. Caddy: Bei uns ist jede gemeinsame Meditation verschieden. Ich würde es nicht wagen zu beurteilen, ob die Menschen zu einer Gruppenseele werden oder ob jeder er selbst bleibt. Ich bin nicht hellsichtig, um das beurteilen zu können. Ich fühle lediglich die Energie, die bei solchen Meditationen entsteht.

C.P.: Und was ist Ihr ganz persönlicher Eindruck?

E. Caddy: Ich denke, jeder bleibt ganz individuell. Jeder scheint er selbst zu bleiben, aber es entsteht eine gemeinsame Kraft. So sehe ich das jedenfalls, jemand anderes würde es vielleicht anders darstellen.

C.P.: Als Sie Findhorn aufgebaut haben, nannten Sie es ein Zentrum des Lichts.

E. Caddy: Ich würde sagen, es war außerdem ein magnetisches Zentrum, in dem sich göttliche und irdische Kraft gegenseitig angezogen haben.

C.P.: Es gibt in dieser Gegend, speziell am Loch Ness, schwarzmagische Zirkel. Haben Angriffe dunkler und schwarzer Kräfte gegen das Zentrum stattgefunden?

E. Caddy: Solchen Gedanken hänge ich nicht lange nach. Ich meine, wenn man zu lange über Negativität nachsinnt, zieht man das Dunkle an. Wenn man über das Beste und das Positive jeder Situation nachdenkt, so zieht man dieses an. Wir können wählen, auf welcher Seite wir stehen. Ich selbst möchte nicht ein Teil des Chaos und Negativen dieser Erde sein. Das heißt nicht, daß ich seine Existenz ignoriere, aber ich will nicht auch noch etwas dazu beitragen. Und wie schaffe ich es, nicht ein Teil davon zu sein? Ich darf dem Negativen keine Lebenskräfte geben und muß versuchen, in allen Dingen das Positive zu sehen.

Ich bemühe mich, in jeder Situation die positive Seite und Entwicklungsmöglichkeit zu finden. Für den Fall, daß Findhorn von dunklen und schwarzen Kräften angegriffen würde, sähe ich das dann als eine Lektion, als einen Entwicklungsschritt. Man soll bei einem Hindernis nicht straucheln oder hinfallen, sondern daran wachsen. Ich bemühe mich, liebende, konstruktive und positive Kräfte auszustrahlen.

C.P.: Heißt das, daß man sich um all diese negativen Ereignisse nicht kümmern soll?

E. Caddy: So würde ich es nicht sehen. Man soll sich alles anschauen, aber mit der Perspektive, was daran zu lernen ist.

C.P.: Welche Lektion, glauben Sie, ist denn zum Beispiel aus den gegenwärtigen Kriegen und Katastrophen zu lernen?

E. Caddy: Ich denke, es ist eine Reinigung (Cleansing), der ganze Planet soll gereinigt werden. Ich glaube, daß durch die ganzen Katastrophen, die Hunger und Tod brachten, diese Reinigung kommt. Man sollte keine Angst vor dem Tod haben. Ich selbst habe nie Angst davor gehabt. Als ich zum Beispiel meine Mutter tot im Sarg liegen sah, wurde mir bewußt, daß das nur eine äußere Hülle ist und daß das wirkliche Wesen weggegangen war. Man muß einfach wissen, daß die Menschen, wenn sie tot sind, in einen Lichtbereich weitergehen. Der Tod ist kein Ende, es geht einfach weiter.

Meine Visionen, die ich für die neunziger Jahre erhalten habe, waren folgende: Es werden Türen geöffnet, große riesige Veränderungen finden statt. Wir müssen mit den Änderungen mitfließen und ihnen keine Widerstände leisten. Widerstand bringt Schmerz und Leid. Das Bewußtsein wird sich erweitern. Es gibt soziale und politische Veränderungen. Es wird eine Beschleunigung auf vielen Ebenen stattfinden. Das Spirituelle wird immer mehr wahrgenommen. Wir erkennen immer stärker unser eigentliches Potential, und jeder einzelne wird in der Lage sein, frei zu wählen, wo er sich hinbewegt. Die Christuskraft wird immer mehr wahrgenommen werden. Zwischen den Nationen wird größere Harmonie entstehen und die Kriege treten in den Hintergrund. Revolutionen bringen Offenbarungen. Alles das wird passieren in Individuen, in Gruppen, in Nationen und in der Welt. Vom Individuum muß es ausgehen und dann in die Welt ausstrahlen.

C.P.: *Wo* findet denn diese Reinigung statt, von der Sie sprachen? Woran kann man denn erkennen, daß die Menschheit gereinigt wird?

E. Caddy: Ich bete dafür, daß man das Positive erkennen kann, das daraus entsteht. Ich möchte das nicht auf ein bestimmtes Volk oder eine bestimmte Nation beziehen. Es betrifft die gesamte Menschheit. Was entsteht durch die Katastrophen? Es *ist* etwas Positives, was daraus entsteht, auch wenn ich es nicht sofort erkennen kann. Da fängt für mich der Glaube an. Es kommt darauf an, sich immer wieder auf die positiven Visionen zu konzentrieren, die man erhalten hat. Das ist das, was *wir* tun können. Wenn ich früher keine Visionen und keinen Glauben gehabt hätte, wäre so etwas wie Findhorn nie entstanden.

C.P.: Aber das war doch auch ganz konkret, Sie sollten bestimmte Häuser bauen oder einen Garten anlegen.

E. Caddy: Wir brauchten dazu einen großen Glauben. Wir hatten zum Beispiel nie Geld. Wir haben oft gezweifelt, was das Ganze überhaupt soll und was wir da tun, aber es kam immer wieder darauf an, die nächsten Schritte im Vertrauen und Glauben zu tun. Man wird leicht in das Negative hineingezogen. Wenn man den Fernseher oder das Radio einschaltet oder in die Zeitung schaut, immer nur Negatives, Negatives. Man muß einfach eine positive Kraft dagegenhalten.

C.P.: Sehen Sie in dieser Haltung auch die Ursache, warum Findhorn heute noch existiert? Ansonsten kann man ja überall erleben, wie alles zusammenbricht, soziale Gemeinschaften, Gruppen, Partnerschaften und auch einzelne Menschen. Fast alles funktioniert nicht mehr.

E. Caddy: Wahrscheinlich ist das auch so nötig. Es muß einfach wieder neu erbaut werden. Auch wir in Findhorn mußten immer wieder durch enorme Änderungen hindurch. Das ist schließlich das Leben: Änderung, Änderung, Änderung. Natürlich ist das unangenehm. Aber wenn wir wirklich wachsen und reifen wollen, müssen wir durch Veränderungen hindurch. Ich persönliche sage „Ja“ zu jeder Veränderung. Ich bitte um Reifung, Expansion und Wachstum.

C.P.: Was glauben Sie, ist der entscheidende Grund dafür, daß Findhorn heute noch so gedeiht und wächst?

E. Caddy: Ich halte es für ganz entscheidend, daß die spirituellen Wurzeln von Findhorn sehr, sehr tief gehen. Ich möchte dazu eine Geschichte erzählen: Einmal war ich längere Zeit weg und die Community war gerade in einer Phase, in der sie sozusagen erwachsen wurde. Als ich dann von meiner Reise zurückkam, war alles in einem riesigen Durcheinander und ich war sehr erschrocken. Alles war verändert. Ich ging in den Andachtsraum und sagte: „Oh Gott, du weißt, wie sehr ich die Gemeinschaft hier liebe und wie teuer sie mir ist. Was soll das jetzt hier alles bedeuten?“ Dann wurde mir in meiner Meditation das Bild eines Baumes gegeben. Es war ein sehr kräftiger und starker Baum, und mir wurde gesagt, daß er Findhorn symbolisiere. Dann wurden mir folgende Worte gesagt: „Der Baum ist wie die Gemeinschaft. Er ändert sich und geht durch verschiedene Jahreszeiten. Die Blätter fallen herab, und manchmal brechen auch einige Zweige ab. Wind und Sturm blasen durch diesen Baum hindurch. Aber du mußt wissen, daß die Wurzeln dieses Baumes ganz, ganz tief in die Erde reichen und daß sie tief in Gott verankert sind. So sei nicht beunruhigt.“ Jedes Mal, wenn jetzt solche großen Veränderungen vor sich gehen, stelle ich mir wieder dieses Bild vor und weiß, daß die Wurzeln unserer Gemeinschaft in Gott ruhen.

C.P.: Was empfehlen Sie den Menschen, die zu Ihnen kommen und auch so eine Gemeinschaft wie Findhorn gründen wollen?

E. Caddy: Diese Gemeinschaften müssen wirklich spirituell begründet sein. Wir lebten hier die ersten drei Jahre wie Eremiten. Wir sahen niemanden, und uns wurde lediglich von Gott gesagt, daß wir solch eine Gemeinschaft gründen würden, von der wir damals noch gar nicht wußten, was sie bedeuten sollte. Aber schon damals, von Anfang an, haben wir das Fundament dieser Gemeinschaft gebaut. Peter legte den bekannten Garten an, Dorothy und ich hatten unsere Eingebungen und halfen bei der täglichen Arbeit. Viele Jahre später wurden dann erst die Menschen von diesem Ort angezogen.

Manchmal kommen heute junge Leute zu mir und erzählen, daß sie demnächst eine Gemeinschaft gründen wollen. Ich sage dann nur: „Viel Glück!“ Man muß einfach wissen, daß das viel Arbeit, sowohl äußerliche als auch innerliche, bedeutet. Die Menschen sehen nur, was hier jetzt steht, haben aber oft keine Vorstellung davon, daß das allmählich und in Jahren mit viel harter Arbeit aufgebaut wurde. Ich kann sehr deutlich Gottes Hand auf dieser Gemeinschaft fühlen.

Mir wurde vor einigen Jahren in einer inneren Durchsage berichtet, daß ich bald ein Haus haben würde und daß dieses Haus der Beginn weiterer Veränderungen für die gesamte Gemeinschaft sein würde. Vor einem Jahr ergab es sich, daß mir mein Sohn anbot, für mich ein Haus zu bauen. Mittlerweile ist es nun fertiggestellt, und auch für die Gemeinschaft ist damit ein neuer Abschnitt eingeleitet worden. Es werden hier weitere Häuser gebaut, und die Menschen ziehen nun allmählich von den Wohnwagen in die Holzhäuser um. So verlief es mit allem, was wir hier gebaut oder angeschafft haben. Es ist aber sehr bedeutsam, daß man dabei immer das spirituelle Ziel im Auge behält und nicht der Materie verfällt.

Die neuen Häuser im Bau. Fotos: C. Pflug

„Das Öffnen innerer Türen“

C.P.: Sie geben in Findhorn ein Seminar zum Thema „Das Öffnen innerer Türen“. Vermitteln Sie dort den Teilnehmern, wie sie selbst in Kontakt mit einer geistigen Führung oder inneren Stimme kommen können?

E. Caddy: Ja, denn ich habe oft erfahren, daß Menschen kamen und mich um Führung baten. Wenn ich ihnen dann die Worte berichtet hatte, gefiel es ihnen einfach nicht. Es war ihnen zu unbequem. Ich sage den Menschen heute: „Warum nimmst du dir nicht selbst Zeit und lauscht auf dein Inneres?“ Die Menschen behaupten dann, sie könnten das nicht. Ich frage sie dann weiter, ob sie es auch wirklich versucht hätten. Wenn sie verneinen, fordere ich sie immer wieder dazu auf, es weiter zu versuchen.

C.P.: Wie soll das geschehen?

E. Caddy: Als allererstes muß man lernen, wirklich still zu sein. Man muß eine innere Ruhe haben, um an diesen Ort zu kommen, wo Gott in einem wohnt. Die Menschen sind heute so beschäftigt, sie haben ständig etwas zu tun. Es langt für den Anfang schon, wenn man jeden Morgen, bevor man aus dem Haus geht, mit fünf Minuten Meditation beginnt. Was ist Meditation? Meditation bedeutet zu lauschen. Beten heißt für mich, mit Gott zu sprechen.

Man muß sich sozusagen mit dem höheren Selbst in sich verbinden und Gott – man kann es auch den universellen Geist oder wie auch immer nennen – Fragen stellen. Man muß nicht mit einer ganzen Stunde beginnen, fünf Minuten reichen völlig aus. Irgendwann wird man dann feststellen, daß man länger braucht. Vielleicht bekommt man dann Durchsagen wie zum Beispiel: „Rufe diesen oder jenen an, besuche jemanden.“ Nun stellt sich die Frage, ob man danach handelt oder das alles zur Seite schiebt. Wenn man nicht danach handelt, verschließt man die Türen wieder. Natürlich sind manche Forderungen unangenehm, und man möchte sie am liebsten bleiben lassen.

Am Natur-Sanctuarium. Foto: C. Pflug

Die Möglichkeiten, wie man von Gott eine Antwort erhält, sind sehr verschieden. Mancher hat eine Einsicht, die ihn wie der Blitz aus heiterem Himmel trifft. Es ist wichtig, daß man die Eingebungen, die man dann erhält, nicht zur Seite stellt. Wenn Peter und ich alles das, was uns an Durchsagen erzählt wurde, nicht beachtet hätten, wäre dieser Ort nicht entstanden. Das heißt also, daß man Handlungen folgen lassen soll.

C.P.: Empfehlen Sie den Menschen, die Ihr Seminar besuchen, vor der Meditation auch Übungen zur Reinigung und Selbstlosigkeit zu machen?

E. Caddy: Ich denke, man sollte in jedem Fall, bevor man mit der Meditation beginnt, darum bitten: „Ich möchte ein klarer und reiner Kanal sein, so daß nur das Beste und das Höchste durch mich hindurchfließen kann."

Ich zum Beispiel mußte über Jahre hinweg auf meine Ernährung achten. Ich aß nur eine Mahlzeit am Tag und auch nur das, was wir aus unserem Garten geerntet hatten. Aber das galt für mich, ich kann es nicht jederzeit jedem empfehlen. All die Jahre, in denen ich an meinem Bewußtsein gearbeitet habe, schlief ich jede Nacht nur zwei Stunden. Man braucht dann nicht so viel Schlaf. Das waren alles meine Wege der Selbstdisziplinierung. Jeder muß seine eigenen Wege dazu finden. Selbstdisziplin ist eine der wichtigsten Lektionen, wenn man einen spirituellen Weg gehen möchte. Es ist nötig, daß man sich bestimmte Zeiten am Tag rausnimmt. Für mich war das um sechs Uhr morgens, zwölf Uhr mittags und abends um neun Uhr. Das sind meine Verabredungen mit Gott. Diese sollte man sehr ernst und streng nehmen.

Die Verabredung mit Gott

C.P.: Warum?

E. Caddy: Ich habe das bei Sheena gelernt. Sie war äußerst streng zu mir, und wenn ich zu spät kam, wurde sie sehr ärgerlich: „Ist es dir nicht klar, daß das eine Verabredung mit Gott ist?" So lernte ich, auch nicht fünf Minuten zu spät zu kommen.

Und dann muß man darauf hören, was man gesagt bekommt. Ich selbst bekam einmal die Durchsage, einen bestimmten Menschen zu besuchen. Meine erste Reaktion war: „Oh nein, ich kenne diesen Menschen ja noch nicht einmal." Ich hatte noch nicht einmal eine Idee, was ich mit dieser Frau hätte reden sollen. Aber Sheena bestand damals darauf, daß ich sie besuchen sollte. Es stellte sich dann heraus, daß sie in Not war. Das hatte mir die innere Stimme nicht gesagt. Da lernte ich, auf meine Führung zu vertrauen.

C.P.: Was ist die Aufgabe Findhorns in der Welt?

E. Caddy: Viele Menschen kommen nach Findhorn. Sie machen die Erfahrungswoche mit, arbeiten hier eine Zeitlang oder nehmen an Workshops teil. Es ist unsere Aufgabe, ihnen hier zu helfen, ihr Bewußtsein zu verändern. Viele, die hierher kommen, sind anfangs sehr skeptisch. Sie kommen hier völlig vereinzelt an, und es ist erstaunlich, wie sie sich innerhalb einer Woche oder länger zu einer Gruppe zusammengefunden haben. Ich habe das Gefühl, die Gruppe ist dann ein Wesen und die Menschen empfinden viel Liebe füreinander. Es ist erstaunlich, wie die Menschen sich hier ändern.

C.P.: Sollen sie das, was sie hier gelernt haben, dann anschließend in der Welt weitergeben?

E. Caddy: Ich würde empfehlen, daß sie zunächst nicht so viel darüber reden. Damit verschreckt man andere Menschen. Sie sollen einfach danach handeln.

„Ich habe heute keine besondere Rolle“

C.P.: Was ist heute Ihre Rolle in der Findhorn-Gemeinschaft?

E. Caddy: Ich habe das Gefühl, ich bin ein Anker für spirituelle Energien, die hier wirken. Außerdem kommen viele Menschen hierher, die mich besuchen wollen.

C.P.: Führen Sie Beratungsgespräche?

E. Caddy: Nein, das habe ich nie getan. Ich höre lediglich zu, das ist es auch, was die Menschen eigentlich brauchen.

Ein paar Jahre lang war ich in der Leitungsgruppe, weil das von mir erwartet wurde. Mir wurde dann klar, daß es ein „Soll“ war. Heute mache ich nichts mehr, wenn es nur eine Erwartung ist. Falls es wirklich aus dem Herzen kommt, dann tue ich es. Also habe ich keine besondere Rolle. Ich bin eigentlich nur Eileen. Manchmal hätte ich gerne eine besondere Rolle. Aber ich denke, es ist meine Aufgabe, ein spiritueller Anker zu sein.

Vor zwei, drei Jahren war meine Situation hier in der Gemeinschaft so, daß ich mich von niemandem geliebt und respektiert fühlte. Jedes Mal, wenn ich woanders hinreiste, kam mir sehr viel Wertschätzung entgegen. So wollte ich damals hier weg und wollte dort hin, wo die Menschen mich wirklich respektierten. Es wurde mir dann aber bald klar, daß es meine eigene Wahl war, ob ich geliebt und respektiert würde oder eben nicht. Es lag an mir, bestimmte Verhaltensweisen zu ändern, was ich dann auch tat. Nach einer Weile konnte ich feststellen, wieviel Liebe und Respekt in der ganzen Gemeinschaft doch für mich da waren. Wie Sie sehen, man wird ein Leben lang geprüft.

„Anthroposophie in Findhorn leben“

INTERVIEW MIT HANNAH ALBRECHT

von Christine Pflug

Hannah Albrecht *ist 49 Jahre alt. Sie lebte bis 1982 als Waldorfmutter und Frau eines Lehrers in anthroposophischen Zusammenhängen und zog dann nach Findhorn. Während der sieben Jahre, die sie dort wohnte, regte sie viele anthroposophische Aktivitäten an, unter anderem die Gründung einer Waldorfschule. Sie schloß ihre Ausbildung als Kunsttherapeutin in der Tobias-School of Art (Emerson College) ab und arbeitet jetzt in Mittelengland. Zu Findhorn hat sie nach wie vor Kontakt und gibt dort Malkurse. Für sie war und ist es möglich, Findhorn und Anthroposophie auf fruchtbare Weise miteinander zu vereinbaren.*

Christine Pflug: Bevor Du 1982 nach Findhorn gingst, entsprachst Du ganz den Erwartungen, die man an eine Waldorfmutter und Ehegattin eines Waldorflehrers stellt. Wie viele Kinder hattet Ihr?

Hannah Albrecht: Wir hatten zwei eigene und drei angenommene Kinder.

C.P.: Warst Du selbst berufstätig?

H. Albrecht: Nein. Ich habe, wenn man es so ausdrücken möchte, Anthroposophie studiert und mich dabei immer intensiv den künstlerischen und speziell malerischen

Themen zugewandt. Ich war innerhalb der Anthroposophischen Gesellschaft sehr engagiert und nahm auch an den üblichen Seminaren, Kursen usw. teil.

C.P.: Was hat Dich damals bewogen, alles in Deutschland abzubrechen und nach Findhorn zu gehen?

H. Albrecht: Ich habe zu der Zeit tatsächlich alles verlassen, aber meine Kinder nicht! Die hatten sich entschieden, die Schule zu beenden und dann nach Findhorn nachzukommen. Ein Kind war damals schon aus dem Haus gezogen, und die anderen brauchten nicht mehr lange, um die Schule abzuschließen. Meine Tochter kam dann ein Jahr später und der Rest der Familie zwei Jahre darauf.

C.P.: Man kann also nicht sagen, daß Du Deine Familie hinter Dir gelassen hast?

H. Albrecht: Ich wußte, daß sie alle kommen würden. Daß mein ehemaliger Mann auch hierher ziehen würde, war zum Zeitpunkt meines Fortgangs allerdings nicht klar gewesen. Der Kontakt war insofern auch nicht unterbrochen, als daß ich immer wieder nach Hause gefahren bin und auch die Kinder während dieser ein bis zwei Jahre oft zu Besuch hier waren.

C.P.: Dann war die gefühlsmäßige Trennung von der Familie wahrscheinlich nicht so groß. Aber dennoch hast Du einiges aufgegeben. Kannst Du einige Deiner Gründe nennen, die Dich damals bewegt haben?

H. Albrecht: Zuerst las ich ein Buch über Findhorn, und das weckte in mir großes Interesse. Anschließend folgte ein Besuch hier und ich verliebte mich völlig in Schottland. Natürlich hat mich auch die Findhorngemeinschaft als solche angezogen. Es kam für mich damals hinzu – darüber war ich mir zu dem Zeitpunkt aber nicht bewußt –, daß ich in einer Identitätskrise war.

Ich war bis dahin immer nur die Frau des Lehrers gewesen und die Mutter dieses oder jenes Kindes. Von mir selbst blieb nichts mehr übrig. Irgendwelche Versuche, ich selbst zu werden, wurden nicht unterstützt. Immer wenn ich so einen Versuch unternahm, konnte mich mein Mann darin nicht fördern. Und so bin ich eben zu Hause geblieben und war Hausfrau und Mutter.

C.P.: War dann damals Findhorn auch eine Antwort auf die Frage nach Selbstfindung?

H. Albrecht: Es war mir nicht bewußt, aber es hat mit Sicherheit eine Rolle gespielt. Sehr deutlich war mir damals aber, daß ich nie mehr alleine „hinterm Zaun“ sitzen wollte und alles tun mußte, was anstand. Was mich an Findhorn sehr gereizt hat, war die Art der Arbeitsteilung. Man selbst kann zum Beispiel arbeiten, während jemand anderes einkaufen geht und kocht. In Deutschland hatten eine Freundin und ich immer wieder versucht, so eine Lebensgemeinschaft zu gründen, aber es hat nie geklappt. Mein Wunsch nach Gemeinschaft fand hier in Findhorn natürlich sofort Widerhall. Das hat mir sehr gefallen.

C.P.: Würdest Du Dich als Anthroposophin bezeichnen?

H. Albrecht: Ja, das würde ich, früher sowieso und heute auch.

C.P.: War für Dich Findhorn und die Anthroposophie damals ein Widerspruch, oder paßte es vielleicht sogar zusammen?

H. Albrecht: Es war für mich überhaupt kein Widerspruch. Vielleicht mag das anderen so erscheinen, für mich war es das aber nie. Anthroposophie studieren oder sie dann leben ist ein großer Unterschied. In Deutschland hatte ich so viel Anthroposophie studiert, daß ich gar nicht mehr dazu kam, sie zu leben. Ich befand mich damals in einer äußeren Struktur. Es war aber immer die Struktur um mich herum, die sich bewegt hat, und nicht ich mich selbst.

„Hier konnte ich alles leben, was ich vorher studiert hatte"

C.P.: Heißt das, daß Du dann gemäß den üblichen Erwartungen an eine Mutter und Ehefrau gehandelt hast?

H. Albrecht: Ja, genau. Das hat mich dann immer weniger befriedigt und auch erstickt. Ich wußte nur, daß mehr Leben in mir war, als ich es selbst leben konnte. Und als ich nach Findhorn kam, erfuhr ich zunächst einmal eine große Befreiung.

In Findhorn anzukommen, dauert eine lange Zeit. Zuerst ist man einmal physisch hier, aber mit einer bestimmten vorgefaßten Meinung, was Findhorn ist. Dann erlebt man, daß diese Meinung nicht richtig ist, und begreift als nächstes, was Findhorn für einen selbst bedeutet. Dadurch kann man nachvollziehen, was es vielleicht für andere sein kann. Und das sind alles Veränderungsprozesse. Da ich immer mit der Anthroposophie sehr verbunden war, habe ich sie nicht in Deutschland gelassen, sondern sie ist sozusagen mit mir nach Findhorn gekommen. Und hier konnte ich auf einmal alles leben, was ich vorher gewußt und studiert hatte.

In Deutschland alles fertig

C.P.: Woran hat sich das konkret gezeigt, daß Du hier nun leben konntest, was Du in Deutschland nur durch Studieren aufgenommen hast?

H. Albrecht: In Deutschland war zum großen Teil alles schon fertig. Die Seminare, Lesekreise, Einrichtungen usw. waren schon aufgebaut, ich selbst bin einfach auf diesen Schienen mitgefahren. Der Zug kam vorbei, ich brauchte mich nur draufzusetzen. Das entsprach alles nicht meinem Impuls, etwas zu kreieren. Hier in Findhorn konnte ich selbst die Gleise legen, und es kamen dann Menschen, die sich vielleicht von meiner Art oder von dem, was ich dachte, angezogen fühlten. In Deutschland konnte ich nichts mehr richtig initiieren. Selbst wenn man dort eine Schule gründet, weiß man schon, wie alles verläuft. Man muß ganz bestimmte Dinge tun: Zuerst kommen die Eltern, dann bildet man Lesekreise, findet einen Gründungslehrer, einen Schularzt usw. Man entwickelt es nicht eigentlich neu aus sich und der Situation heraus, sondern es ist so, als ob man eine Einkaufsliste abhakt. Hier in Findhorn wollte ich zum Beispiel Malkurse geben, aber es gab keine Pinsel, keine Farben, kein Papier, noch nicht einmal ein Malstudio. Hier stand ich dann in einem fremden Land vor der Frage, wie ich das alles bewältigen würde. Diese Anforderung hat sehr stark meine eigene kreative Kraft gefordert, und ich konnte feststellen, daß ich zum Beispiel ein guter Organisator bin. So bin ich anfangs mit meinen Malkursen von einem leeren Raum in den nächsten gezogen, habe eigene Plakate gemalt, die Menschen zum Malen animiert, und das alles aus meinem eigenen Antrieb, aus dem heraus, was ich selbst für richtig hielt und leben konnte.

C.P.: Da war also Pioniergeist gefordert! Hast Du auch noch andere anthroposophische Aktivitäten angeregt?

H. Albrecht: Ja, ich habe – bevor hier die Waldorfschule gegründet wurde – über die Pädagogik gesprochen. Dazu brachte ich einiges von meinen Kindern mit, was sie zum

Beispiel gehandarbeitet, gemalt, geschrieben hatten. Ich erzählte den Eltern hier viel über Waldorferziehung. So hat sich ein Kreis interessierter Eltern gebildet. Es entwikkelte sich dann immer weiter. Es kamen Waldorflehrer dazu und andere, die sich für die Gründung einer Waldorfschule interessierten. Als dann die Gründung der Steiner-Schule aktuell war, habe ich Lesekreise angeregt, in denen wir die Theosophie miteinander studierten. Ich habe, auch schon vor der Gründung, mit den Kindern in Findhorn gemalt. Die Eltern erlebten, daß ihre eigenen Kinder dieses Angebot sehr gerne wahrnahmen. So fing das alles ganz langsam an, ich selbst hatte nie die Absicht gehabt, hier eine Waldorfschule zu gründen. Es erschien mir dann nur als Notwendigkeit.

C.P.: So kam Dir von den Eltern auch vieles entgegen! Entstanden die Lesekreise auf Wunsch der Menschen?

H. Albrecht: Ja, viele wollten mehr darüber wissen. In Findhorn ist es so, daß sich die Menschen nichts aufs Auge drücken lassen. Man muß immer co-kreieren. Wenn eine Nachfrage besteht, dann kann man etwas anbieten. Aber man darf nie predigen, sonst sind die Türen zu.

C.P.: Das ist ja sehr gesund!

H. Albrecht: Ja, das war es auch für mich. Ich selbst hatte immer auf den Lippen: „Ja, aber Steiner ..." Davon wollte ich eigentlich weg, habe aber gemerkt, daß ich automatisch so dachte. Zum Glück konnte ich nicht richtig englisch.

C.P.: Sonst hättest Du missioniert ...

H. Albrecht: Ja, wahrscheinlich. Es war für mich außerdem sehr wichtig, daß ich hier alles alleine weitermachen mußte: das Lesen anthroposophischer Schriften, die Übungen aus der esoterischen Schule usw. Es hat mir hier niemand etwas vorgekaut.

C.P.: Das hört sich alles an, als ob Du anthroposophisch konsumüberfüttert warst.

H. Albrecht: Ja, genau das war ich, es hing mir sozusagen zum Halse raus. Aber ich möchte damit nicht sagen, daß das die Schuld der Anthroposophie oder der Anthroposophen war. Es war meine eigene Schuld. Ich selbst hatte alle Angebote und Möglichkeiten aufgesaugt, bin sozusagen auf den Zug aufgestiegen und konnte dann nicht mehr abspringen. Ich habe nichts anderes mehr gemacht, außer Waldorfschule, Waldorfkindergarten und alles, was damit zu tun hat. Ich habe jahrelang keine anderen Bücher mehr gelesen. Dadurch habe ich mich selbst in einen Käfig gebracht.

C.P.: Es stellt sich dann die Frage, welche Verwandlung Du innerlich vollzogen hast, daß Du hier in Findhorn nicht wieder in den nächsten Käfig gegangen bist. Das hättest Du ja auch tun können.

H. Albrecht: Das ist eine berechtigte Frage. Das könnte man natürlich leicht machen. Nur ist das erste, was man in Findhorn beigebracht bekommt, sich gerade nicht in einen Käfig zu begeben, sondern für alle Taten und eigenen Gefühle die Verantwortung zu übernehmen.

Man muß immer zu seiner eigenen inneren Antwort gelangen

C.P.: Lernt das in Findhorn jeder?

H. Albrecht: Ja, das würde ich sagen. Natürlich nur der, der es lernen will, und es gibt natürlich Menschen, die das nicht lernen wollen. Es fiel mir hier als erstes auf, daß mir niemand sagte, wo es langging. Man wird so immer wieder auf sich zurückgeworfen.

Man kann hier bleiben, man kann gehen, man kann sich entwickeln, man kann stagnieren. Es wird einen von außen niemand irgendwo hin schieben, man muß immer zu seiner eigenen inneren Antwort gelangen. Man muß immer selbst wissen, was das Richtige ist. Mir hat es keine Schwierigkeiten bereitet, die Antworten in mir selber zu finden und dadurch nicht wieder in einen Käfig zu geraten. Ich habe mich in den sieben Jahren, in denen ich hier wohnte, immer mehr und mehr aus diesem Käfig befreit.

C.P.: Was speziell in Findhorn hat Dir dabei geholfen? Du hättest das alles auch in Deutschland, wenngleich mit mehr Hindernissen, lernen können.

H. Albrecht: Natürlich hat mir dabei die Gemeinschaft geholfen. Was für mich aber damals ungeheuer wichtig war, war die englische Sprache. Ich konnte mich schlecht ausdrücken und wußte keine Vokabeln für viele Dinge. Das intellektuelle Sich-Rausreden, Sich-Reinreden oder Drumherumreden funktionierte hier nicht mehr. Ich mußte einen anderen Weg finden, mich auszudrücken, bemerkbar zu machen, und habe vieles nicht mehr mit dem Kopf aufgenommen. Das war die ersten 1.1/2 Jahre sehr mühsam, aber für mich außerordentlich wichtig. So lernte ich, aus dem Kopf herauszugehen und von einer anderen Ebene aus zu leben. Das war für mich ein gewaltiger, schwerer Schritt, aber ich bin ihn gegangen und habe es geschafft.

C.P.: Wie würdest Du diese andere Ebene beschreiben oder charakterisieren?

H. Albrecht: Vielleicht hört sich das abgedroschen an, aber ich würde es als die Herzensebene bezeichnen. Ich mußte damals lernen, mehr auf dieser Gefühls- und Herzensebene aufzunehmen und weiterzugeben. Außerdem hatte ich mir davor eine gewisse Kritiksucht angeeignet: „Das ist richtig, das ist falsch, das führt zu dem, und dieses führt zu jenem." Urteile, Urteile, Urteile! Durch die anfänglichen Sprachschwierigkeiten konnte ich damals gar nicht verstehen, was in vielen Dingen anstand. So mußte ich meine Beurteilungen bleiben lassen und öffnete mich wie eine Blüte. Dadurch konnte ich das anwenden, was ich in der Anthroposophie gelernt hatte: sachlich wahrzunehmen.

C.P.: Das alles sind Dinge, die Du wegen der fremden Sprache lernen mußtest. Das hätte anderswo auch passieren können. Wie war es für Dich, aus einem anthroposophischen Umfeld nach Findhorn zu kommen?

H. Albrecht: Was mir die Anthroposophie beigebracht hatte, war Denken. Das hat mich eine Zeitlang sehr angezogen, beschlagnahmt und auch sehr erfüllt. Was mich dann in Findhorn angezogen hat, war das Gefühl. Ich habe hier gelernt, Gefühle auch äußern zu können und nicht nur zu verinnerlichen. Ich konnte hier meine Gefühle zeigen, ohne dabei zu denken, daß das schlecht sei. Hier in Findhorn achtet man sehr darauf, daß die Menschen äußern, was sie fühlen. Das hatte ich überhaupt noch nie gelernt. Es war in Deutschland verpönt – zumindest in der Zeit, in der ich aufgewachsen bin. Man zeigte seine Gefühle nicht. In Findhorn konnte man sagen, was man über etwas fühlt, nicht nur, was man darüber denkt. Es kann ja manchmal auch widersprüchlich sein, wenn der Kopf etwas anderes denkt, als das Herz oder die Seele fühlt. Solche Gefühle hatte ich oft unterdrückt, weil das, was der Kopf sagte, klar, logisch und eindeutig war. In Findhorn konnte ich äußern, wie ich über eine Sache fühlte. Das hat mich befreit. Man lernt das hier in Seminaren, Workshops und im täglichen Umgang. Ich sage nicht, daß das eine falsch oder das andere richtig ist, es gehört nämlich beides zusammen. Ich bin deswegen auch sehr glücklich, daß ich beides, das Denken und das Fühlen, in mir vereinen durfte.

Ein sicherer Ort, um sich auf sich selbst einzulassen

C.P.: Was kannst Du zu der „Magic of Findhorn", so wie sie sich heute darstellt, sagen? Ich meine damit, daß die Menschen hier sehr schnell mit sich selbst konfrontiert werden, daß Unverarbeitetes sofort auftaucht und daß das ganze Klima der Gemeinschaft hier als ein „Gewächshaus für seelische Prozesse" bezeichnet wird. Alle Therapeuten, die hier arbeiten, sagen auch, daß die Entwicklungen im Menschen sehr viel schneller vorangehen, als dies außerhalb Findhorns der Fall wäre. Innerhalb einer Woche können sich Menschen hier unwahrscheinlich verändern. Kannst Du das alles so bestätigen?

H. Albrecht: Das habe ich auch so beobachtet. Im allgemeinen beschleunigen sich hier alle Prozesse. Es ist zum Beispiel bekannt, daß Paare, deren Beziehung kritisch ist und die meinen, sie könnten ihre Probleme weiterhin unter den Teppich kehren, damit hier nicht lange durchkommen. Man kann gar nicht so schnell schauen, wie diese Probleme *auf* dem Teppich sind. Wodurch auch immer das entstehen mag, entweder durch die Art und Weise, wie wir hier gelebt haben und auch immer noch leben, oder durch den Ort an sich – diese Gegend hier in Schottland hat eine sehr starke Klarheit –, eines ist sicher: Man kann hier nichts verheimlichen. Selbst wenn man das versuchen wollte, würde es einem sehr schwer fallen, denn es kostet hier mehr Kraft und Energie, etwas zu verheimlichen als es rauszulassen.

Weiterhin ist Findhorn ein sicherer Platz, etwas herauszulassen. Wenn man hier etwas äußert, daß man zum Beispiel mit irgend etwas nicht umgehen kann, blockiert ist oder sonst irgendwie bedrückt, kommt einem hier sehr viel Verständnis entgegen und keine Beurteilung. Man bekommt sofort Hilfe, und das ist für jemanden, der durch etwas Schweres hindurchgehen muß, natürlich sehr angenehm. Man weiß sofort: Hier erhalte ich Unterstützung, ich werde nicht abgestempelt als jemand, der komisch oder verrückt ist. Es ist hier sozusagen normal, daß Menschen Zusammenbrüche haben, und jeder kann hier helfen, unterstützen und zuhören. Findhorn ist einfach ein sicherer Platz, wenn man sich auf sich selbst einlassen will.

Das heißt aber nicht, daß das hier alles leicht geht. Die sieben Jahre, die ich hier gelebt habe, waren kein Zuckerlecken.

C.P.: Was war denn schlimm?

H. Albrecht: Natürlich ist es zunächst sehr unangenehm, daß man nichts verstecken kann. Die anderen wissen einfach, was mit einem los ist. Die Prozesse, durch die ich selbst durchgegangen bin, waren schwierig. Ich hatte, wie jeder andere auch, bestimmte Vorstellungen von mir selbst, eine gewisse Selbsteinschätzung, die illusionär ist. Die brach dann allmählich zusammen, und es kam ein ganz anderer Mensch zum Vorschein. Es war sehr schwer, mich darin auszukennen, was dann mit mir alles los war. Man bekommt hier von den anderen in der Gemeinschaft laufend zurückgespiegelt, wo man eigentlich steht. Ich mußte lernen, für meine eigenen Handlungen und Reaktionen voll verantwortlich zu sein.

C.P.: Und war das alles viel intensiver, als Du es in Deutschland erlebt hast?

H. Albrecht: Ja, sehr. Ich muß dazu aber einschränkend sagen, daß es heute Lebensgemeinschaften und Therapiegruppen gibt, die ganz ähnliche Systeme entwikkelt haben. Ich rede jetzt von 1982, als ich aus Deutschland wegging.

Es war für mich hier auch wichtig zu lernen, die Menschen nicht sofort einzuordnen, also nicht gleich zu denken: „Der ist ein Melancholiker oder Sanguiniker, er ist hysterisch oder neurasthenisch", sondern sehr lange so eine Seele überhaupt erst einmal auf mich wirken zu lassen, bevor ich solche Urteile fälle. Natürlich würde jeder Anthroposoph sofort sagen: „So ist es ja auch richtig." So wird es aber in der Praxis oft nicht gemacht, und ich habe es auch nicht so getan. Ich wußte sofort immer, wo Luzifer und Ahriman zu Hause waren und wer *zu* melancholisch oder *zu* cholerisch war. Oft ging es ja gar nicht darum, über den anderen etwas Nettes zu sagen, sondern es hatte dann einen negativen Beigeschmack. Daß ich andere ständig so beurteilte, habe ich selbst gar nicht gemerkt.

C.P.: Vielleicht ist Dir das hier auch nur deshalb aufgefallen, weil alle anderen es so nicht tun.

H. Albrecht: Ja, genau. Das habe ich auch vorhin gemeint, als ich von dem Zurückspiegeln sprach.

C.P.: Du gibst hier in Findhorn Malkurse für Schichtmalerei, Nass-in-Nass-Technik usw. Zu diesen Kursen kommen auch Anthroposophen. Was sagen sie, was erleben sie und wie geht es ihnen hier?

H. Albrecht: Manchen, die hierher gekommen sind, gefällt es hier nicht, und sie gehen gleich wieder weg. Sie sagen dann immer, was hier alles nicht richtig ist. Das sind aber Besucher, die nicht an Workshops oder Seminaren teilnehmen, sondern nur kurz durch die Community laufen und sich das hier einmal anschauen. Das ist sehr schade, denn Findhorn kann man nicht erleben, indem man es sich einmal kurz anschaut. Es wäre

Green Room, Cafe in der Universal Hall. Foto: C. Pflug

auch nicht richtig, einmal durch das Goetheanum zu gehen und hinterher zu glauben, man wisse nun alles über Anthroposophie.

Andere, die hierher kommen, suchen etwas. Sie erleben es hier als befreiend, daß sie so sein können, wie sie eigentlich selbst sind, und nicht so, wie es von ihnen gefordert wird. Viele finden ihre Arbeit schön und sinnvoll; wenn es Lehrer sind, lieben sie die Kinder. Die Fragen liegen bei Themen der Zusammenarbeit von Erwachsenen, den sozialen Prozessen, im Kollegium usw. Sie haben also keine Sinn- oder Lebensfragen, sondern soziale Fragen. Und da bietet Findhorn natürlich einiges an. Man kann hier viele Erfahrungen machen, wie man in einer Gruppe miteinander umgehen kann.

Das Persönliche und das Sachliche haben ihren Raum

C.P.: Kannst Du einige Eurer sozialen Techniken näher ausführen?

H. Albrecht: Ja, eines ist zum Beispiel das sogenannte Sharing (Mitteilen). Bevor man eine Arbeit anfängt, teilt man sich gegenseitig mit, wo man gerade steht oder wie es einem geht. Erst wenn ich selbst herausgelassen habe, was mich beschäftigt, bin ich frei, dem anderen überhaupt erst richtig zuzuhören. Wenn man selbst innerlich auf irgendeinem Problem sitzt, ist man gar nicht mehr richtig in der Lage, dem anderen objektiv, sachlich und offen zuzuhören. Erst wenn man selbst den Raum hatte, sich zu äußern, ist das wieder möglich. Anschließend ist es auch viel leichter, mit der Arbeit zu beginnen.

C.P.: Ihr versucht also ganz bewußt, in einem vorgegebenen Rahmen – also nicht uferlos – die persönliche und private Situation miteinzubeziehen. So hat das Persönliche seinen Raum, das Sachliche aber auch. Die beiden Bereiche werden dadurch nicht miteinander vermischt.

H. Albrecht: Das Wichtige dabei ist, daß man dem anderen beim Sharing nur zuhört und nicht in einen Dialog kommt. Man gibt ihm in diesem Moment die völlige Aufmerksamkeit und Zeit, um seinen Anliegen zuzuhören. Mit der Zeit lernt man dadurch, für die eigene Befindlichkeit und die eigenen Handlungen Verantwortung zu übernehmen. Ich würde dann nicht mehr sagen: „Christine, Du hast mich jetzt so böse angeschaut, deswegen geht es mir schlecht." So ist ja auch gar nicht der Sachverhalt. Er ist so, daß dadurch, als Christine mich anschaute, etwas in mir ausgelöst wurde. Das hört sich schon ganz anders an, und Christine kann mir jetzt auch helfen, herauszufinden, was mit mir los ist. Sie bräuchte in dem Moment nicht zu denken: „Wieso denn, ich habe Dich doch gar nicht böse angeguckt, was willst Du denn?" –, so würde nämlich der normale Streit losgehen. Es ist sehr erlösend, auf diese Weise Verantwortung für sich zu übernehmen.

Eine weitere Situation wäre zum Beispiel die, daß zwei Menschen, die in einer Gruppe, in einer Arbeitssituation oder einem Workshop zusammen sind, miteinander Schwierigkeiten haben. Diese Schwierigkeiten werden ja meistens als Spannung in die ganze Gruppe und auf jeden anderen übertragen, jeder andere empfindet sie. Man weiß als Außenstehender aber nicht genau, was los ist, weil die beiden vielleicht nicht darüber reden. Im negativen Falle würden dann Intrigen gesponnen werden, es bilden sich zwei Parteien und alles wirkt letztlich destruktiv.

Hier in Findhorn würde nach einiger Zeit mit Sicherheit die Gruppe dafür sorgen, daß die Problematik ausgesprochen wird. Jeder von den beiden bekommt eine bestimmte Zeit, um seine Sichtweise vor den anderen darzustellen. Man würde den beiden auch Hilfe anbieten, falls sie das wollen. Vielleicht würde es aber auch schon genügen, das Ganze einfach erst einmal auszusprechen, und man könnte anschließend wieder normal weiterarbeiten. Aber es würde sich nicht wie eine Art negativer Schlamm auf alle Beteiligten und Kollegen ausbreiten. Man kann von Findhorn ungeheuer viel lernen, wie man mit solchen Situationen umgehen kann.

„Die Botschaft Findhorns ist das Mitmenschliche"

C.P.: Ist es also Eure Stärke, in sozialen und mitmenschlichen Bereichen miteinander umgehen zu können?

H. Albrecht: Ja, das ist sicherlich Findhorns Botschaft. Es ist nicht eine neue Religion, oder daß man etwa behaupten würde, man sei spiritueller als die anderen – das ist es überhaupt nicht. Das Vertikale, also mein Verhältnis zu Gott, ist auch ein mehr einsamer Weg. Für die Horizontale, das Verhältnis zu den Mitmenschen, muß noch sehr viel Arbeit geleistet werden.

C.P.: Das sagt Steiner allerdings auch, wenn er von dem Bewußtseinsseelenzeitalter, praktisch angewandter Menschenkunde usw. spricht. Würdest Du sagen, daß Findhorn ein Ort ist, wo so etwas geübt werden kann?

H. Albrecht: Ja, das würde ich unbedingt so sehen. Das ist es auch letztlich, was mich an Findhorn angezogen hat.

C.P.: Wenn jetzt jemand dieses Interview liest und denkt, er könne von Findhorn auch etwas lernen, oder auch nur neugierig geworden ist, was würdest Du ihm empfehlen?

H. Albrecht: Ich würde empfehlen, daß er sich nicht durch Bücher informiert oder durch anderer Menschen Hören-Sagen. Er müßte hierher kommen, das Ganze erleben und dann entscheiden, ob es für ihn ein Weg ist, in Findhorn so etwas zu lernen, oder ob er das anderswo findet. – Von unserer Seite aus ist es aber noch einmal wichtig zu erwähnen, daß wir jeden Menschen, der hierher kommt, nicht nur so betrachten, daß er etwas von hier nimmt. Jeder, der hier einmal war, gibt auch etwas für die Gemeinschaft.

C.P.: Wie hast Du hier in der ganzen Zeit mit der Anthroposophie als spirituellem Hintergrund gelebt?

H. Albrecht: Die Anthroposophie ist ja so in mich übergegangen, daß ich sie hier hätte gar nicht ablegen können und auch nicht wollen. Es weiß hier jeder, daß Rudolf Steiner mein innerer Lehrer ist. Ich habe das nie verheimlicht. Natürlich habe ich während der ganzen Zeit hier immer sehr viel gelesen, habe auch Lesegruppen ins Leben gerufen. Ich mache Übungen, ich male, für mich gibt es gar keinen anderen Weg. Ich bin nach wie vor Mitglied in der Anthroposophischen Gesellschaft, gehe zu Vorträgen usw.

C.P.: Du hast also nicht die geringsten Probleme, Findhorn und Anthroposophie hier miteinander zu vereinbaren?

H. Albrecht: Nein, nicht die geringsten. Man muß das doch sowieso in sich selbst auf die Reihe bringen, äußerlich legt einem bestimmt niemand Hindernisse in den Weg. Im Gegenteil, es freut sich hier jeder, wenn man einen inneren Schulungsweg begeht. ◙

Zwischen den Polen

INTERVIEW MIT MARGIT UND RÜDIGER DAHLKE

von Thomas Höfer

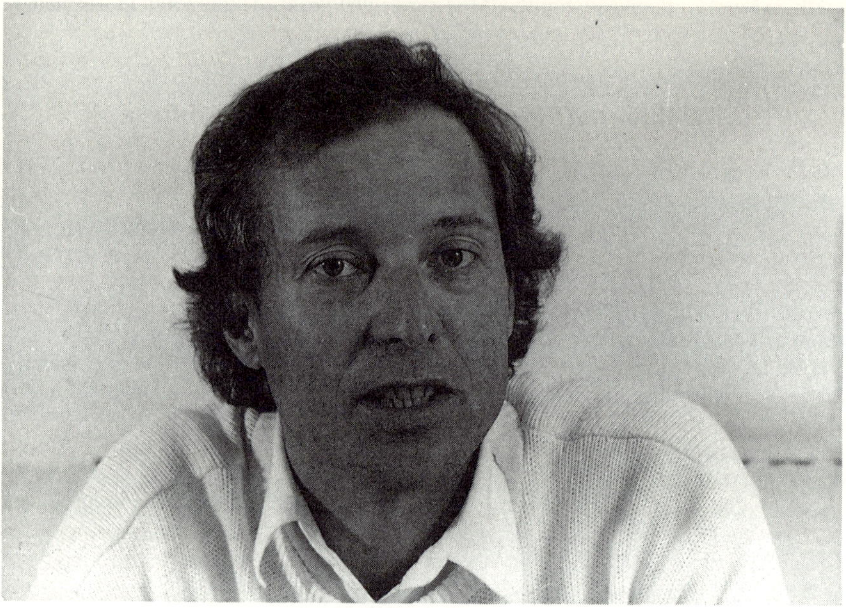

Dr. med. Rüdiger Dahlke, *geboren 1951 in Berlin, verheiratet mit der Psychotherapeutin Margit Dahlke. Erste Berührung mit Meditation und östlicher Philosophie während der Gymnasialzeit. Medizinstudium in München, Dissertation über die Psychosomatik des Asthma bronchiale. Weiterbildung zum Arzt für Naturheilwesen und in Psychotherapie (Reinkarnationstherapie). Seit 1977 enge Zusammenarbeit mit Thorwald Dethlefsen, die sich in dem gemeinsamen Buch „Krankheit als Weg“ und in gemeinsamen Seminaren niederschlägt. Leitung von Fasten- und Meditationskursen und Seminaren über Psychosomatische Medizin. 1990 Verlagerung des Lebensschwerpunktes von München aufs Land. Dort, in D-8349 Johanniskirchen, als Arzt und Psychotherapeut tätig.*
Veröffentlichungen: *Bewußt fasten. Ein Wegweiser zu neuen Erfahrungen. Urania Verlag, CH-Neuhausen 1980. Krankheit als Weg – Deutung und Bedeutung der Krankheitsbilder (zusammen mit Thorwald Dethlefsen). Bertelsmann, Gütersloh 1983. Mandalas der Welt – Ein Meditations- und Malbuch. Hugendubel Verlag, München 1985. Das senkrechte Weltbild – Symbolisches Denken in astrologischen Urprinzipien (zusammen mit Nicolaus Klein). Hugendubel Verlag, München 1986. Habakuck und Hibbelig – Das Märchen von der Welt. Oesch Verlag 1986. Der Mensch und die Welt sind*

eins – Analogien zwischen Mikrokosmos und Makrokosmos. Hugendubel Verlag, München 1987. In der Knaur-Taschenbuchreihe „Heilen": Die Psychologie des blauen Dunstes – Be-Deutung und Chance des Rauchens (zusammen mit Margit Dahlke). München 1989. Gewichtsprobleme – Be-Deutung und Chance von Über- und Untergewicht. München 1989. Herz(ens)probleme – Be-Deutung und Chance von Herz-Kreislaufproblemen. München 1990. Verdauungsprobleme (zusammen mit Dr. Rober Hößl) – in Vorbereitung. Tonkassetten bei Edition Neptun, München: Reihe „Ganzheitliche Medizin" mit den Titeln: Heilung, Tiefenentspannung, Rauchen, Gewichtsprobleme, Hoher Blutdruck, Niedriger Blutdruck. Reihe: „Mikrokosmos=Makrokosmos" mit acht Titeln. Kindermeditationen: Lieblingstier, Märchenland.

Margit Dahlke, *geboren 1956 in Linz, Studium der Germanistik und Geschichte in Wien; verheiratet mit dem Arzt Rüdiger Dahlke. Beschäftigung mit esoterischen Disziplinen (Schwerpunkt Astrologie) seit der Schulzeit; Ausbildung in Reinkarnationstherapie bei Thorwald Dethlefsen; zweijährige Mitarbeit am Privatinstitut für außerordentliche Psychologie in München. Seit 1990 in D-8349 Johanniskirchen als Psychotherapeutin tätig.*
Veröffentlichungen: *Die zwölfbändige Taschenbuchreihe „Meditationen für den Widder, Stier, Zwilling ... bis Fische", Droemer-Knaur-Verlag, München 1987/88; Astro-Dice – das astrologische Orakelspiel, Urania Verlag, Neuhausen 1988; Zwölf Meditationskassetten „Meditationen für den Widder, Stier, Zwilling ... bis Fische", Edition Neptun, München 1988; Die Psychologie des blauen Dunstes – Be-Deutung und Chance des Rauchens, Knaur-Verlag, München 1989; Okkultismus – Esoterikboom: Ursachen, Gefahren, Chancen, Heyne-Verlag, München 1990.*

Es gehört zu den Pflichten eines Studenten, bestimmte Veranstaltungen zu besuchen, die daher auch Pflichtveranstaltungen genannt werden. In der Regel werden in diesen die Grundlagen bestimmter wissenschaftlicher Disziplinen vermittelt, als Student ist man auf akademische Trockenkost eingestellt. Ich staunte daher nicht schlecht, als in einem Seminar über die Grundlagen der Entwicklungspsychologie von dem leitenden Professor der vollzählig angetretenen Studentenschar ein Buch über Reinkarnationstherapie zur Lektüre wärmstens empfohlen wurde: „Schicksal als Chance" von Thorwald Dethlefsen. Ich kaufte mir das Buch, verlieh es und sah es vorläufig nicht wieder.

Als unsere Redaktion beschloß, sich mit den spirituellen Bedürfnissen und Angeboten der Gegenwart auseinanderzusetzen, fiel mir mein Professor wieder ein, der uns mit Verschwörermiene besagtes Buch mit der Absicht ans Herz gelegt hatte, unseren Horizont über den vermeintlichen intellektuellen Mief der Hochschule zu heben. Der Zufall wollte es, daß ich gerade zuvor mein Buch, meinem Gedächtnis längst entfallen, zurückbekommen hatte, ungelesen wie ich später erfuhr. Ich beschloß, den Mann, der sich damit einen Namen gemacht hatte, daß er mit Rückblicken auf frühere Erdenleben Menschen therapieren würde, zu interviewen. Zu meinem Bedauern erfuhr ich, daß sich Thorwald Dethlefsen vollständig aus der Öffentlichkeitsarbeit zurückgezogen habe, voller Enttäuschung darüber, daß sein Anliegen von einer sensationslüsternen Presse so oft falsch verstanden und dargestellt worden sei. Quasi ersatzweise wurde mir Rüdiger Dahlke empfohlen, ein enger Mitarbeiter Dethlefsens, der mir bereits in einer Fernsehdiskussionsrunde positiv aufgefallen war. Ich bemühte mich um einen Interviewtermin und hatte Erfolg.

So verbrachte ich anläßlich dieses Interviews mit dem Ehepaar Dahlke einen angenehmen Tag im tiefsten Niederbayern, wo Hase und Fuchs sich gute Nacht sagen.

Thomas Höfer: Die moderne Medizin hat eine ganze Reihe von beachtlichen Erfolgen aufzuweisen, was sich unter anderem in der vielzitierten Senkung der Säuglingssterblichkeitsrate ausdrückt. Dennoch sind Sie der Meinung, daß es innerhalb der Medizin eines Umdenkens bedarf. Warum?

Dr. med. Rüdiger Dahlke: Aus meiner Sicht hat die Medizin ihre immensen Erfolge auf einem einzigen Gebiet erzielt, nämlich dem Beheben von Defekten. Sie ist zu einem riesigen Reparaturunternehmen geworden, das seine Aufgabe allerdings in genialer Weise erfüllt. Was Chirurgen heute alles reparieren können, nötigt einem einfach Respekt ab.

Hinter dieser enormen Leistungsfähigkeit steckt aber ein Menschenbild, das den Menschen zu einer gutfunktionierenden Maschine reduziert, und es wird vollständig aus dem Blick verloren, daß der Mensch eben viel mehr ist als bloß ein Automat. Die Medizin ist in einer formalen Sichtweise steckengeblieben und hat den Inhaltsaspekt aus dem Blick verloren.

Man ist heute zum Beispiel in der Lage, Symptome mit einer nie gekannten Genauigkeit durchzumessen. Dies ist zwar eine eindrucksvolle Entwicklung, sie wird aber dadurch problematisch, daß bei den Symptomen stehengeblieben wird; sie werden festgestellt und anschließend abgestellt. Ihr inhaltlicher Aspekt wird total vernachlässigt, Fragen nach dem Sinn unterbleiben, eine Deutung findet nicht statt. Alles, was man nicht deutet, ist letztlich aber bedeutungslos.

Stellen Sie sich vor, Sie würden mit Ihrem Auto in eine Werkstatt fahren, weil der Motor merkwürdige Geräusche macht. Der Mechaniker sucht nun aber nicht nach der Ursache des Geräusches, sondern verkauft Ihnen einen Walkman mit den Worten: „Wenn Sie den laut genug stellen, hören Sie das Geräusch nicht mehr, und Sie können ungestört fahren." Ein solches Verhalten würde sich schwerlich jemand gefallen lassen. In vergleichbarer Weise geht aber die Medizin vor, wenn sie jemanden, der Kopfschmerzen hat, eine Kopfschmerztablette verabreicht. Nach der Ursache wird nicht gefragt, es wird einfach das Symptom abgestellt.

Der Kopfschmerz war aber ein Zeichen, das irgend etwas aussagen wollte. Und nur das Zeichen zu beseitigen, ist doch eine ganz idiotische Politik, die nur am Formaspekt hängenbleibt und den Inhaltsaspekt ausklammert. Auf ein Theaterstück übertragen hieße das, man würde sich nur den Bühnenaufbau, die Kleidung der Schauspieler usw. anschauen, das eigentliche Stück aber unbeachtet lassen. Wenn im Auto eine Lampe aufleuchtet, die einen Schaden an den Bremsen signalisiert, dreht man ja auch nicht einfach das Lämpchen heraus, sondern repariert die Bremsen. Für mich hat jede Krankheit einen Sinn, der sich erst aus der Deutung der Symptome ergibt und der nicht unbedingt auf der körperlichen Ebene zu suchen ist. Diese Sichtweise ist in der heutigen Medizin nicht enthalten, und das kritisiere ich.

T.H.: Können Sie die Grundannahmen, von denen die Medizin heute ausgeht, noch etwas genauer darstellen?

R. Dahlke: Im Grunde steht die Schulmedizin immer noch auf dem Boden eines empirisch-materialistischen Weltbildes, das auf Descartes, Bacon und Newton aufbaut. Die Welt und der Mensch werden als komplizierte Mechanismen gesehen, die man nur in ihrem Funktionieren zu begreifen braucht, um alle Mängel und Defekte beheben zu können. Ein Begriff wie der der Seele taucht in der Schulmedizin so gut wie nicht auf, höchstens in der auf die Psychoanalyse zurückgehenden Psychosomatik, die aber eigentlich in der Schulmedizin gar keine rechte Basis hat, also stiefmütterlich behandelt wird und nicht als wissenschaftlich anerkannt ist. Wissenschaftlich anerkannt ist nur das, was meßbar und reproduzierbar ist. Mit dieser Methode erfaßt man nur den körperlichen Aspekt des Menschen und den nicht einmal vollständig, da Körper, Seele und Geist so eng miteinander verwoben sind und ineinander wirken, daß man ohne Berücksichtigung von Seele und Geist den Körper nicht in seiner vollen Bedeutung verstehen kann.

Der Mensch ist krank!

T.H.: Die Schulmedizin betrachtet – pointiert gesagt – Krankheit analog einem Motordefekt beim Auto, etwas funktioniert nicht oder nicht in der richtigen Weise und muß wieder gerichtet werden. Diese Sichtweise deckt sich ja weitgehend mit der Art und Weise, in der Menschen eine Krankheit empfinden, nämlich als eine möglichst rasch zu behebende Beeinträchtigung des Wohlbefindens. – Sie gehen demgegenüber von einem grundlegend anderen Krankheitsverständnis aus. Können Sie dieses darstellen?

R. Dahlke: Wie Sie schon sagten, wird im allgemeinen davon ausgegangen, daß der Mensch grundsätzlich gesund ist und Krankheit nur eine mehr oder weniger zufällige Störung des Normalzustandes ist. Ich hingegen gehe davon aus, daß der Mensch grundsätzlich krank ist, Krankheit also der Normalzustand ist. Kurioserweise wird diese Sichtweise von den Fakten, die die Schulmedizin akribisch zutage fördert, untermauert. Wenn 1.000 Menschen wahllos aus einer Großstadt herausgegriffen und mit den raffinierten Methoden der Schulmedizin durchgecheckt würden, dann fände sich kaum ein Mensch, bei dem nicht ein Wert von dem Normalwert abweicht. Unter 1.000 Menschen ist letztlich kein vollkommen gesunder.

Das gleiche läßt sich zeigen, wenn man von der Gesundheitsdefinition der Weltgesundheitsorganisation (WHO) ausgeht. Danach ist nämlich Gesundheit ein Zustand frei von körperlichem, seelischem und sozialem Leid. Einen derart gesunden Menschen gibt es aber nicht. Letztlich ist daher der Unterschied zwischen meiner Medizin, die mehr auf esoterisch-religiöser Grundlage steht, und der Schulmedizin nicht groß; während aber die Schulmedizin, der Aussage der von ihr zutage geförderten Fakten widersprechend, von Gesundheit als dem menschlichen Normalzustand ausgeht, ist für mich Krankheit der Ausgangspunkt. Der Mensch ist krank, ist un-heil, d.h. ihm fehlt grundsätzlich etwas zur Gesundheit, zum Heil-Sein.

Ähnlich ist die Situation in der Psychologie. Die moderne Psychologie, wie sie an den Universitäten gelehrt wird, ist letztlich eine auf den Behaviorismus aufbauende Verhaltenstherapie, die von einem mechanistischen Seelenbild ausgeht und auf Reparatur von Defekten zielt. Ich stehe mehr auf dem Boden der von C.G. Jung begründeten Sichtweise der menschlichen Seele. Die Seele besteht aus einem bewußten Teil, dem Ich, und einem unbewußten verdrängten Teil, dem Schatten, und erst beides zusammen bildet eine Einheit, das Selbst.

Synchronität – Polarität

T.H.: Wie kommt Krankheit Ihrer Meinung nach zustande, was sind ihre Ursachen?

R. Dahlke: Schon der Begriff Ursache ist dem Weltbild, in dem ich mich bewege, eigentlich fremd, da er im Kausalitätsdenken verhaftet ist. Ich gehe eher von einem synchronen Verständnis aus, was bedeutet, daß zwei Dinge parallel verlaufen, auch wenn es logisch nicht erklärbar ist. Nicht eins bedingt das andere, sondern beide treten lediglich gleichzeitig auf. Interessanterweise hat die Physik, die eigentlich das Kausalitätsdenken in das moderne Weltbild eingeführt hat, das Ursache-Wirkungs-Prinzip zugunsten eines Synchronitätsprinzips wieder aufgegeben, so daß eigentlich das Denken in Ursache und Wirkung, wie es ja die Schulmedizin heute noch anwendet, wissenschaftlich nicht mehr gedeckt ist.

Obwohl also der Begriff der Ursache in bezug auf mein Weltverständnis nicht adäquat ist, will ich dennoch versuchen, Ihre Frage zu beantworten, allein schon deshalb, weil unser Denken an eine Polarität gebunden ist – wir denken in Gegensätzen, nicht in Ganzheiten.

Die Frage nach der Ursache des Un-heil-Seins des Menschen kann auf verschiedenen Ebenen beantwortet werden, zum Beispiel auf der mythologischen. Der biblische Sündenfall wäre etwa ein Bild für den Sturz des Menschen in die Polarität. Das Paradies symbolisiert einen Zustand der Einheit, in dem der Mensch noch nichts unterscheiden und daher nichts erkennen kann. Das Verstoßen gegen das göttliche Gebot, das Essen vom Baum der Erkenntnis, steht für den Schritt von der Einheit in die Polarität, der notwendig war, um überhaupt zu Erkenntnissen zu gelangen. In dem Augenblick, in dem die Erkenntnisfähigkeit Adams und Evas erwacht, werden sie sich ihrer Geschlechtlichkeit bewußt, was ihnen vorher nicht möglich war. Dadurch aber, daß der Mensch in die Polarität hineingestellt ist, wird er selbst un-heil, d.h. er steht außerhalb der Einheit, wodurch er grundsätzlich das Bedürfnis nach Heil-ung in sich trägt.

Auch die Geschichte von der Erschaffung Evas aus der Rippe Adams ist Ausdruck des Schrittes in die Polarität. Adam und Eva sind Halbheiten eines ursprünglich ganzheitlichen Menschen, ein Bild für die Polarität von Mann und Frau. Seit der Teilung braucht die eine Hälfte die andere, der Volksmund sagt: die bessere Hälfte, um ganz zu werden. Die körperliche Vereinigung, der Orgasmus, ist durch das Einheitsempfinden so etwas wie ein Abbild der Ganzwerdung. In den Mythologien aller Völker finden sich Bilder für den Schritt des Menschen aus der Einheit, und jede Religion erhebt im Grunde den Anspruch, den Menschen aus der Polarität zurück zu einer göttlichen Einheit zu führen.

Auf der psychologischen Ebene drückt sich die Polarität in Gegensätzen aus. Ich sagte bereits, daß die Erkenntnisfähigkeit des Menschen an Gegensätze gebunden ist. Genauso wie wir nur dadurch etwas greifen können, daß der Daumen den übrigen Fingern gegenübergestellt ist, können wir nur begreifen, was „arm“ ist, wenn wir den Gegenpol „reich“ mit heranziehen. Das Gute macht nur in Relation zum Bösen einen Sinn, das eine ohne das andere ist undenkbar. Im „Faust“ bringt Mephisto dies in den Worten zum Ausdruck: „Ich bin ein Teil von jener Kraft, die stets das Böse will und stets das Gute schafft." Immer sind beide Pole mit im Spiel. Daß der Mensch in jeder Beziehung in die Polarität gestellt ist, ist der äußere Ausdruck seines Un-heil-Seins.

T.H.: Das sind ja doch verschiedene Aspekte. Die Polarität von Begriffen ist eine andere als die von Mann und Frau, und die ist wieder verschieden von der Polarität von Gut und Böse. Können Sie die Grundpolarität, in die der Mensch gestellt ist, genauer benennen?

R. Dahlke: Äußerlich betrachtet sind die Dinge natürlich verschieden, aber das Prinzip ist jeweils das gleiche. Das Drinnenstehen in der Polarität drückt sich nur auf verschiedenen Ebenen aus.

Nehmen Sie die Individualentwicklung. Mit der Empfängnis kommt die menschliche Individualität aus einer Ungebundenheit, aus einer Einheit, in Beziehung zu einem Körper. Dies ist der erste Schritt in die Polarität. Die Geburt entläßt das Kind aus der Einheit mit der Mutter, was den nächsten Schritt in die Polarität bedeutet. Indem das Kind den Mutterleib verläßt, muß es atmen, und der Atem ist eine Folge von Einatmen und Ausatmen. Somit lebt auch im Atem die Polarität, beide Pole – Ein- und Ausatmen – bedingen einander, fällt der eine weg, geht auch der andere.

Wo wir hinschauen, überall finden sich zwei entgegengesetzte Pole, die aber aufeinander angewiesen sind, weil der eine ohne den anderen nicht existieren kann. Polarität ist daher ein Grundprinzip, ein Archetypus, der alle Ebenen des Seins durchdringt. Die Namen für die Pole sind verschieden. Positiv und negativ, männlich und weiblich, Ying und Yang, wie es die taoistische Philosophie ausdrückt.

Der Schatten

T.H.: Das heißt also, daß die gesamte Existenz des Menschen durch die Gegensätze bestimmt ist?

R. Dahlke: Ja, wir können nur polar denken, wahrnehmen und uns verhalten. Aus der Polarität kommen wir nicht heraus. Die beiden Pole sind sich allerdings immer sehr nahe. Ein Alkoholiker und ein Abstinenzler sind sich von ihren Energien her gesehen sehr ähnlich: Sie haben ein gemeinsames Thema, den Alkohol. Der eine greift süchtig bei jeder Gelegenheit zur Flasche, der andere meidet jeden Kontakt mit dem Alkohol. Normalerweise würde man nun annehmen, daß der Alkoholiker und der Abstinenzler meilenweit voneinander entfernt sind, tatsächlich sind sie sich aber ganz nahe, der eine hat ein negatives, der andere ein positives Verhältnis zum Alkohol – Pluspol und Minuspol, aber bezogen auf dasselbe Thema.

Ein anderes Beispiel wäre die Geschichte des Christentums. Diese Geschichte spiegelt den zweitausendjährigen Versuch, die Gebote „Liebe deinen Nächsten wie dich selbst" und „Liebet eure Feinde" zu praktizieren. Das Christentum hat seine Feinde verfolgt wie kaum eine andere Religion. Die Christen wollten Liebe praktizieren, den positiven Pol einseitig betonen, wodurch aber der Schatten sehr nahe war, so daß sie Haß geschaffen haben.

Die Urpolarität, männlich-weiblich, Ying und Yang, wirkt prägend bis in den Organismus des Menschen, was am Aufbau des Gehirns deutlich wird. Die linke Gehirnhälfte entspricht mehr einem männlichen Denken, das bei uns besonders ausgeprägt ist und auf dem eigentlich unsere gesamte technisch-naturwissenschaftliche Kultur gebaut ist. Die rechte Gehirnhälfte repräsentiert ein eher weibliches Denken, ein Denken in Bildern, Mustern, in Ganzheiten. Daß unsere westliche Welt auf dem Denken der linken Gehirnhälfte aufbaut, zeigt sich etwa daran, daß bei schweren Fällen von Epilepsie früher der Balken, das Verbindungsstück zwischen beiden Hirnhälften, operativ durchtrennt wurde, wodurch die rechte Hirnhälfte quasi dem Bewußtsein entzogen wurde, das in der linken Hirnhälfte manifest ist. Man meinte, dem Menschen dadurch keinen nennenswerten Schaden zuzufügen. Alles musische Empfinden, alles Gefühlsmäßige, Ganzheitliche läuft aber in der rechten Hirnhälfte ab. Dies alles wurde durch die Durchtrennung des Balkens dem Bewußtsein entzogen.

Es gibt Völker, deren Kultur nicht wie bei uns auf linkshirnigem, sondern auf rechtshirnigem Denken aufbaut. Die Senoi etwa leben für die Nacht, sie benutzen den Tag, um sich auf die Nacht vorzubereiten, während wir die Nacht nutzen, um uns für den Tag fit zu machen. Die Nacht entspricht in der Tag-Nacht-Polarität dem weiblichen Pol und ist daher der rechten Hirnhälfte zuzuordnen.

T.H.: Was ist der Schatten?

R. Dahlke: Vereinfacht könnte man sagen, daß der Schatten all das ist, wozu ein Mensch nicht steht, was er ablehnt. All das, was er bejaht, für sich annimmt, ist das Ich; Ich und Schatten zusammen bilden das Selbst. Ein Abstinenzler etwa wird möglicherweise abstreiten, daß er ein Alkoholproblem hat, er wird es vielleicht bei den Alkoholikern und der Gesellschaft suchen, d.h. er wird es dann nach draußen projizieren. Tatsächlich aber ist der Alkohol ein Thema seiner Seele, er lehnt nur die bewußte Beschäftigung damit ab, so daß es in seinen Schatten sinkt.

T.H.: Ein Psychologieprofessor an der Pädagogischen Hochschule in Flensburg, Klaus Meurer, pflegte zu sagen, daß das, was einen störe, auch in einem selbst sei.

R. Dahlke: Das stimmt durchaus. Wenn Sie in der Zeitung von einem Bankraub lesen und einen Haß auf die Bankräuber entwickeln, zeigt das, daß sie ein Geldproblem haben. Hätten Sie keines, würde sie die Angelegenheit nicht weiter belasten. In extremer Weise wird diese Verdrängung von Themen in den Schatten bei Kindsmorden deutlich. Jede Mutter wird durch ihr Kind irgendwann einmal in die Enge getrieben.

T.H.: „Ich könnte es an die Wand klatschen!"

R. Dahlke: Ja genau! Diesen Punkt erlebt jeder Vater, jede Mutter. Gott sei Dank setzt kaum jemand diesen Gedanken in die Tat um, aber viele spüren solchen Impuls in sich, verachten und unterdrücken ihn. Irgend eine Frau aber bringt ihr Kind wirklich um, wird erwischt und angeklagt. Diese Frau bekommt den gesamten Haß der anderen Menschen zu spüren, die diesen Impuls unterdrückt haben. Die anderen Menschen projizieren ihren Schatten auf die eine Frau – es kann natürlich auch ein Mann sein –, die die dunkle Seite ihrer Seele ausgelebt hat. Sie hat keine Gnade zu erwarten.

Wenn man diesen Mechanismus versteht, hat man den Schlüssel zu vielen Probleme unserer Gesellschaft. Denken Sie nur an das Terrorismusproblem. Da zünden Leute Bomben in Banken, Kaufhäusern, Fabriken usw. Genau dies haben viele Menschen immer schon tun wollen, zum Beispiel eine Bombe an ihrem Arbeitsplatz werfen, weil er ihnen stinkt. Glücklicherweise wirft kaum jemand eine Bombe, die meisten Menschen drücken diesen Impuls in den Schatten. Diejenigen aber, die tatsächlich Bomben zünden, ernten nicht – wie sie es erhoffen – Solidarität, sondern negative Projektionen.

Der Körper als Bühne des Verdrängten

T.H.: Ich möchte einmal auf unseren Ausgangspunkt, Krankheit, zurückkommen. Welche Rolle spielen die bewußten und unbewußten Anteile der menschlichen Seele bei der Entstehung von Krankheiten bzw. Symptomen?

R. Dahlke: In der Schulmedizin wird dem Bewußtsein ja gar keine Bedeutung für die Entstehung von Symptomen zugeschrieben, ein Symptom tritt in der Vorstellung der Schulmedizin mehr oder weniger zufällig auf. Aus meiner Sicht fällt einem ein Symptom nicht zufällig, sondern gesetzmäßig zu. Ein Problem, das zunächst im Bewußtsein auftritt und dort nicht gelöst bzw. bearbeitet, sondern verdrängt wird, kann unter Umständen auf einer anderen Ebene, zum Beispiel der körperlichen, wieder auftauchen, wo es sich dann als Symptom äußert.

T.H.: Können Sie das einmal an einem Beispiel deutlich machen?

R. Dahlke: Denken Sie sich einen Menschen, der geistig-seelisch die Nase voll hat, der nicht mehr zu einer bestimmten Situation stehen möchte, weil er genug hat, nichts mehr hören und nichts sehen will von den Dingen, mit denen er sich beschäftigen muß. Es könnte etwa sein, daß ihm die Situation an seinem Arbeitsplatz nicht mehr gefällt, gewisse Dinge störten ihn schon immer, aber jetzt reicht es ihm! Jetzt hat dieser Mensch zwei Möglichkeiten. Entweder er steht zu seiner Situation, geht zu seinem Chef und sagt ihm einmal ordentlich seine Meinung. Dann wäre alles in Ordnung, der Chef würde natürlich entsprechend reagieren, aber die Situation wäre auf der Bewußtseinsebene gelöst worden.

Die andere Möglichkeit wäre, daß unser Mensch sein Problem verdrängt, weil er an seine Familie denkt, die versorgt sein will, so daß er, um seinen Arbeitsplatz nicht zu gefährden, den Mund hält, zurücksteckt und das Problem in sich hineinfrißt. Vielleicht gesteht er sich nicht einmal mehr ein, daß er frustriert ist, daß er sich für seine Arbeit nicht mehr erwärmen kann, und dann wird er sich im wahrsten Sinne des Wortes erkälten, er wird zumachen. Sein Körper wird dann das Verschlossensein ausdrücken, indem die Nase zuschwillt, der Hals dick wird, die Augen aufquellen usw. Das einzige, was noch herauskommt, ist Husten, ein Zeichen der Aggressivität, und Schleimhautsekret beim Niesen. Es ist wissenschaftlich festgestellt worden, daß das Nasensekret beim Niesen die Geschwindigkeit einer Pistolenkugel erreicht. Der ganze Körper wird zur Bühne des Problems, das auf der Bewußtseinsebene weggeschoben wurde, und zeigt Verschlossenheit und Aggressivität.

So etwa wäre an einem praktischen Beispiel der Weg zur Entstehung eines Symptoms. Man kann sich diesen Vorgang auch dadurch plausibel machen, daß man sich vor Augen führt, daß die Medizin die einzige Wissenschaft ist, die davon ausgeht, daß ein Phänomen ersatzlos zum Verschwinden gebracht werden kann. Sie geht davon aus, daß ein Symptom wirklich total aufhört zu existieren, wenn es entsprechend behandelt wurde. In der Physik gibt es hingegen die Erhaltungssätze. Energie kann zwar von einer Erscheinungsform in die andere umgewandelt werden, verschwinden tut sie nicht. Oder ein Eiswürfel kann durch Energiezufuhr verflüssigt oder gar verdampft werden. Außer der Erscheinungsform verschwindet nichts, die Substanz bleibt erhalten.

Das Beispiel mit dem Eiswürfel kann gut auf Krankheitssymptome übertragen werden. Wenn man den Eiswürfel als feste Materie für das Körperliche, das Wasser für das Seelische und das Gas für das Geistige nimmt, kann man sagen, das Symptom wird vom Gas zum Eis verschoben. Das Problem, das man im Bewußtsein hat, entspricht dem Gas. Wird in dieses Problem keine Energie investiert, so sinkt es zum Flüssigen, d.h. zum Seelischen und schließlich zum Festen, zum Körperlichen. Um das Symptom, das der Körper zeigt, zu beheben, muß wieder Energie zugeführt werden, indem eine bewußte Auseinandersetzung mit dem Ausgangsproblem erfolgt. Auf diese Art würde das Symptom in der Senkrechten verschoben, was nicht zu verwechseln ist mit einer waagerechten Verschiebung von einem Symptom zum anderen.

Das Symptom als Symbol

T.H.: Wie kann Ihrer Ansicht nach ein Mensch, bei dem sich ein Symptom zeigt, feststellen, welches Problem er verdrängt hat? Denn das müßte er ja wissen, um eine bewußte Auseinandersetzung leisten zu können.

R. Dahlke: Genau das ist ja das Anliegen meiner Arbeit. Man muß einfach die Phänomene symbolisch betrachten. Die Symbolsprache der Phänomene, der Symptome, lesen lernen. Die Körpersprache ist ja bekanntlich eine Symbolsprache. Die Haltung drückt etwas aus, der Gang auch usw. Diese Dinge stammen auch gar nicht aus der esoterischen Medizin, sondern sind Allgemeingut. Die Fragen „Wie geht es Dir?" oder „Wie steht´s?" fragen im Grunde danach, wie der Mensch durchs Leben geht bzw. im Leben steht. Die Symptomsprache ist auch eine Körpersprache, allerdings eine sehr viel differenziertere, die sich in Symbolen ausdrückt und durch ganzheitliches Denken zu erfassen ist.

Wenn ich Sie beispielsweise hochnäsig anschaue, und Sie wollen ergründen, wodurch der Eindruck der Hochnäsigkeit entsteht, und Sie gehen dann wissenschaftlich vor, würden Sie auf die Nase kommen, das gibt das Wort „hoch*näsig*" ja schon her. An der Nase kann die Hochnäsigkeit aber schwer festgemacht werden, denn diese besteht letztlich nur aus einem Haufen von Zellen. Sie würden dann tiefer forschen und letztlich beim Erbgut landen. So tief Sie aber auch gehen, Sie werden die Hochnäsigkeit nicht finden. Diese Art zu denken ist analytisch, entspricht der linken Gehirnhälfte. Die Hochnäsigkeit ist aber eine Signatur, zu der die ganze Kopf- und Halshaltung, die Art, wie ich spreche, wie ich Sie ansehe, meine Mimik und Gestik hinzugehört. Die Hochnäsigkeit können Sie daher nur erfassen, wenn Sie mit der rechten Gehirnhälfte arbeiten, ganzheitlich denken und das Symbol, das ich ausdrücke, erfassen. Nur durch symbolisches, zusammen-werfendes, zusammen-schauendes, nicht durch diabolisch-analytisches, zerteilendes, auseinandernehmendes Denken enthüllt sich einem der Symbolgehalt der Körpersprache.

Wenn der Körper nichts mehr hergibt

Die Symptomsprache geht in gleicher Weise symbolisch vor. Nehmen Sie wieder den Schnupfen. Die geschlossene Nase ist Symbol für Verschlossenheit, für „die Nase voll haben", verschwollene Augen und dumpfes Hören, belegte Ohren sind Symbol für nichts mehr hören und nichts mehr sehen wollen.

Ein anderes Beispiel wäre die Verstopfung. Wenn man sich fragt, was der Körper durch die Verstopfung abbildet, kommt man darauf, daß der Körper nichts mehr hergibt. Der Mensch wird also ein Problem mit Hergeben, d.h. mit Sparsamkeit oder Geiz haben. Nun sind dies sehr naheliegende Beispiele, oftmals sind die Dinge sehr viel komplizierter.

T.H.: Wenn zwei Menschen gleiche Symptome zeigen, könnte man dann davon ausgehen, daß gleiche Verdrängungen vorliegen?

R. Dahlke: Ja, darauf beruht diese ganze Art der Deutung. Wenn jemand verstopft ist, hat er immer ein Problem mit dem Geben. Das bedeutet aber nicht, daß jeder, der ein Problem mit dem Hergeben hat, auch an Verstopfung leidet. Außerdem ist eine Verstopfung nicht gleich der anderen, die Dinge sind außerordentlich vielfältig. Vor Kategorisierungen, wie sie die Schulmedizin vornimmt, muß man sich hüten. Insofern waren die Beispiele, die ich eben nannte, sehr pauschal. Ich schreibe jetzt ein 300 Seiten starkes Buch nur über Verdauungsprobleme, und selbst dann ist es immer noch eine Pauschalisierung. Die Beschreibungen in meinem Buch „Krankheit als Weg" sind natürlich auch pauschal und werden dem einzelnen Menschen nicht gerecht.

Es gibt so viele Arten der Verstopfung, wie es verstopfte Menschen gibt. Um festzustellen, was im Einzelfall wirklich vorliegt, muß der ganze Mensch angeschaut werden, also körperlich, seelisch und geistig. „Nicht hergeben wollen" kann sich ja in ganz verschiedener Weise äußern, es kann sich an materiellen Dingen, aber auch an Gefühlen und Gedanken festmachen. Man muß also wirklich den ganzen Menschen in seinem So-Sein anschauen.

Seuchen und Gruppenschicksal

T.H.: Was liegt denn vor, wenn eine Gruppe von Menschen im gleichen Zeitraum an der gleichen Krankheit erkrankt, etwa wenn eine Seuche ausgebrochen ist?

R. Dahlke: Na ja, da muß man das Prinzip einfach abstrahieren, was ich, nachdem ich nun seit über zehn Jahren mit diesem Ansatz arbeite, mir auch zutraue. Bei diesen Dingen liegt so etwas wie ein Gruppenschicksal vor. Eine Gesellschaft ist insgesamt durch gewisse Strukturen geprägt, die auch ein verbindendes Element dieser Gesellschaft darstellen.

Ein einfaches Beispiel wäre die Übergewichtigkeit. Wer bei uns 20 kg Übergewicht hat, gilt in Indien als normal, gesund und reich, weil dort andere Vorstellungen in der Gesellschaft leben als bei uns. In Indien können die Hollywoodfilme nicht mit Erfolg laufen, weil die amerikanischen Frauen als viel zu dünn empfunden werden. Und wie eine Gesellschaft ein bestimmtes Bild von bestimmten Dingen hat, so hat sie auch ein gemeinsames Problem.

Die für unsere Gesellschaft bedrohlichste Krankheit ist wohl nach wie vor der Krebs, AIDS kommt jetzt langsam dazu, aber die beiden Krankheiten sind vom Erscheinungsbild sehr ähnlich, was schon dadurch deutlich wird, daß sehr viele AIDS-Patienten letztlich an Krebs sterben. Ähnlich wie Krebs die prägende Krankheit unserer Zeit ist, hieß die früherer Zeiten zum Beispiel Pest oder Pocken. Das wären dann solche Seuchen, nach denen Sie fragten.

T.H.: Was wäre aber das Thema, das – im Bewußtsein nicht verarbeitet – zu Pest oder Pocken führte?

R. Dahlke: Da ich solche Fälle nie zu Gesicht bekommen habe, bin ich auf Vermutungen angewiesen. Nun sind Pest und Pocken Infektionskrankheiten, und die laufen alle mehr oder weniger nach dem gleichen Schema ab. Infektionskrankheiten sind letztlich Symbol für Aggressionsprobleme. Das belegt die Wissenschaft ja heute sehr eindrücklich, denn bei einer Infektion läuft im Gewebe Krieg ab. Eindringende Erreger kämpfen gegen Antikörper, die körpereigene Abwehrtruppe. Die Antikörper stürzen sich auf die Erreger, wobei sie nach Kamikaze-Art selbst zugrunde gehen. Die weißen Blutkörperchen kesseln die Eindringlinge ein, um sie abzuschotten. Fieber ist Signal für die Generalmobilmachung aller Abwehrkräfte des Körpers usw. Der Körper bildet direkt Aggressionsgeschehen ab, so daß ich davon ausgehe, daß in Zeiten, in denen gehäuft Pocken und Pest auftraten, das Thema Aggression im großen Umfang verdrängt wurde.

Krebs

T.H.: Nun wäre es interessant zu wissen, welches Thema demzufolge in unserer Gesellschaft nicht bearbeitet wurde, so daß Krebs in so starkem Maße auftritt.

R. Dahlke: Beim Krebs gilt in verstärktem Maße das, was ich für die Verstopfung sagte. Kein Krebs ist wie der andere, jeder Patient hat sein individuelles Krankheitsbild. Ich würde mich hüten, Krebs ähnlich pauschal wie etwa Erkältung zu deuten. Die Symbolik der Erkältung ist recht eindeutig, und man kann auch keinen großen Schaden damit anrichten.

T.H.: Können Sie nicht vielleicht trotzdem ein Grundprinzip, das sich im Krebs ausdrückt, benennen?

R. Dahlke: Das Grundphänomen, das Bild, das der Körper zeigt, wenn ein Mensch an Krebs erkrankt, ist im Prinzip immer ähnlich. Krebs ist dadurch gekennzeichnet, daß etwas aus der Art schlägt, also entartet. Eine Darmzelle, die jahrzehntelang ihren Dienst in einem größeren Zellverband getan hat, verläßt diesen Verband und geht auf den Egotrip. Irgendwann ist diese Zelle überreizt – Krebs entsteht ja immer durch Überreizung –, versorgt ihren Dienst nicht mehr und geht auf den Selbstverwirklichungstrip, indem sie anfängt zu wuchern, sich zu teilen, wodurch die eine Zelle letztlich unsterblich wird, da sie immer in ihren identischen Nachkommen weiterexistiert. Es gibt ein Krebsgewebe eines Patienten aus den zwanziger Jahren, das sich bis heute ohne jede Alterserscheinung weiter vermehrt, während sonst ja alle Zellen eine Altersgrenze haben. Außerdem verbreiten sich die Krebszellen bzw. ihre Tochterzellen im ganzen Körper, so daß überall neue Krebsherde entstehen. Die Zelle hat das Ziel, daß der ganze Körper wie sie selbst werden soll. Weiter wäre zu sagen, daß Krebszellen degenerieren, sich quasi zum Stadium eines Einzellers zurückentwickeln und auch von einem Atmungsstoffwechsel, der von anderen Zellen abhängig macht, zu einem Gärungsstoffwechsel umstellen, wodurch auch der Stoffwechsel autark wird. Krebszellen bilden also Unsterblichkeit und Primitivität ab. Was ich jetzt beschrieben habe, war das Hauptstadium des Krebs, das Stadium der Entartung. Davor liegt das Stadium der Präkancerose, das Stadium vor dem Ausbruch der eigentlichen Krankheit, das ich für mindestens ebenso wichtig halte.

Schaut man sich einmal das Persönlichkeitsprofil der Menschen an, bei denen der Krebs noch nicht ausgebrochen ist, so stellt man fest, daß diese Menschen meist in irgend einer Beziehung sehr angepaßt sind. Es sind brave Menschen, die nie über die Stränge schlagen, nie Grenzen herausfordern. Wolf Büntig, ein Gestalttherapeut in München, hat für diese Menschen den Ausdruck „Normopath“ geprägt, den ich sehr treffend finde. Ein Normopath ist krank an der Normalität, er ist so angepaßt, daß seine Vitalität leidet. Genau in dieser Situation entsteht Krebs.

Diese Menschen waren oftmals lange Zeit nicht krank, sind liebe Menschen, die alle ihren Willen taten, und plötzlich bricht Krebs aus. Was ist geschehen? Das ganze Thema Selbstverwirklichung wurde ein Leben lang unterdrückt und tritt nun als Körpersymptom auf. Was im Bewußtsein nicht verarbeitet wird, hier das Thema Selbstverwirklichung, Grenzen herausfordern, sinkt in den Schatten und wird vom Körper abgebildet.

Kinderkrankheiten

T.H.: Das Grundprinzip Ihrer Erklärung ist mir klar. Was aus dem Bewußtsein verdrängt wird, sinkt auf die Ebene des Körpers, wo es als Symptom auftritt. Was wäre aber demnach mit Kinderkrankheiten, denn Kinder können ja noch keine bewußte Verarbeitung leisten?

R. Dahlke: Die Frage wird immer wieder gestellt, und sie berührt einen Punkt, in dem die ganze Philosophie, die hinter meiner Krankheitsauffassung steht, hineinspielt. Ich gehe davon aus, daß der Mensch nicht als unbeschriebenes Blatt auf die Welt kommt, sondern mit einer ganz bestimmten Aufgabe, mit einem bestimmten Muster, das er auf dieser Welt zu lernen hat. Daher kann es sein, daß Kinderkrankheiten einen Teil des Lernprozesses ausmachen, den ein Mensch in diesem Leben zu durchlaufen hat. Diese Philosophie klingt sehr hart, ja unmenschlich, aber ich finde, die Alternative ist noch härter. Geht man nicht davon aus, daß Krankheiten bei Kindern zu ihrer Lebensaufgabe als Erdenmenschen gehören, muß man als Grund für die Erkrankung den Zufall annehmen, und von dort ist es nicht weit, am Schicksal oder der Welt zu verzweifeln. Man kann seine Situation, macht man den Zufall für sie verantwortlich, nur als ungerecht empfinden.

Reinkarnation

T.H.: Sie gehen also davon aus, daß der Mensch mehr als einmal auf der Erde verkörpert wird, also mehrere Leben lebt?

R. Dahlke: Ja, obwohl man einschränkend hinzufügen muß, daß die Esoterik, wie übrigens auch die moderne Physik, davon ausgeht, daß Zeit eine Illusion ist. Unsere Vorstellung von Zeit ist eine einzige Illusion, an die wir allerdings gebunden sind, denn hätten wir uns heute nicht zu einem bestimmten Zeitpunkt am Bahnhof verabredet, hätten wir uns nie getroffen. Aber es gibt auch andere Illusionen, an die wir gebunden sind. So wissen wir aus der Physik, daß das, was wir feste Materie nennen, im wesentlichen leerer Raum ist. Trotzdem machen wir die Tür besser auf, wenn wir hindurchgehen wollen, sonst stoßen wir uns den Kopf. Wir leben also mit Trugbildern, zu denen auch die Zeit gehört, die es letztlich gar nicht gibt, denn in Wirklichkeit herrscht eine Art Gleichzeitigkeit.

In der Welt, in der wir leben und an die wir durch unsere Sinnesorgane so gebunden sind, daß wir die Dinge nur nacheinander erleben können, macht meiner Überzeugung nach das Weltbild, das von der Reinkarnation ausgeht, mehr Sinn als das, welches das Leben als ein rein zufälliges Ereignis sieht, das irgendwann einmal in die Wirklichkeit platzt und dann wieder verschwindet. In östlichen Kulturen ist man ohnehin stets von der Wiederverkörperung ausgegangen, so daß wir mehr oder weniger zufällig zu dem Teil der Menschheit gehören, dem dieser Gedanke keine Selbstverständlichkeit ist, obwohl er auch in der abendländischen Kultur genügend Wurzeln hat. Es spricht sogar einiges dafür, daß im Urchristentum die Reinkarnationslehre weit verbreitet war. Augustinus etwa geht selbstverständlich von der Wiedergeburt aus. Auch im Neuen Testament gibt es Stellen, die besagen, daß die Jünger Christus gefragt haben, ob er der wiedergeborene Elias sei. Was macht denn so eine Frage für einen Sinn, wenn der Reinkarnationsgedanke keine Selbstverständlichkeit gewesen wäre?

Wie gesagt, vieles läßt sich durch Wiederverkörperung zwanglos erklären, was sonst unerklärlich ist. Daß Kinder mit zwei Jahren perfekt Klavier spielen können, also das Phänomen der Wunderkinder, bleibt ohne Wiederverkörperung ein ewiges Rätsel.

T.H.: Wie funktioniert Ihrer Auffassung nach Reinkarnation? Was bleibt von Inkarnation zu Inkarnation erhalten?

R. Dahlke: Der Körper zerfällt mit dem Tode, die Seele bleibt erhalten. Nun werden Sie natürlich gleich weiterfragen, was die Seele ist. Seele zu definieren, ist außerordentlich schwierig, aber offensichtlich lernen wir mit Hilfe unseres Körpers bestimmte Dinge, machen bestimmte Erfahrungen, und von dem, was wir lernen, was wir an Erfahrungen machen, bleibt ein Teil erhalten, der dann ins nächste Leben mitgebracht wird. Wenn also Leonardo da Vinci wiedergeboren würde, hätte er sicherlich eine Begabung für die Malerei, was nicht bedeutet, daß er als Maler wiedergeboren werden muß, die Malerei braucht ja in diesem Leben nicht mehr seine Aufgabe zu sein. Es gibt ja oft Leute, die aus ihren Begabungen nichts machen, weil sie mit dem Thema durch sind.

Past life

T.H.: Wenn ein Mensch aus seiner vorangegangenen Inkarnation eine Krankheit mitbringt ...

R. Dahlke: ... ich würde eher sagen, er bringt ein Muster mit, daß sich auch als Krankheit äußern kann.

T.H.: Gut, ein Mensch bringt ein Muster mit und erkrankt infolgedessen. Wie kann er nun Erkenntnisse darüber erlangen, was er in einem früheren Leben getan hat, so daß dieses spezielle Muster zustandekam?

R. Dahlke: Jetzt bewegen Sie sich auf einer Denkschiene, die mir gar nicht gefällt, weil Sie nämlich auf Ursachensuche sind. Bleiben wir in diesem Modell, das ich nicht teile, und gehen auf Ursachensuche, so könnte man einfach in der Reinkarnationstherapie zu dem entsprechenden Punkt in früheren Erdenleben zurückblenden. So wie Sie Ihre Geburt wiedererleben können, können Sie auch frühere Erdenleben wiedererleben. Sie werden auch eine Ursache finden, aber Sie werden auch in noch früheren Erdenleben eine Ursache der Ursache usw. finden. Es hört nie auf, und an diesem Punkt stößt das Ursachendenken einfach an Grenzen.

Die Wissenschaft geht ja ganz ähnlich vor, indem sie nach den Ursachen einer Erkrankung fragt, sie hört dann aber per Definition bei den Erregern auf. Man könnte ja weiterfragen, warum ein Mensch gerade an diesen Erregern erkrankt, dann wäre man beim Immunsystem gelandet. Von da aus kann man weiter und immer weiter fragen und landet letztlich bei Adam und Eva oder beim Urknall.

Es gibt Reinkarnationstherapien, die nach dem Ursachenschema vorgehen, aber in meinen Augen ist dies bloß zeitlich nach hinten ausgedehnte Psychoanalyse. So wie die Psychoanalyse die Ursache in den ersten drei Lebensjahren sucht, suchen diese Past-life-Therapien, wie sie sich neudeutsch nennen, in früheren Erdenleben. Ich halte dieses Vorgehen therapeutisch nicht für sinnvoll, und mit der Reinkarnationstherapie, wie ich sie verstehe und anwende, hat das nichts zu tun.

„Der Mensch selbst ist gefordert"

T.H.: Jetzt machen Sie mich neugierig. Wie sieht die von Ihnen betriebene Reinkarnationstherapie dann aus?

R. Dahlke: Das Ziel meiner Reinkarnationstherapie ist es, das Muster, das ein Mensch mit auf die Welt bringt, klar und bewußt zu machen. Der nächste Schritt wäre, daß der Mensch sein Muster annimmt und sich damit aussöhnt. Ich will die Menschen dazu führen, daß sie erkennen, daß ihr Leben ihnen zukommt, daß ihre Erlebnisse und Schwierigkeiten notwendig waren, um die eigene Aufgabe zu erkennen und zu erfüllen. Sie sollen lernen, die volle Verantwortung für ihr Leben selbst zu übernehmen. Solange man auf Ursachensuche ist, neigt man dazu, die Schuld und Verantwortung für das eigene Schicksal nach außen zu projizieren.

Mein Ansatz ist letztlich der von Thorwald Dethlefsen geprägte, nämlich nicht zu projizieren, sondern die Verantwortung auf sich selbst zu nehmen. Die Psychoanalyse geht zurück in die frühe Kindheit und findet dort den Vater, der in einer bestimmten Weise auf das Kind eingewirkt hat. Folglich ist der Vater schuld, daß das Kind so geworden ist, wie es ist. In gleicher Weise kann man in frühere Leben zurückgehen und findet dort, daß man an einer Situation gelitten hat, und macht nun diese Situation für sein jetziges So-Sein verantwortlich.

In einem Leben findet man sich zum Beispiel in der Situation des Opfers, in noch früheren Leben kann man sich dann als Täter erleben, dann wieder als Opfer, dann wieder als Täter usw. Plötzlich geht einem auf, daß man Täter und Opfer ist. Ein Thema steht im Mittelpunkt, und man nähert sich ihm einmal im Positiven, einmal im Negativen. Irgendwann hört dann die Projektion auf, und das Muster steht alleine da. In diesem Moment hat man das Muster für sich selbst angenommen. Als nächstes muß man sich dann damit aussöhnen. Der Mensch erkennt, daß seine Eltern, seine soziale Umwelt, seine ganze Lebenssituation notwendig sind, damit er seine ganz individuelle Lernaufgabe erfüllen kann. Nicht ob andere es besser haben, ist interessant, sondern die Erfüllung der eigenen Lebensaufgabe. Der Mensch selbst ist gefordert, niemand sonst.

Hypnose, Suggestion und andere Methoden

T.H.: Wie soll es zu schaffen sein, daß ein Mensch seine früheren Erdenleben oder auch nur seine Geburt wiedererlebt?

R. Dahlke: Dazu gibt es inzwischen verschiedene Techniken. Ich bin allerdings der Ansicht, daß die Technik gar nicht die entscheidende Rolle spielt, sondern das dahinterstehende Weltbild. Die Psychoanalyse etwa hat seit Jahrzehnten versucht, die Vergangenheit der Menschen zu erforschen und ist nie weiter als bis zum zweiten Lebensjahr zurückgekommen, weil irgendwann um das zweite bis vierte Lebensjahr die Erinnerungsfähigkeit überhaupt erst einsetzt.

In der Hypnose ist es dann etwa vorgekommen, daß Menschen doch über diesen Punkt hinaus gelangt sind und von ihrer Geburt oder auch früheren Leben berichtet haben. Thorwald Dethlefsen hat ja von solchen Fällen berichtet. Hypnose wäre also die erste Möglichkeit, Menschen in frühere Erdenleben zurückzuversetzen. Ich möchte aber gleich dazu sagen, daß ich von dieser Methode nichts halte und nie mit ihr gearbeitet habe. Dethlefsen ist mit dieser Methode rein experimentell verfahren, da ja zum Beispiel nicht klar war, ob ein Mensch, der seinen eigenen Tod in einem früheren Leben nacherlebt, im jetzigen Leben nicht auch Schaden nimmt, bis man dann festgestellt hat, daß keine Gefahr besteht, im Gegenteil, die Bewußtheit wächst.

Eine einfachere Methode ist, daß man einen Menschen äußerlich in eine geburtsnahe Situation bringt. Hypnose ist nicht bei allen Menschen erfolgreich anwendbar. Je intellektueller ein Mensch ist, desto schwieriger wird es, einen tiefen Trancezustand herzustellen. Wenn man nun den Menschen in eine geburtsnahe Situation bringt, indem man ihn etwa auf einer schwebend gelagerten Liege bettet, die im Rhythmus seines Atems schwingt, im Hintergrund Musik erklingen läßt, die an Wassergeplätscher erinnert, den Raum verdunkelt und den Herzschlag hörbar macht, ist die Situation sehr ähnlich der im Mutterleib. Der Mensch befindet sich in einem vollkommen entspannten Zustand und das Bewußtsein ist offener, empfänglicher.

Das gleiche läßt sich mit Bildern erreichen, die innerlich nacherlebt werden, mit Suggestionen. Man suggeriert dem Menschen, er ginge ins Meer. Damit ist man schon ganz dicht am Urweiblichen, Mütterlichen dran. Nimmt man dann noch eine Höhle im Meer mit in die Vorstellung auf, ähnelt die Situation wiederum der in der Geburtshöhle. Entsprechende Atemübungen helfen dann, Regressionen, Rückerinnerungen, einzuleiten. In diesen Situationen ist es relativ problemlos möglich, die Menschen in frühere Erdenleben zurückzuversetzen.

Eine weitere Methode wäre das NLP, das Neuro-Linguistic-Programming, mit der man den Intellekt ins Leere laufen läßt. Die Ausgangslage ist wiederum eine entspannte Situation. Dann werden dem Intellekt Wortspielereien, Scheinalternativen angeboten, zum Beispiel „Jetzt oder gleich". Die linke Hirnhälfte wird mit der Absicht verwirrt, das analytische Denken zu durchstoßen und tiefere Schichten des Denkens zu erreichen, es läuft ins Leere und die rechte Hirnhälfte kommt stärker zum Zuge. Diese Methode funktioniert sehr gut, ich habe sie in Tausenden von Sitzungen seit nunmehr über zwölf Jahren erprobt.

T.H.: Wie kriegen Sie die Menschen aber dazu, von vermeintlich früheren Inkarnationen zu erzählen?

Das Erzählen des Erlebten

R. Dahlke: Indem ich sie einfach auffordere, das, was sie erleben, auszusprechen.

T.H.: Wie konkret sind die gemachten Aussagen?

R. Dahlke: Das hängt davon ab, wie konkret ich frage und welche Technik ich anwende. In meiner Arbeit lege ich es nicht auf konkrete Informationen an, weil dadurch letztlich nichts erreicht wird. Frühere Inkarnationen anschauen, ist keine Therapie, es ist vielleicht ganz spannend, es ist aber genauso wenig Therapie, wie es Therapie ist, eine Stunde aus der Jugendzeit des Menschen zu betrachten.

Je mehr man in die Einzelheiten geht, umso mehr wird das zeitliche Verhältnis 1 : 1, also eine Stunde heute entspricht einer Stunde damals. Bei der Geburt gehe ich oftmals noch so stark in die Details, aber was hat man davon, zwei Stunden Gegenwart mit zwei Stunden Mittelalter zu vertauschen?

In tiefer Entspannung und mit viel Nachdruck kriegt man die Menschen dazu, Namen, Zahlen usw. zu nennen, sehr detaillierte Auskünfte zu geben. In seinen Hypnosesitzungen ist Dethlefsen anfangs ja so vorgegangen. Hypnose eignet sich dazu am besten, dennoch hat Dethlefsen auch nur mit sehr ausgesuchten Versuchspersonen gearbeitet, die sehr leicht und tief hypnotisierbar waren. Aber für die Therapie liegt hier nicht der springende Punkt.

Für die Therapie ist das Entscheidende das Muster. Je archetypischer die Aussagen werden, umso wichtiger sind sie. Wichtig ist nicht das Individuelle, sondern das Überpersönliche. Nehmen Sie als Beispiel den menschlichen Körper. Die Oberfläche, die Haut, ist am individuellsten geprägt, sichtbar etwa an den Fingerabdrücken, die bei jedem Menschen anders sind. Je weiter sie nach innen gehen, desto allgemeiner werden die Strukturen. Im Seelischen ist es entsprechend. An der Oberfläche ist das Ego, das bei jedem Menschen anders ist. Je tiefer sie gehen, desto archetypischer wird die Seele. Irgendwann stößt man dann etwa auf die Polarität von Macht und Demut, die sich in irgend einer Form bei allen Menschen findet.

Der erste Schritt ist allerdings notwendigerweise der in die Einzelheiten. Nur wenn der erwachsene Mensch in allen Einzelheiten erlebt hat, wie er beispielsweise im Mittelalter umgekommen ist, entwickelt er Vertrauen zu dem Erlebten und bekommt die Gewißheit, daß er wirklich sein eigenes früheres Erdenleben wiedererlebt. Bei Kindern hingegen sind die Einzelheiten nicht notwendig, da sie noch ein viel besseres Verhältnis zum symbolischen Denken haben und auch den Archetypen noch viel näherstehen, so daß es gar nicht notwendig ist, in die Einzelheiten zu gehen.

Projektionen

T.H.: Angenommen, ein Mensch hat in einem Leben, in dem er jetzt drinnensteht, ein Problem und in der Therapie kommen Sie mit ihm gemeinsam zu dem Schluß, daß sich dieses Problem schon in früheren Inkarnationen findet. Da liegt doch die Annahme nahe, daß das Problem lediglich in eine Situation hineinprojiziert wurde und daß die Vorstellung, man erlebe ein vergangenes Leben nach, Illusion ist. Erhard Freitag erzählte mir, daß er mit Prominenten Reinkarnationshypnose gemacht hätte, wobei sich gezeigt habe, daß diese VIPs auch in früheren Leben immer schon zur Prominenz gehört hätten. Da liegt der Verdacht der Projektion einfach nahe.

R. Dahlke: Natürlich, da ist viel persönliche Eitelkeit mit im Spiel. In den 13 Jahren, in denen ich jetzt in Tausenden von Sitzungen mit Reinkarnationstherapie arbeite, sind mir nur zwei Fälle untergekommen, in denen historisch bekannte Persönlichkeiten beschrieben wurden, so daß das Problem bei mir kaum auftaucht. Außerdem sichere ich mich gegen diese Selbsttäuschung dadurch ab, daß ich bei meinen Patienten während der Therapie den Hautwiderstand messe. Wenn ein Patient am Abend vor der Therapie einen Historienfilm gesehen hat und das Gesehene in seine Schilderungen integriert, merke ich die Unechtheit des Erzählten daran, daß das Meßgerät keine Ladung anzeigt. Die Fluten von Cäsars, Neros, Marie-Antoinettes und Cleopatras spielen in meiner Therapie daher keine Rolle, so etwas kommt so gut wie nicht vor.

Die Annahme, Patienten würden ihr gegenwärtiges Problem in frühere Erdenleben projizieren, würde den Erfolg der Therapie übrigens nicht einmal in Frage stellen. Meine Therapie fragt, wie gesagt, nach dem Muster, und wenn dieses in andere Situationen übertragen wird, so daß es deutlich hervortritt, so wäre das Ziel erreicht. Nehmen wir an, jemand hat ein Aggressionsproblem, er hat Streit mit seinen Nachbarn, nimmt sich einen Anwalt und läßt den Streit gerichtlich ausfechten. Gehen wir in der Therapie 2.000 Jahre oder noch mehr zurück, so wird der Konflikt mit Knüppeln ausgetragen, so daß Aggressivität direkt spürbar wird. Durch diese Projektion wird das Thema Aggression deutlich, während es in der Gegenwart verborgen war. Selbst wenn das Erlebnis vor 2.000 Jahren nicht historisch ist, erfüllt es seinen Zweck: Bewußtmachen des Themas, das zu bearbeiten ist. Die alten Geschichten an sich sind doch völlig uninteressant. Ich benutze die Vergangenheit bewußt als Projektionsfläche für die Themen, die die Menschen heute bearbeiten müssen.

Besser röntgen als pendeln

T.H.: Lehnen Sie die Methoden und Ansätze der Schulmedizin pauschal ab?

R. Dahlke: Nein, ich bin ja Schulmediziner, d.h. ich habe ganz normal Medizin studiert. Parallel zum Studium und vor allem auch in der Zeit danach habe ich mich für alternative Medizin, Naturheilkunde und vor allem auch Homöopathie interessiert. Bei der Medizin, die ich mache, ist die Schulmedizin wichtig und zum Teil sogar Voraussetzung. Ich deute ja Symptome und Befunde, die mir die Schulmedizin erst liefert. Der Formaspekt ist wichtig, die Bühne, die Kostüme, die Schauspieler sind notwendig, um an den Inhalt eines Stückes heranzukommen. Ebenso brauche ich Anatomie, Physiologie, Biochemie usw., um an den Inhalt einer Krankheit heranzukommen. Mit Hilfe der schulmedizinischen Einzeldisziplinen werden die Bilder beschrieben, die ich dann deute. Die Schulmedizin liefert Daten und Fakten in einer Fülle und in einer hervorragend aufgearbeiteten Art, so daß ich nur dankbar sein kann. Man kann nur staunen, daß sie selbst nicht mehr aus der Fülle der Fakten macht. Sie erstickt im Detail. Ich füge die Teile wieder zu einem Gesamtbild zusammen.

Aber wenn Sie sich ein Bein brechen und der Knochen tritt aus, dann suchen Sie sich einen guten Orthopäden, der den Knochen nagelt oder schraubt. Da ist nicht die Frage, ob wir den Bruch deuten oder nicht. Reparatur ist die große Domäne der Schulmedizin und auf diesem Gebiet ist niemand auch nur annähernd so gut. Und was immer man röntgen kann, wird besser geröntgt als gependelt, weil es beim Pendeln meistens so viele Ergebnisse wie Pendler gibt. Beim Röntgen sind die Ergebnisse eindeutig und nachvollziehbar, so daß man auch sinnvolle Konsequenzen aus dem Befund ziehen kann.

Es ist der Schulmedizin gar nicht vorzuwerfen, daß sie ein riesiger Reparaturapparat ist, weil sie genau das verspricht: Reparatur. Und die leistet sie optimal. Wenn einem am Heil, an Entwicklung gelegen ist, muß man sich esoterischer Medizin, Jungscher Psychologie usw. zuwenden, wo diese Dinge vorgesehen sind. Wenn Sie ins Hallenbad gehen, erwarten Sie keinen Meerblick. Dafür haben Sie nicht bezahlt, der ist nicht vorgesehen. Wenn Sie Meerblick wollen, fahren Sie ans Meer. Genauso ist das Verhältnis von Schulmedizin und esoterischer Medizin. Wer Reparatur will oder braucht, ist bei der Schulmedizin bestens aufgehoben. Was über das hinausgeht, leisten andere.

Homöopathie: Heile Ähnliches mit Ähnlichem

T.H.: Was halten Sie von Homöopathie?

R. Dahlke: Von der Homöopathie halte ich ganz viel, zumal das Denken, das hinter meinem Weltbild steht, letztlich ein homöopathisches ist. Ich versuche, mit den Dingen und nicht gegen die Dinge zu arbeiten. Ich will Krankheitssymptome nicht beseitigen, sondern erst einmal aus ihnen lernen, um sie dann zu erlösen, statt sie zu unterdrücken. Wenn ein Patient zu mir kommt, kann er nicht von mir erwarten, daß ich mich gemeinsam mit ihm gegen sein Symptom verbünde, sondern im Gegenteil, ich verbünde mich mit dem Symptom und schaue, was mit dem Patienten nicht stimmt. Ähnlich geht ja die Homöopathie vor. Sie nimmt die Symptome ernst und arbeitet mit ihnen.

T.H.: Was sind die Grundprinzipien der Homöopathie?

R. Dahlke: Im Mittelpunkt steht der Satz von Hahnemann, Ähnliches mit Ähnlichem zu heilen. Dem Körper soll mit kleinen Reizen geholfen werden, sich selbst zu helfen. Die Schulmedizin verschreibt Medikamente, die dem Körper Arbeit abnehmen. Homöopathische Präparate wollen dem Körper auf die Sprünge helfen, seine Arbeit selbst zu tun.

T.H.: Woher weiß ein Homöopath, welche Mittel er einem Menschen zu geben hat?

R. Dahlke: Um das herauszufinden, muß der einzelne Mensch in seinen Besonderheiten und Eigenarten sowie seiner Krankheitsgeschichte intensiv angeschaut werden, um ihn als Ganzheit zu erfassen. Nur so ist es möglich, die Mittelfindung in Übereinstimmung mit dem ganzen individuellen Krankheitsbild zu bringen, so daß man genau die Präparate verschreibt, die der Patient braucht. Das Präparat verkörpert dann wieder ein Überpersönliches, einen Archetypus. Arsen etwa können viele Menschen brauchen, obwohl es auch genau das Präparat sein kann, das sich aus einem persönlichen Krankheitsbild als angemessen herauskristallisiert.

T.H.: Woher weiß man aber, wie Arsen wirkt?

R. Dahlke: Das findet man in einem klassischen Arzneimittelversuch heraus. Ein gesunder Mensch nimmt Arsen in einer Potenz, die deutliche Wirkungen zeitigt, und protokolliert alle aufgetretenen Veränderungen. Jeder homöopathische Arzt muß mehrfach solche Tests durchführen. Die Protokolle werden dann in Arzneimittellehren zusammengefaßt, die im Grunde lauter Arneimittelbilder enthalten, also verzeichnen, welches Mittel welche Symptomc auslöst.

Nicht alles, was wirkt, ist Materie

T.H.: Wie ist die Wirkungsweise von Hochpotenzen zu erklären? Ab einer D23-Potenzierung enthält das Präparat gemäß der Loschmidtschen Zahl kein Molekül der Ausgangssubstanz mehr.

R. Dahlke: Es ist aber nicht alles, was wirkt, Materie. Das Präparat enthält die Information, die die Substanz enthält, und diese Information wird gegeben. Dazu braucht es keine Materie. Der Gedanke der Homöopathie ist ja, daß man nicht mit Materie, sondern mit Information heilt. Materie verdeckt eher den Informationsaspekt, als daß sie ihn stützt, so daß man auch ganz auf sie verzichten kann. Die Substanz wird ihrer Materialität entkleidet, und die Information wird befreit. Genau das wollen die Homöopathen, weshalb sie auch gern mit Hochpotenzen arbeiten.

Sheldrakes Gedächtnisfelder

T.H.: Ich frage mich immer, ob eine D30-Potenzierung von Sulfur nicht exakt die gleichen Wirkungen hat wie reiner 70%iger Alkohol, der ja meistens als Lösungsmittel verwendet wird.

R. Dahlke: Durch die Potenzierung einer Substanz wird das Muster, die Information der Substanz auf das Lösungsmittel, Wasser oder Alkohol, übertragen, so daß das Lösungsmittel die Information enthält. In diesem Zusammenhang sind die Arbeiten von Rupert Sheldrake von Interesse. Sheldrake geht von der Existenz von Gedächtnisfeldern, die er morphogenetische Felder nennt, aus. Diese Felder enthalten quasi die Information, die notwendig ist, damit ein bestimmtes Ereignis eintritt, ein Naturgesetz in einer bestimmten Weise abläuft oder ein Organismus sich in einer bestimmten Weise bildet.

Ein recht bekanntes Beispiel hierzu stammt aus der Verhaltensforschung. Auf einer japanischen Insel wurden Affen untersucht und zu diesem Zweck von den Forschern mit Süßkartoffeln gefüttert. Irgendwann begann eine Affendame damit, ihre Kartoffeln zu waschen, was sich zunächst einige junge Affen abguckten und es nachmachten. So wuschen allmählich immer mehr Affen ihre Kartoffeln, bis es zu einem Sprung kam, nachdem alle Affen dies taten. Denn das eigentlich Interessante ist nun, daß auf einer weit entfernten Insel die gleiche Verhaltensweise auftrat und sich viel schneller ausbreitete. Sheldrake nimmt nun an, daß der Lernprozeß der ersten Affengruppe ein morphogenetisches Feld entstehen ließ, das es einer zweiten Gruppe erleichterte, den gleichen Lernvorgang zu durchlaufen. Hier wirkt also Information auf immateriellem Wege.

Noch etwas anderes wäre der Placebo-Effekt, der ja an sich ein guter Effekt ist. Was ist dagegen einzuwenden, daß man auf Medikamente zugunsten eines Placebo-Effektes verzichtet? Auch Morphium läßt sich durch Placebo ersetzen. Ich habe in der Chirurgie einen Patienten erlebt, der durch einen Motorradunfall so zugerichtet war, daß er zum täglichen Verbandwechsel Morphium bekam, weil er sonst die Schmerzen nicht ertragen konnte. Die Chirurgen waren der Meinung, daß dieser Patient durch die vielen Morphiumgaben süchtig werden würde, so daß ich angefangen habe, Placebo zu geben, was auch gut funktionierte. Bei jedem dritten Mal etwa brauchte er dann wieder richtiges Morphium, ansonsten ging es auch ohne. Auf diese Weise konnte eine Sucht verhindert werden, so daß der Placebo-Effekt nicht grundsätzlich schlecht ist.

Gleiches ließe sich von der Droge Arzt sagen. Wenn man der Schulmedizin die Droge Arzt wegnähme, also den Bezug des Patienten zur Autorität des Arztes, dann bliebe ihr nicht mehr viel. Viele Mittel, die ein Arzt verordnet, sind einfach Placebos. Das gilt natürlich auch für die Homöopathie, natürlich ist auch hier ein gewisser Prozentsatz der Erfolge auf Placebo-Wirkung zurückzuführen. Aber es gibt auch Fälle, wo die Placebo-Theorie schwer haltbar ist, weil nämlich kleine Kinder oder Tiere erfolgreich therapiert werden. Von der Akupunktur sagte man auch, sie beruhe auf reiner Placebo-Wirkung, inzwischen setzt man sie beim Kaiserschnitt bei Kühen ein.

T.H.: Angenommen, in einer zu potenzierenden Lösung befinden sich Verunreinigungen ...

R. Dahlke: ... die werden natürlich mitpotenziert. Was dadurch bewirkt wird, kann man letztlich nur über die Erfahrung entscheiden. Das gilt für die Homöopathie wie für die Symbol- oder Archetypenmedizin. Ich weiß aus der Erfahrung mit Patienten, daß diese Methoden den Patienten helfen. In der Medizin ist die Erfahrung letztlich das Entscheidende, denn auch von Psychopharmaka wissen wir nur aus Erfahrung, wie sie wirken. Was sie letztlich im Gehirn bewirken, kann niemand so genau sagen.

Esoterik-Boom

T.H.: Sie beziehen sich konkret auf esoterisches Gedankengut. Wie stehen Sie zur Esoterik-Welle?

R. Dahlke: Das, was in der Esoterik-Welle so alles hochgespült wird, hat mit echter Esoterik meistens nicht viel zu tun. Der ganze Unsinn, der allerorten zutage gefördert wird, macht es mir auch nicht mehr ganz leicht, mich ohne Einschränkungen zur Esoterik zu bekennen. Die in alten Büchern enthaltenen esoterischen Lehren verkörpern eine andere Esoterik als diejenige, die eine Zeitschrift wie die *Esotera* vertritt.

Wenn ich mir all das anschaue, was heute über Medien, Astrologie, Tarot usw. geschrieben wird, finde ich kaum etwas Ernstzunehmendes, obwohl Tarot und Astrologie an und für sich funktionierende Symbolsysteme sind, mit denen auch sinnvoll gearbeitet werden kann. Meistens verbirgt sich hinter der Aufschrift Esoterik lediglich eine Anleitung zur Weltflucht, und mit Weltflucht hat Esoterik nichts zu tun. Esoterik will die Dinge aufdecken, bewußtmachen. Bewußtseinsentwicklung ist das eigentliche Wesensmerkmal der Esoterik.

Ich bin, was ich denke, und die Flucht vor dem Bösen

Der Gegenpol wäre zum Beispiel das positive Denken. Weiter weg von den Anliegen der Esoterik kann man eigentlich nicht sein, als es das positive Denken ist. Wenn Sie mit dem positiven Denken arbeiten, fragen Sie nicht nach den Wurzeln Ihres Unwohlseins, sondern Sie decken Ihr Unwohlsein mit einer Suggestion zu.

T.H.: Erhard Freitag argumentiert exakt andersherum. Wenn Sie sich schlecht fühlen und auch noch an Ihr Unwohlsein denken, verstärken Sie es nur. Denken Sie dagegen, es gehe Ihnen gut, wandelt sich Ihr Unwohlsein um.

R. Dahlke: Damit hat er ja sogar zum Teil recht. Wenn es Ihnen schlecht geht und Sie verwenden auch noch Ihr Denken darauf, geht es Ihnen natürlich zunächst einmal schlechter. Therapie bedeutet aber auch, daß man sich mit seinen Symptomen auseinandersetzt. Die positiven Denker begehen einen Denkfehler. Wenn man das Gute stärkt und sich des Bösen nicht bewußt ist, verstärkt man das Böse, den Schatten, gleichermaßen. Das haben wir ja schon besprochen.

Wenn Sie den Schatten vernachlässigen, kann er sehr gefährlich werden. Bearbeiten Sie ihn dagegen direkt, haben Sie eine Chance, ihn zu verwandeln. Wenn der Schatten bei einem Menschen manifest wird, so daß er wirklich dunkle Energien spürt und man bearbeitet in der Therapie diese dunklen Energien, dann wird der Mensch sich schlecht fühlen, da hat Freitag ganz recht. Aber in der Therapie hat man die Chance, Bewußtsein in den Schatten zu bringen, und dadurch wird man sich auch besser, heiler fühlen. Der Mensch wird ganz, weil er zu dem hellen Aspekt auch den dunklen hinzugewonnen hat. Decken Sie den Schatten lange genug zu, wird er sich eines Tages so massiv äußern, daß er nicht mehr handhabbar ist. Ich habe schon mehrfach Leute erlebt, die nach Jahren erfolgreichem positiven Denkens paranoid geworden sind. Alles Böse wird nach draußen verlagert, alles wird so empfunden, daß es negativ beeinflußt. Die positiven Denker leugnen den negativen Teil ihrer Persönlichkeit, kleistern ihn zu. In keinem esoterischen System, in keiner Religion finden Sie einen Hinweis darauf, daß man einen Teil der Wirklichkeit leugnen dürfe.

Zum esoterischen Weltbild

T.H.: Es gibt viele verschiedene esoterische Systeme. Gibt es so etwas wie ein verbindendes esoterisches Weltbild?

R. Dahlke: Ja, es beruht auf den von mir schon angesprochenen Grundsätzen, zum Beispiel dem Analogiedenken. Diese Grundsätze finden sich im Hinduismus, Sophismus, auch im Christentum. Das Bild von der Einheit, zu der der Mensch zurückstrebt, findet sich in jeder Kultur. Einmal heißt diese Einheit Nirwana, einmal Himmelreich Gottes, einmal Brahma usw.

T.H.: Läuft diese Gleichsetzung nicht auf eine Gleichmacherei an sich völlig unterschiedlicher Dinge hinaus?

R. Dahlke: Aus meiner Sicht nicht. Die Einheit ist die Einheit und diese wird von unterschiedlichen Religionen ganz ähnlich beschrieben.

T.H.: Hinduismus, Islam, Buddhismus und Christentum haben doch kulturgeschichtlich völlig andere Wurzeln. Ich tue mich schwer, das in einen Topf zu werfen.

R. Dahlke: Natürlich ist der exoterische Gehalt einer jeweiligen Religion von dem einer anderen total verschieden, der esoterische Hintergrund ist letztlich immer der gleiche. Ich wiederhole mich: Die Einheit ist die Einheit, es kann nur *eine* Einheit geben und nichts außer ihr. Die Wege zur Einheit sind unterschiedlich, je nach Kultur. Das Ziel ist immer dasselbe.

T.H.: Wie erklären Sie sich die Hinwendung so vieler Menschen zur Esoterik?

R. Dahlke: Hier dürften viele Faktoren zusammenwirken. Ein Grund ist, daß die Menschen von der offiziellen Staatsreligion nicht mehr befriedigt werden. Sie ist so in Äußerlichkeiten verfangen, daß sie das Innere des Menschen nicht mehr erreicht. Die Esoterik bietet eine Alternative, in dem sie den Weg zur Einheit aufzeigt. Ein anderer Grund wäre in den Problemen zu suchen, die unser materialistisches Weltbild aufgeworfen hat und die die Menschen nach einer Alternative suchen lassen. Oftmals werden die Menschen dann allerdings von dem, was sie in der Esoterik finden, enttäuscht, weil der Anspruch, der an die Menschen gestellt wird, ein tiefer und sehr anstrengender ist. Wer hört schon gern auf zu projizieren und nimmt alle Verantwortung für sein Leben auf seine eigenen Schultern?

T.H.: Das Angebot auf dem Esoterik-Markt ist immens. Wie lassen sich seriöse Darstellungen von oberflächlichen unterscheiden?

R. Dahlke: Problematisch wird Esoterik dann, wenn sie zur Exoterik wird, d.h. wenn sie mit den gleichen Kriterien betrieben wird, mit denen herkömmliche Wissenschaft betrieben wird. Zwischen positivem Denken und Verhaltenstherapie zum Beispiel ist der Unterschied so gering, daß man von einem zum anderen die Hand nicht umzudrehen braucht. Am dichtesten an der Esoterik ist man, wenn man zu den Quellen zurückgeht, also in den Veden oder in der Bibel liest. Das 27. Buch über die Veden ist sicherlich weiter von echter Esoterik entfernt als die Veden selbst. Ursprünglichkeit wäre also ein Kriterium.

Wichtig ist auch die Frage, wozu die Beschäftigung mit Esoterik dient. Dient sie der Stärkung des eigenen Ego, oder dient sie letztlich der Überwindung des Ego. Das meiste, was sich auf dem Markt findet, dient der Stärkung des Ego, was nicht im Sinne echter Esoterik ist. Die Esoterik baut auf dem Wort „Dein Wille geschehe", also nicht um die Stärkung des eigenen, egoistischen Willens geht es, sondern um den objektiv-göttlichen Willen. Da es aber viel härter ist, den eigenen Willen hintenanzustellen, schrecken die meisten Menschen auch vor echter Esoterik zurück. Gleiches gilt für die Worte „Liebet euren Nächsten wie euch selbst" und „Liebet eure Feinde". „Liebet eure Feinde" ist nichts anderes als die Aufforderung, die eigenen Projektionen zurückzunehmen, die Schuld nicht mehr nach außen zu verlagern, sondern die Verantwortung für die eigene Existenz in vollem Umfang zu übernehmen. In dem Satz „Liebet eure Feinde" ist in der kürzestmöglichen Form das zusammengefaßt, was ich Ihnen über meine Medizin erzählt habe. Was man in seinen Symptomen nach außen verlagert hat, soll man wieder zu sich nehmen, annehmen und lieben. Mehr kann man nicht tun.

Astrologie

T.H.: Woher stammt die Astrologie?

Margit Dahlke: Die Astrologie ist einfach eine uralte Erfahrungswissenschaft, die in früheste Zeiten zurückgeht. Die Menschen haben erfahren, daß sie von den Vorgängen in der Natur abhängen und beeinflußt werden. Nehmen Sie zum Beispiel so simple

Erfahrungssätze wie: „Wenn der Mond einen Hof hat, wird das Wetter schlecht.“ Solche, auf Naturbeobachtung gegründeten, Erfahrungssätze haben die Menschen entwickelt, um sich besser mit ihrer Naturabhängigkeit arrangieren zu können. In ähnlicher Weise ist auch die Astrologie entstanden, von den Verhältnissen und Vorgängen einer größeren Ordnung – Sternenhimmel – haben die Menschen auf die kleinere Ordnung – die menschliche Mit- und Umwelt – geschlossen.

Dieser Punkt unterscheidet die esoterische Astrologie, wie ich sie verstehe von einer populären Astrologie. Es geht nicht um die Ansicht, daß die Sterne irgend etwas im Sinne einer Ursache-Wirkung-Kausalität bewirken, sondern man schließt einfach analog von der größeren auf die kleinere Ordnung. Hinter dieser Auffassung steht der Gedanke von der Entsprechung von Mikrokosmos und Makrokosmos. Ein Geburtshoroskop ist zunächst einmal nichts anderes als die Momentaufnahme des Sternenhimmels zum Zeitpunkt der Geburt. Man betrachtet das Muster der größeren Ordnung, des Makrokosmos, und kann dann Rückschlüsse auf die kleinere Ordnung, den Mikrokosmos, ziehen.

Ausgehen von der Erde

T.H.: Spielen alle Sterne in der Astrologie eine Rolle?

M. Dahlke: Im wesentlichen arbeitet die Astrologie mit dem Fixsterngürtel, also den zwölf Tierkreiszeichen, und den Planeten einschließlich Sonne und Mond. Sie geht also von einem geozentrischen Weltbild aus, was allein schon aus der Tatsache resultiert, daß wir auf der Erde leben, die Erde unser Bezugsrahmen ist.

T.H.: Ein Einwand, der vor allem von wissenschaftlicher Seite erhoben wird, macht geltend, daß das Licht der Sterne eine gewisse Zeit braucht, bis es die Erde erreicht, so daß die Himmelskörper nicht dort sind, wo wir sie sehen.

M. Dahlke: Dieser Einwand wäre nur unter der Prämisse stichhaltig, daß die Sterne etwas bewirken. Da die esoterische Astrologie Sterne aber als Bild, als Symbol nimmt, ist es unerheblich, wie dieses Bild zustande kommt. Erfahrungsgemäß werden die Sternbilder in einer gewissen Weise gedeutet, aber nicht im Sinne von Ursache und Wirkung, sondern eben als Entsprechung von Mikro- zu Makrokosmos.

T.H.: Können Sie einmal ein Beispiel für solch eine Deutung nennen?

M. Dahlke: Nehmen wir einmal an, der Planet Saturn stünde in einem bestimmten Verhältnis zum Planeten Mars. Ausgehend von einem 360°-Kreis kann man die Winkelverhältnisse der Planeten zueinander bestimmen. 120° nennt man ein Trigon, 90° ein Quadrat, 180° eine Opposition usw. Die Winkelbeziehungen, die die Planeten zueinander haben, haben eine Bedeutung, man unterscheidet beispielsweise zwischen Spannungsaspekten und harmonischen Aspekten. Ein Quadrat wäre etwa ein Spannungsaspekt.

Saturn symbolisiert die Beschränkung auf das Wesentliche, Mars Energieeinsatz. Wenn beide Planeten in einem 90°-Winkel zueinander stehen, ergibt sich eine Spannung zwischen Energie und der Beschränkung auf das Wesentliche, also Energie und Widerstand. Dieses Muster des Makrokosmos auf den Mikrokosmos Mensch übertragen würde bedeuten, daß der Mensch die Aufgabe hat, seine Energien auf das Wesentliche zu konzentrieren. Dieser Mensch soll sich nicht in viele Richtungen verlieren, sondern sich beschränken. In dem Augenblick, in dem der Mensch seiner Bestimmung zuwider handelt, wird ihn sein Schicksal in Situationen führen, die ihn auf seinen Weg zurückweisen. Er wird zum Beispiel mit dem Auto, sprich: Energie, gegen einen Baum, sprich: Widerstand, fahren und sich im Krankenhaus in einer Situation wiederfinden, in der er ganz auf sich zurückgeworfen ist, um sich auf das Wesentliche zu besinnen.

Zum Beispiel Mars

T.H.: Woher weiß eine Astrologin, in welcher Weise sie die einzelnen Aspekte eines Horoskopes zu deuten hat?

M. Dahlke: Ich greife einfach auf das senkrechte Denken zurück, auf das Denken in Analogien. Mars ist in der römischen Mythologie der Gott des Krieges. Damit verkörpert der Mars Aggression, Vorstoßen, Energie. Dieses Prinzip findet sich überall in der Welt wieder, zum Beispiel auch im männlichen Geschlechtstrieb, der ja auch mit Aggression und Vorstoßen eng zusammenhängt. Von hier aus gelangt man zum Phallussymbol, so daß sich ein Symbol an das andere knüpft. Wenn man über die Fähigkeit des senkrechten Denkens verfügt, wird man das Mars-Prinzip erkennen und überall in der Welt wiederfinden.

T.H.: Man geht also von parallelen Entsprechungen aus. Mars, als Gott des Krieges, verkörpert Aggression, also verkörpert auch der Planet Mars das Prinzip der Aggression. Wenn zufällig der Mars und der Saturn ihren Namen getauscht hätten, würde das gesamte Horoskop zu anderen Aussagen kommen.

M. Dahlke: So ist es aber nicht. Die Namensgebung geht auf einen Zeitraum zurück, in dem die Menschen noch einen viel direkteren Zugang zu den Urprinzipien hatten. Insofern kann man sich auf dieses uralte Wissen verlassen.

Geburtshoroskop und Konzeption

T.H.: Wie gehen Sie vor, wenn Sie ein Horoskop erstellen?

M. Dahlke: Zunächst brauche ich den genauen Zeitpunkt, zu dem ich ein Horoskop erstellen soll. Für ein Geburtshoroskop wäre das eben der Zeitpunkt der Geburt bzw. eigentlich der Zeitpunkt des ersten Atemzuges. Dieser Moment bedeutet wirklich den Eintritt in die Polarität, das Heraustreten aus der Einheit mit der Mutter und des Eintreten in den Rhythmus von Ein- und Ausatmen. Wenn ich also den Zeitpunkt des ersten Atemzuges kenne, errechne ich für diesen Zeitpunkt die exakten Planetenstände, wozu ich ganz gewöhnliche astronomische Tabellen benutze, so daß ich weiß, wie der Sternenhimmel zum Zeitpunkt der Geburt ausgesehen hat. Aus diesem Bild ziehe ich dann meine Schlüsse.

Es kann übrigens für jeden nur denkbaren Augenblick ein Horoskop erstellt werden, etwa für einen Vertragsabschluß oder ähnliches. Im Extrem könnte ich zu dem Zeitpunkt, an dem Sie mir eine Frage stellen, ein Horoskop erstellen und könnte so den tieferen Hintergrund einer Frage ausleuchten. In Indien wird diese Art der Augenblicksastrologie viel betrieben.

T.H.: Ein Einwand, der immer wieder gegen Geburtshoroskope vorgebracht wird, ist die Tatsache, daß der für das Leben eines Menschen ausschlaggebende Zeitpunkt weniger der der Geburt als vielmehr der der Konzeption ist. Beispielsweise ist dieser Moment für die genetische Ausstattung eines Menschen entscheidend.

M. Dahlke: Ja, aber mit der Konzeption sind sie noch nicht in die polare Welt eingetreten, das findet erst mit dem Einsetzen des Atems statt. Darüber hinaus entspricht es einer alten Tradition, den Geburtstermin als Ausgangspunkt zu nehmen. Natürlich könnte man ein Horoskop für den Zeitpunkt der Konzeption erstellen, aber wer kennt den schon?

T.H.: Wie gehen Sie bei der Deutung eines Horoskopes vor?

M. Dahlke: Ein Geburtshoroskop zeigt ein sehr grundsätzliches und ein sehr allgemeines Muster des Charakters eines Menschen. Ich deute aus solch einem Horoskop lediglich allgemeine Prinzipien heraus, die für das Leben eines Menschen von Bedeutung sind. Exakte Aussagen zu machen, wäre absolut vermessen und unsinnig, da ein und die gleiche Konstellation auf unendlich verschiedene Arten ausgelegt werden kann. Die vorhin beschriebene Saturn-Mars-Konstellation können Sie leben, indem Sie mit 100 Stundenkilometer gegen einen Baum fahren, geballte Energie in konzentrierte Arbeit hineinstecken oder Karate betreiben. Die Möglichkeiten sind unbegrenzt.

Prognose-Astrologie ist deswegen so problematisch, weil aus einem Horoskop die konkrete Manifestation eines Prinzips nicht zu erkennen ist. Ein Mensch kann sein Muster auf verschiedenen Ebenen leben, darin liegt eigentlich der Freiheitsaspekt. Aus seinem Grundmuster kann der Mensch nicht heraus, es ist sein Muster und er muß es leben. Aber er hat die Freiheit, sich sein Muster bewußtzumachen und es dann erlöster, sprich: bewußter, oder weniger erlöst, sprich: vom Schicksal geführt, zu leben. Der Autounfall entspräche einem unerlösten Weg. Im Grunde zeigt das Horoskop die Lernaufgaben, die in einem Leben liegen.

Zusammenschauen von Horoskop und Lebenslauf

T.H.: Haben alle Menschen, die zum gleichen Zeitpunkt geboren werden, das gleiche Horoskop?

M. Dahlke: Nur wenn sie zum gleichen Zeitpunkt, am gleichen Ort geboren wurden. Dann haben sie auch das gleiche Muster. Hier ist wieder wichtig, daß ein und dasselbe Muster auf unendlich verschiedene Weise gelebt werden kann, daher kann das Leben zweier Menschen mit dem gleichen Horoskop äußerlich betrachtet völlig verschieden sein. Das gemeinsame Muster zeigt sich erst, wenn man sozusagen hinter die Dinge schaut, auf die symbolisch-archetypische Ebene zurückgeht. Auf dieser Ebene erkennt man, daß beide Menschen immer wieder mit den gleichen Themen zu tun haben.

Zu mir kam einmal ein Mann in die Horoskopberatung, der eine Minute nach einem sehr guten Freund von mir geboren wurde, so daß beide exakt das gleiche Horoskop hatten. Äußerlich hatten beide wenig miteinander zu tun. Der eine war Journalist und reiste ständig in der Welt herum, der andere war Lehrer und kämpfte an seiner Schule mit erstarrten Strukturen. Beide aber lebten einen Freiheitsdrang, jedoch auf völlig unterschiedlichen Ebenen.

T.H.: Nun sind die Deutungen, die Sie vornehmen, sehr allgemein. Besteht nicht die Gefahr, daß man sich nur das aus den Lebensläufen herauspickt, was ins Schema paßt?

M. Dahlke: Natürlich. Aber wenn ich ein Horoskop deute, habe ich nicht den Lebenslauf des betreffenden Menschen vor mir, sondern nur ein psychisches Muster, daß ich aus dem Horoskop herausgelesen habe. Das Zusammenschauen von Horoskop und Lebenslauf geschieht erst anschließend. Nun können Sie natürlich sagen, daß die Deutung so allgemein ist, daß vieles herausinterpretierbar ist. Aber die Erfahrung zeigt, daß die Dinge zusammenstimmen.

T.H.: Besteht nicht die Gefahr, daß Menschen sich nur deshalb in einer bestimmten Weise verhalten, weil es so in ihrem Horoskop steht?

M. Dahlke: Ich kann – wenn ich verantwortungsbewußt handle – einen Menschen aufgrund seines Horoskopes nicht zu einer bestimmten Handlungsweise raten, da ich mich – wie gesagt – auf einer sehr allgemeinen Ebene bewege. Es gibt allerdings auch Astrologen, die ihrem Machtschatten erliegen und die Menschen, die zu ihnen kommen, beeinflussen. Schwierig wird das insbesondere dann, wenn ein Mensch mit der Erwartung zum Astrologen geht, dieser habe ein Instrument der Allwissenheit in der Hand und könne ihm alles vorhersagen. Dann entsteht eine Abhängigkeit, die der freien Entwicklung des individuellen Menschen nicht zuträglich ist.

T.H.: Inwieweit kann man von dem Sternzeichen, in dem ein Mensch geboren ist, auf allgemeine Charaktereigenschaften schließen?

M. Dahlke: Ein Horoskop besteht aus Billiarden von Kombinationsmöglichkeiten, das Sonnenzeichen ist nur ein Faktum. Die drei gröbsten Ebenen sind die Tierkreiszeichen, die Planeten und die zwölf Häuser, die vom Aszendenten bestimmt werden. Diese Dinge müssen mindestens angeschaut werden, um Auskunft über den Charakter machen zu können. Wenn jemand Stier ist, wird sich das sicherlich irgendwo niederschlagen, so daß er das Stierthema irgendwie integriert hat. Aber genauso gut können Sie aus einem Puzzle ein Teil herausnehmen und auf das ganze Bild schließen. Der eine Stein gehört natürlich ins Bild, aber um es in allen Details zu kennen, brauchen Sie natürlich auch die anderen Steine.

T.H.: Welches ist zum Beispiel das Grundthema des Fisches?

M. Dahlke: Um das Fische-Prinzip wirklich zu verstehen, muß man sich klarmachen, daß die Fische im Tierkreis an letzter Stelle stehen und daß der Tierkreis insgesamt einen Entwicklungsweg spiegelt. Diese Entwicklung ist die gleiche, die jedem Lebenslauf zugrunde liegt: aus der Einheit in die Welt heraustreten, in der Welt einen Weg gehen und zur Einheit zurückkehren: An erster Stelle im Tierkreis steht der Widder und die Grundaufgabe des Widders ist es, erste Schritte zu tun, Neuland zu betreten. Es folgt das Stier-Prinzip, das die Abgrenzung und Nutzbarmachung des Neugewonnenen umfaßt. Der Zwilling sucht als nächstes Verbindung mit der näheren Umgebung usw. Der Fisch, der – wie gesagt – an letzter Stelle im Tierkreis steht, symbolisiert die Rückkehr in die Einheit, die Auflösung des Vordergründigen und den Durchstoß zur Transzendenz. Ein Fische-Mensch muß deshalb nicht unbedingt nach Transzendenz streben, er kann diese Dinge auch total ablehnen und lebt sein Prinzip dann quasi im Negativen. Der Möglichkeiten sind eben viele. Außerdem besteht das Muster eines Menschen nicht nur aus dem Sternzeichen, sondern ist in seiner Gesamtheit ein komplexes Gebilde verschiedener Prinzipien, deren Zusammenspiel erst ein großes Ganzes ergibt. ◙

Supertherapie und Schnellerleuchtung ...

QUADRINITY ODER FISCHER-HOFFMAN-PROZESS

Carlos McLaughlin

Quadrinity oder Fischer-Hoffman-Prozeß ist die Bezeichnung einer Therapie, die verspricht, in siebeneinhalb Tagen die Wurzeln der eigenen Verhaltensweisen wahrzunehmen, zu durchbrechen und zu dem „kraftvollen, liebenden, mitfühlenden menschlichen Wesen zu werden, das man in Wahrheit ist". So steht es im Prospekt dieser Therapie geschrieben.

Berühmte, renommierte und psychotherapie- und spirituell erfahrene Persönlichkeiten, wie Virginia Satir, Begründerin der Familientherapie, Claudio Naranjo, Psychotherapeut und Autor aus Chile, Rabbi Zalam Schachter-Shalomi, chassidischer Weisheitslehrer und Autor, Susan Griffin usw., loben den Prozeß in höchsten Tönen. „Der Hoffman-Quadrinity-Prozeß ist die beste Methode für eine Neuorientierung in der Beziehung zu den Eltern, die ich kenne, und viel umfassender – ein mächtiges Werkzeug für die Entfaltung der Liebe für sich selbst und andere. Wenn man eine Methode schaffen wollte als Synthese aller therapeutischen Richtungen – psychodynamische, transpersonale, humanistische und verhaltenstherapeutische –, könnte man schwerlich ein besseres Ergebnis vorlegen als Hoffmans Quadrinity-Prozeß – und diese Methode braucht nur sieben Tage." So beschreibt es Claudio Naranjo.

Rabbi Zalam Schachter-Shalomi schildert seine Erfahrungen folgendermaßen: „Ich hörte von Robert Hoffmann und seinem Quadrinity-Prozeß, aber ich konnte mir nicht vorstellen, daß er mir hilft, weil er mir intellektuell so einfach erschien. Als ich mich dann in einer Art persönlicher Krise befand und beschloß, daß ich nichts mehr zu verlieren, aber alles zu gewinnen hatte, machte ich den Prozeß – und er funktionierte. Gut, das ist einfach wahr und wie viele einfache Wahrheiten tiefgründig. Der Quadrinity-Prozeß bedarf keiner besonderen intellektuellen Gymnastik, auch ignoriert er nicht den Körper oder mein inneres emotionales Selbst oder meinen Intellekt, auch nicht mein 'Neshamah', mein Seelenwesen, und auch nicht das gesegnete heilige Licht des 'Ein Sof'. Der Quadrinity-Prozeß, der allem entsprach, was ich in der Kabbalah gelernt hatte, funktionierte so gut, daß die Fülle und Tiefe meiner Lernprozesse währenddessen und danach nicht nur intellektuell einen Sinn ergaben, sondern sich darin eine tiefgründige pragmatische Bedeutung offenbarte. Den Prozeß zu machen, war die einfachste und zugleich herausforderndste Arbeit, die ich je getan habe. Eine Woche der Anstrengung und Arbeit legte mein wirkliches Ich in großer Klarheit frei. Vor dem Prozeß dachte ich, ich sei mir meiner Verhaltensmuster bewußt, aber mit den neuen Ansichten fand ich ihre Ursache heraus und das Ausmaß, wie sie mich beeinflussen. Ich bin der Überzeugung, daß der Quadrinity-Prozeß, den Hoffman und seine Mitarbeiter anbieten, der beste und effektivste psychologische Prozeß ist, der zur Zeit verfügbar ist." (Quadrinity-Prospekt)

Seit über zwanzig Jahren gibt es diese Therapie in den USA, mittlerweile in zehn Ländern der Welt, zum Beispiel in Deutschland, der Schweiz und Österreich. Fast jeden Monat wird der Prozeß in verschiedenen Orten Deutschlands angeboten, und er findet jeweils in speziell ausgesuchten Hotels statt. Die 25 bis 30 Teilnehmer kommen meist aufgrund persönlicher Empfehlung – in den Medien wird sehr wenig geworben – und bezahlen den stolzen Preis von DM 3.000,–. Die Presse hat den Prozeß immer wieder aufmerksam wahrgenommen und mit entsprechenden Artikeln entweder hoch gelobt *(Esotera, Cosmopolitan, Connection* usw.) oder zerrissen *(Intra)*.

Was beinhaltet dieser Prozeß, der Menschen von siebzehn bis siebzig Jahren, der oft gebildete Akademiker und biedere Hausfrauen, Juden und Nonnen, Katholiken und Bhagwan-Anhänger, Süchtige, Punks und Büroangestellte gleichermaßen anspricht? Wie kann es sein, daß in einer Woche Menschen augenscheinlich von ihren bisher unheilbaren psychosomatischen Beschwerden, von ihrer Tabletten- und Heroinsucht, Bulimie usw. schlagartig geheilt werden, Partnerschaften gerettet und andere scheinbare Wunder vollbracht werden?

Ich selbst habe an dem Prozeß teilgenommen und erlebt, wie massiv er in die menschliche Seele, den Geist und den Körper eingreift. Wenn man von der Grundweisheit „Von nichts kommt nichts" ausgeht, stellt sich die Frage, welche Kräfte und geistige Wesen hinter diesem Sieben-Tage-Marathon stehen, der alle anderen Psychotherapien (zunächst) in den Schatten stellt und unter Umständen mit einer spirituellen Einweihungsprozedur zu vergleichen ist.

„Der Quadrinity-Prozeß stammt von einem Toten"

Ein wesentlicher Baustein zum Verständnis des Ganzen ist die Tatsache, daß der Prozeß – wie gesagt wird – mit all seinen detaillierten Abläufen und Kompositionen von einem Toten stammt. Das soll sich vor über zwanzig Jahren in Kalifornien zugetragen haben. Bob Hoffman, von Beruf Herrenschneider und kein intellektueller und gebildeter Mensch, traf mit seinem damaligen Freund, dem Psychiater Dr. Siegfried Fischer ein Abkommen. Hoffman glaubte nicht an eine geistige Existenz nach dem Tode, wohl aber sein Freund Fischer. Wer von den beiden zuerst sterben würde, sollte eine Botschaft aus der „anderen Welt" übermitteln. Fischer starb, und Hoffman ist heute um die siebzig Jahre alt. Nach dem Tode von Fischer wachte Bob Hoffman in der Nacht auf, auch noch in der darauffolgenden, und schrieb wie unter Zwang etwas auf, was er zunächst selbst nicht richtig verstand: das Konzept des Quadrinity-Prozesses. Bob arbeitete die nächsten zwanzig Jahre nach diesem Konzept und bildete dafür Lehrer aus, die auch noch heute nach den genau vorgeschriebenen Schritten „den Prozeß" durchführen.

Es gibt also keine Leitfigur hinter dem Ganzen – zumindest keine physisch lebende –, auch Bob Hoffman ist mit seiner zwar herzlichen und im Prozeß kompetenten, aber ansonsten sehr schlichten und amerikanisch-naiven Art kein Guru. Was das Thema „Finanzen" anbelangt, sind Bob und seine Lehrer keineswegs die Ärmsten, aber mit Geldschefflern wie Bhagwan oder Ron Hubbard (Scientology) sind sie nicht zu vergleichen. Dazu trägt auch bei, daß der Prozeß nach den sieben Tagen abgeschlossen ist, jeder ihn also nur einmal durchläuft und es keine noch teureren Folgeveranstaltungen gibt.

Eventuelle Machtallüren der Lehrer werden insofern eingeschränkt, als daß die Teilnehmer drei Monate keinen Kontakt mehr mit ihnen aufnehmen dürfen und auch weitere Anhimmeleien als neurotische Muster entlarvt werden – so steht es in den Anleitungen zum Prozeß geschrieben, und so wird es auch durchgeführt. Jeder soll nach dem Prozeß völlig eigenständig, ohne jeglichen äußeren Guru und in sich selbst ruhend sein. Man kann also keineswegs das übliche Sektenraster über die Sache stülpen. – Man hat es mit Unvergleichlichem zu tun.

Die Synthese sehr vieler Therapiemethoden

Die therapeutischen Methoden, die während der Woche angewandt werden, sind an sich bekannt und oft praktiziert worden: Gestalt, Bioenergetik, Visualisierungen, Affirmationen, stundenlanges Schreiben, diverse Körpertherapien, den Schlafentzug nicht zu vergessen usw. Die Sprache und die Begriffe, die benutzt werden, sind sehr einfach, manchmal nur auf dem Niveau amerikanischer Comics. Allerdings sind es nicht diese einzelnen Elemente, die die Wirkung des Prozesses ausmachen, es ist ihre Abfolge und ihre Komposition, die eine ungeheure Dynamik freisetzt. „Es ist wie bei einer Achterbahn, die man hinauf- und wieder hinunterrast", so ein Lehrer. Und genau in diesem Kontrast erlebt man die überragende Höhe und die gähnende Tiefe. Ebenso wie bei der Achterbahn muß man in seinem „Wagen" auf den festgelegten Schienen bleiben, niemals könnte man aus eigener Kraft diese Höhenunterschiede inszenieren oder etwa eigene Wege fahren. Im Prozeß wird man in die tiefste Verzweiflung und Wut gestoßen, um gleich darauf „Licht" zu erleben, man will endlich kämpfend den nächsten Schritt schaffen, und genau eine kleine, aber exakt passende Bioenergetik-Übung bricht den Damm. Es sind immer genau *die* Übungen, die die nächste Seelenkammer, sei es Haß, Verstehen, Rache, Vergebung, aufreißen. Die Dynamik des Prozesses besteht aus einer Komposition, und die einzelnen Schritte folgen derart organisch aufeinander, daß es nahezu genial ist. Und das eben soll von einem Toten stammen.

Die Teilnehmer und die Lehrer

Wir alle, die Teilnehmer, reisten einzeln zum Hotel, in dem es die nächsten Tage ans Eingemachte gehen sollte. So viel wußte schon jeder, denn das wurde in den ersten Worten, die wir miteinander austauschten, deutlich. Wenn ich mir den großen Kreis der Teilnehmer noch einmal vor Augen stelle, so hätte man, würde man auf der Straße einer Großstadt die nächsten dreißig Passanten zusammenholen, kein anderes Bild vor sich. Es waren einige Zwanzigjährige dabei, ein älteres Ehepaar um die siebzig Jahre, viele zwischen Mitte Dreißig und Mitte Vierzig. Die Berufe waren genauso bunt gemischt: Lehrer, Büroangestellte, Hausfrauen, Künstler, Bankmanager, Elektriker, Studenten, verschiedenste Therapeuten, Politiker, auch Nichtstuer aller Art, Sannyasins und viele mehr. Es waren einerseits Menschen, die die 3.000 Mark nebenher ausgaben, andere wiederum, die sie sich von ihrer Sozialhilfe zusammengespart hatten.

Was jeden einzelnen hierher gebracht hatte, entdeckten wir allmählich während der nächsten Tage. Einige litten an psychosomatischen Krankheiten wie Migräne, Lähmungen, Magengeschwüren, andere waren süchtig nach Tabletten, Alkohol, Rauschgift, andere hatten (mehrere) Selbstmordversuche hinter sich, wurden als Kind sexuell mißbraucht, waren bulimisch usw. Aber mindestens die Hälfte der Teilnehmer schlug sich mit den allgemein-üblichen Themen herum: die mehr oder weniger unglückliche Partnerschaft, der unpassende Beruf oder der verlorengegangene Sinn des Lebens. Manche hatten tief religiöse Fragen, andere waren typische Vertreter der „Psycho-Spiri-Szene" und klapperten wieder einmal das Neueste ab.

Vor uns, hinter Tischen mit sehr viel Zetteln und Notizen, saß die Riege der fünf Lehrer. Sie waren genauso normal wie wir und kamen auch aus den verschiedensten Ecken. Einige waren schon beruflich Therapeuten, andere hatten nur die Quadrinity-Ausbildung gemacht. Sie waren aggressiv und lieb, mütterlich und väterlich, witzig, bissig, arrogant, freundlich – kurzum: menschlich bis allzumenschlich und keineswegs fehlerfrei, was man sehr schnell an den ständig dampfenden Zigaretten, bei einigen an dem Hang zur Selbstdarstellung, Eitelkeit, Abgehobenheit usw. merken konnte. Immerhin sympathisch: Keiner versteckte seine Schwächen!

Um was es im Prinzip gehen sollte, war uns Teilnehmern schon vorher schriftlich mitgeteilt worden: Wir sollten unsere Muster – unsere festgelegten Verhaltensweisen – erkennen, verstehen, wie sie unser Leben blockiert und zerstört haben, und schließlich einsehen, daß sie von Vater oder Mutter stammen, um sie dann später umzuwandeln.

So ging es auf zur Musterjagd. „Willkommmen im Club der Neurotiker!" begrüßte uns ein Lehrer zur ersten Sitzung. „Ich doch nicht!" war meine spontane Reaktion, nicht in Worten, aber mit souverän lächelndem Gesichtsausdruck und einer Körperhaltung, die ausdrückte, daß mich das alles gar nichts angehe. Schlagartig kam die Antwort des Lehrers: „Du stehst wohl immer über allem! Wer bei Euch zu Hause war denn so – Vater oder Mutter?" Prompt fühlte ich mich ertappt, es stimmte, mein Vater war nie kleinzukriegen, hatte immer die Oberhand behalten.

In diesem Stil ging es weiter. Die Lehrer waren beste Schauspieler, sie provozierten uns, waren aggressiv, verteilten Schokolade, brachten uns in tiefste Verlegenheiten – und wir reagierten trotzig, rebellisch, eingeschüchtert, stumm – je nach unseren Mustern.

Die Muster

Jeder hat sie, und wir lernen sie von frühester Kindheit an. Keiner von uns Menschen wurde als Kind bedingungslos um seiner Existenz willen geliebt, jedenfalls nicht von menschlichen Wesen. Genau das ist es aber, was jedes Kind tief ersehnt und was es braucht. Und um diese Liebe zu erreichen, paßt sich jedes Kind unbewußt den genauso unbewußt geforderten Bedingungen der Eltern an und übernimmt die Muster seiner Eltern („Ich bin genau wie du, liebst du mich jetzt?"). Aber nicht nur, indem wir die gleichen Muster der Eltern übernehmen, sondern auch indem wir genau das Gegenteil davon tun oder unsere Mitmenschen dazu veranlassen, daß sie mit diesen Mustern auf uns reagieren, bleiben wir in diesen mechanischen subjektiven Verhaltensweisen gefangen.

Ein Sachverhalt passiert, wir reagieren mit Mustern darauf. Die Muster können teilweise leicht durchschaut werden: „Immer wenn der Streß zu viel wird, bekomme ich Migräne!", „Wenn meine Frau Gefühle zeigt, werde ich cool", „Wenn jemand aggressiv wird, fällt bei mir die Klappe runter". Wer kennt sie nicht – die, die immer alles können oder immer nett und freundlich sind oder auch jähzornig, ewig pubertierend oder Engel, oder die, die alles besser wissen. Aber Vorsicht! Es sind nicht nur die anderen, die Muster haben!

Mir wurde nur sehr langsam deutlich, wie ich selbst mit allen spirituellen Bemühungen, anthroposophischen Anschauungen und Übungen diese Muster sehr raffiniert verkleidet und sie dadurch sogar noch mehr verstärkt hatte. Mein Vater hatte sich mir durch seine Arbeit entzogen und war unerreichbar, ich entzog mich in geistige Höhen und war noch weniger erreichbar. Auf diese Weise entdeckte ich so manch anthroposophisches Kollektiv-Muster an mir: „Nur wenn man so viel arbeitet, bis man krank wird, ist man der Beste!“, „Retter der Menschheit“, „Institution gründen und Vorträge halten ist gut, schlecht ist, viel Geld zu verdienen und keine Antwort auf alle Fragen zu haben“. Wie gesagt, Muster bedeutet nicht, daß in einer bestimmten, individuellen Situation, in völlig neuer und freier Entscheidung eine der obengenannten Verhaltensweisen angemessen sein kann.

Daß wir Teilnehmer, als wir die drei Mustervarianten mit einbezogen – Nachahmung, Rebellion, die anderen zu etwas bringen –, alle jämmerlich in unseren Rastern gefangen waren, bemerkten wir bald sehr gründlich. Dafür sorgten schon die Lehrer, die wahre Meister im Musterentdecken waren.

Die Quadrinität

Das theoretische Modell, das hinter der Therapie steht, ist ein sehr einfaches: Der Mensch besteht aus vier Teilen, aus einer Quadrinität. Ein Teil ist der *Körper*, das „physische Gehäuse“ mit all seinen Funktionen. Das *emotionale Selbst* ist derjenige Teil, der Gefühle und emotionale Muster enthält und der vor dem Prozeß in einem unreifen und kindischen Zustand ist, weil er noch nicht von den „negativen Programmierungen“ befreit wurde. Das *intellektuelle Selbst* enthält die gedanklichen Muster und kann ein ständig einschränkender Kontrollmechanismus sein oder je nach „befreitem Zustand“ des Menschen hilfreich denken. Das *spirituelle Selbst* des Menschen, sozusagen sein höheres Ich, ist ein reiner, nicht programmierter, weiser und liebender Teil; ihn gilt es als „Diamanten“ freizulegen.

Ziel des Prozesses ist es, diese vier Teile des Menschen in Harmonie zu vereinen. Zuvor aber liegen emotionales und intellektuelles Selbst noch in einem Kampf, zum Beispiel: „Eigentlich müßte ich mit meinem Chef einmal über meine Unzufriedenheiten sprechen“, so spricht der Intellekt. Jedoch „getraue ich mich nicht“, und „es rutschen mir ständig freche Bemerkungen raus“, so macht sich das innere Kind, das unreife emotionale Selbst, bemerkbar und bringt einen oft genug in mißliche Situationen. – Diese beiden Teile reifen heran und sollen am Ende mit dem spirituellen Selbst zusammen eine liebende und sich gegenseitig unterstützende Einheit werden.

Der geistige Führer

Jeder Mensch – so wird es im Prozeß dargestellt – trägt durch sein spirituelles Selbst einen göttlichen Teil in sich. Außerhalb seiner Quadrinität gibt es aber für jeden

Menschen noch einen sogenannten *spirituellen Führer*, der wiederum bei jedem anders ist. Diesen spirituellen Führer kann jeder nur in seinem Inneren entdecken, und er ist mit keiner äußeren Person identisch.

„Alle Gurus“ – die Teilnehmer werden nun daraufhin abgeklopft, ob sie Anhänger von Bhagwan, TM oder irgendeiner anderen religiösen Richtung oder Sekte sind – „sind nur Projektionen, nur Abbilder der jeweiligen Muster von Euch.“ Alle geistigen oder menschlichen Vorbilder bzw. Meister werden abgeräumt, ungeachtet um wen es sich handelt oder wie sich das Verhältnis des einzelnen zu ihm gestaltet, „denn jetzt habt Ihr die Möglichkeit, Euch an Eurem ganz eigenen spirituellen Führer zu orientieren“. Und dieser „spirituelle Führer“ kommt tatsächlich!

Nach einigen, sehr intensiven Sitzungen begannen wir Teilnehmer zu begreifen, wie massiv unser Leben durch Muster geprägt ist. Die Lehrer fanden zielsicher bei jedem die Punkte, an denen man am meisten litt. Bei jedem wankten also mehr oder weniger die Fassaden. Genau in dieser Situation kam als nächster Schritt eine Visualisierungsübung – übrigens immer von passender Musik untermalt –, in der man seinen spirituellen Führer herbeirufen sollte. Zunächst war das nur eine ganz simple Vorstellung, ähnlich wie man sich zum Beispiel auch das Bild einer gelben Zitrone vor das innere Auge stellen kann. Es kam also – wie gesagt in inneren Bildern – ein Wesen zu jedem von uns, das sich auch mit einem Namen vorstellte, aber nicht wie irgendein Mensch aussah, der tatsächlich existierte oder gelebt hat.

Mein „Wesen“ hatte eine gewisse Ähnlichkeit mit dem Bildnis des „Il Redentore“ von da Vinci, aber eindeutig mehr die Gesichtszüge eines Mannes, braune gewellte Haare, dunkelbraune große Augen, ein weißes Gewand, eine angenehme ruhige freundliche Stimme. Der Name, mit dem es sich vorstellte, lautete „Ewigkeit“. Dieser sogenannte geistige Führer, anfangs mehr eine bloße Vorstellung, entwickelte im Laufe der Zeit immer mehr Eigendynamik und änderte auch seine inneren und äußeren Wesenszüge. Aber dazu später!

Dieser spirituelle Führer sollte ab jetzt in dem Quadrinity-Prozeß das innere Gegenüber jedes einzelnen sein. Wir lernten, ihn zu befragen und seine Antworten zu verstehen. Er gab jedem von uns mit Hilfe genauer Symboltests Auskunft darüber, ob man bestimmte Übungen innerhalb des Prozesses wirklich bewältigt hatte und, falls nicht, was das ganz genaue Hindernis war, welches die nächsten Schritte sind usw. Man konnte ihm alle Fragen stellen und bekam jedesmal eine Antwort. Und diese Antworten waren zu meiner größten Verblüffung völlig sinnvoll, passend und hilfreich. Von nun an verstand ich auch, daß die Lehrer niemals zu einer Autorität werden konnten und nur Ausführende waren, denn auch sie fügten sich den jeweiligen Antworten des geistigen Führers.

Dieser geistige Führer ist ein Phänomen, ohne das der ganze Quadrinity-Prozeß gar nicht funktionieren könnte. Und dieses Phänomen ist genau *die Öffnung*, in die alles – was auch immer das sei – an geistigen Wesen hinein kann. Der geistige Führer ist nicht nach äußeren Maßstäben zu beurteilen, denn es gibt ihn so oft und so verschieden, wie es Menschen gibt. Aber um esoterische Erkenntnisse, was es zum Beispiel an Wesen in der übersinnlichen Welt gibt und wie diese wirken und sich auch ändern(!), kümmert sich Quadrinity nicht. Denn hier soll es ja um das „Machbare“ und das „Effektive“ gehen.

Alles eine Suppe?

Nachdem wir mit all dem Grundwissen und -werkzeugen ausgestattet waren, ging es an die Barrieren, die uns angeblich vor dem Zustand bedingungsloser Liebe im Wege stünden. Wir sahen immer mehr unsere Muster, stürzten durch all die inszenierten Übungen von einer Blamage in den nächsten Schmerz – und immer vor der ganzen Gruppe. Es war allmählich alles „abdekoriert“, und jede Kritik oder Auflehnung, die irgendwer hervorbrachte, wurde von den Lehrern als Muster entlarvt, und sie trafen damit genau ins Schwarze. Wir erlebten immer wieder am eigenen Leibe, wie alle Einzelteile des Quadrinity-Prozesses stimmig waren und – auch wenn sie noch so absurd erschienen – funktionierten. Wir Teilnehmer kamen, oder wurden gestoßen, immer mehr auf eine Ebene, auf der wir alle gleich waren. Wir litten alle oder waren wütend, blamierten uns abgrundtief voreinander, und uns wurde klargemacht, daß wir alle unser Leben zerstört und anderen Menschen Leid zugefügt hätten – wir unterschieden uns beinahe nur noch in unseren Mustern, und selbst in diesen kaum noch.

Eine individuelle und differenzierte Betrachtung des einzelnen Menschen gab es kaum, der Prozeß lief ab. Der Lebenssinn, vielleicht sogar der Leidenssinn eines einzelnen Menschen, das Individuelle, das zwischen den Mustern hindurchkommt, eine Therapieform, die aus der einmaligen Schicksalsbegegnung zwischen diesem einen Klienten und seinem Therapeuten heraus neu geschaffen wird (schon C.G. Jung forderte, daß man für jeden Klienten eine neue eigene Therapie entwickeln sollte) – das alles war kein Thema.

Wir wurden alle auf einer Ebene kollektiver Gefühle angesprochen oder in sie hineingestoßen, wir waren in unseren Neurosen nivelliert und entsprechend in unseren Behandlungen. Man führe sich einmal vor Augen, daß der Quadrinity-Prozeß seit 20 Jahren für Tausende von Menschen immer der gleiche ist!

Wut und Anklage

Angst, Schmerz, Schuld, Wut und Rachsucht ... – durch all diese Gefühle sollten wir hindurch, bevor wir am Ende den versprochenen Zustand bedingungsloser Liebe erreichen würden. Entsprechend ging es weiter. Wir wurden immer wieder an unsere Grenzen gebracht, in Angst und Schmerz gestoßen, und gleichzeitig hieß es: „Wer war so: Vater oder Mutter?“

Anklagen sollten wir sie und seitenlang aufschreiben, wie sie uns verzweifelt, hart, süchtig, liebesunfähig gemacht hatten. Alle Muster und die daraus folgenden Leiden sollten wir dann mit Wut und Kraft herausprügeln – auf einen vor uns liegenden Teppich. Für Therapieerfahrene nichts Neues, dennoch ging es zu wie im Hexenkessel, und das stundenlang. Was zu einer für manchen vielleicht(!) berechtigten Wut sonst noch an Gefühlen hochkam, sei dahingestellt.

Danach prüfte jeder mit dem sogenannten Symboltest, ob er den „negativen Teil seiner Eltern“ losgelassen hatte. Dieser Symboltest funktionierte folgendermaßen: Man rief innerlich seinen geistigen Führer und stellte ihm diese entsprechende Frage. Der geistige Führer gab einem daraufhin einen imaginativen Gegenstand in die Hand, der irgendwann einmal im Leben des Fragenden vorgekommen ist. Im weiteren sollte die damalige Situation, in der dieser Gegenstand eine Rolle spielte, aufgeschrieben werden, insbesondere das, was man in dieser Situation gefühlt und gedacht hatte. Diese Worte des Fühlens und Denkens, einschließlich der Abfolge dieser Beschreibung, ergaben dann die Antwort auf die jetzige Frage. – Das Verblüffende: Der Sinngehalt dieses Symboltests sagte genau aus, ob oder ob man nicht bestanden hatte, und falls nicht, welches einzelne Muster man noch loslassen mußte.

Ein positiver Symboltest verlief zum Beispiel folgendermaßen: Ich erhielt von meinem geistigen Führer eine kleine Flasche mit Magentropfen. Mein Erlebnis dazu: „Ich hatte ständig Magenschmerzen, die mich drückten. Nach einiger Überwindung war ich zum Arzt gegangen, und der verschrieb mir Tropfen. Ich wußte, daß das Zeug widerlich schmeckte, dennoch hielt ich es für nötig und schluckte es runter. Zuerst brannte es, doch dann wirkte es befreiend, und ich war erleichtert." Wenn man bei dieser Geschichte die Worte betrachtet, die Ausdruck des Gefühls und des Denkens sind, und außerdem den gesamten Verlauf der Geschichte, wird deutlich, daß eine unangenehme Sache nach einiger Überwindung schließlich positiv geklärt war.

Ein negatives Beispiel, der Gegenstand war ein Pinsel: „Ich hatte bei uns zu Hause die Kellertüren gestrichen. Irgendwie dachte ich, daß das Zeitverschwendung sei, und ich hatte auch keine große Lust dazu. So strich ich nur die Außenseite der Türen. Anschließend stellte ich den Pinsel in Terpentin, damit die Farbe von alleine abginge und widmete mich anderen Dingen."

Hier konnte man sehen, daß eine unangenehme Sache nicht zu Ende gebracht wurde, sondern nur die „Außenseite". Die Lehrer fragten sofort nach dem nicht erledigten Muster: „Wer bei Euch zu Hause hat Situationen abgebrochen, wenn sie lästig wurden?"

So mußte man nach einem nicht bestandenen Symboltest wieder „auf die Matte", und sobald dieses Muster zerschlagen war, war auch der Symboltest positiv. Es wäre zu diesem Zeitpunkt noch keiner von uns in der Lage gewesen, diesen Test um der Bequemlichkeit willen bewußt zu fälschen, da wir ihn ohne die Hilfe der Lehrer meist noch gar nicht selbst deuten konnten. Einige verbrachten aufgrund des nicht bestandenen Tests fast die ganze Nacht im Übungsraum. Es war uns anderen meist bekannt, welche Gründe der jeweilige geistige Führer dieses Menschen für sein Nichtbestehen angegeben hatte, und nach meiner eigenen Beurteilung stimmte das auch mit meinen Wahrnehmungen über diesen Menschen überein.

Die Versöhnung mit den Eltern

Nach diesen Haßtiraden und Talfahrten ging es wieder nach oben: Wir nahmen – wieder in inneren Bildern – geistigen Kontakt mit dem Kind auf, das unsere Eltern selbst einmal waren. In stundenlangem Schreiben sollten wir alles darniederlegen, was uns dieses Kind – unser jeweiliger Vater oder unsere jeweilige Mutter mit zehn Jahren – innerlich eingab. Für viele von uns kamen dabei Ereignisse zutage, die sie nie gewußt hatten. Wir erfuhren, wie auch diese Kinder – also die eigenen Eltern – gelitten hatten und wie auch ihnen nichts anderes übriggeblieben war, als auch mit Mustern zu leben und zu reagieren.

Wieder eine höchst erstaunliche Angelegenheit: Wir schrieben alle drauflos, was uns dieses Kind erzählte, und was dabei herauskam, war innerhalb der psychischen Dynamik mindestens konsequent. Ein Lehrer erzählte, manche hätten diese „Eingebungen" anschließend überprüft und als real bestätigt.

Ich erfuhr zum Beispiel, daß die Geburt meines Vaters seine Eltern in starke wirtschaftliche Schwierigkeiten gebracht hatte. Er hatte als Kind ständig diesen Vorwurf erlebt, und so entstand seine Haltung, sich immer durch materiellen Erfolg beweisen zu müssen.

Es entzieht sich wiederum meiner Beurteilung, wieso dieses Aufschreiben der Eingebungen funktionierte, aber die Wirkung erfolgte prompt. Nun konnten wir alle verstehen, warum unsere Eltern so geworden sind, wie sie waren, was sie selbst zu leiden hatten, und jeder konnte mitfühlen, verstehen und ihnen verzeihen. Es versteht sich von selbst, daß solche Sitzungen mit vielen Gefühlen und Tränenfluten stattfanden.

Die Stimmung unter den Teilnehmern wurde weich, locker, die Lehrer hörten auf, die Provokateure zu spielen, und es kam „seelisches Land in Sicht". Dennoch war der Prozeß noch lange nicht beendet.

Das innere Kind und der Intellekt

Nach der Abnabelung von den Eltern wurden die eigenen Seelenteile geordnet. Das „innere Kind" und der „Intellekt" – zwei Teile der Quadrinität – kamen zu Wort. Ihr ständiger Kampf gegeneinander wurde ebenfalls versöhnt. Das „innere Kind" konnte nun wachsen.

Auch dieser Vorgang geschah wieder durch das Entdecken der Muster von Intellekt und Kind, die Versöhnung der beiden durch einen „Waffenstillstand" und durch Visualisierungen. Dazu ging es wieder hinab in den seelischen Keller. Die letzten Reste von Rachegefühlen mußten noch heraufgeholt und bearbeitet werden. Ein Teil dieses Racheprozesses sei hier besonders erwähnt: Es flogen wieder die Fetzen, d.h. jeder bekam seinen Gummischläger, mit dem er auf den Boden hauen mußte. Irgendwann kam der Moment, in dem sich jeder auch von dem losreißen sollte, von dem er immer *meinte,* daß es Gott sei. Die Lehrer bereiteten uns ganz besonders auf diesen einen Teil der Übung vor, daß wir nun wirklich darauf vertrauen sollten, was sie uns sagten. Durch bestimmte Visualisierungsübungen herangeführt, immer mit geschlossenen Augen, sollten wir nun mit unseren Gummischlägern jeder *seinen* Gott mit all seinen Moralvorstellungen, Einschränkungen und Geboten zerschlagen. Für mich war es, als ob ich einen Vorhang zerriß. Danach stand ich wie in einem universellen Nichts. Aber das war keineswegs beängstigend, sondern eher befreiend, unendlich und von großer Weite. „Das ist das Licht, das nie zerstörbar ist", so erzählte man uns. Dies war also der von Anfang an versprochene Zustand des „Im-Licht-Stehens".

Es folgten noch einige Sitzungen, zum Beispiel ein geschauspielerter Kindergeburtstag für uns alle, indem wir wieder in unsere Kindheit zurückgingen und erneut unsere Kindheitsmuster entdecken konnten. In Beerdigungsszenen stellten wir uns den Tod unserer Eltern vor, was zu weiteren Erkenntnissen über unsere Muster führte. Zum Schluß führten wir als Teilnehmer Sketche über den Prozeß auf. Im Prinzip verfolgten all diese Übungen das gleiche Ziel wie die bereits beschriebenen: Es wurden Muster erkannt, man löste sich von den Eltern ab, es geschah inneres Nachreifen, immer war der Kontakt mit dem geistigen Führer ausschlaggebend. Was während dieser letzten Tage immer mehr auftauchte, war Spaß, Gelächter und Ausgelassenheit. Ausruhen durften wir uns aber erst für den vorletzten Tag.

Festlich gekleidet gingen wir zu der Sitzung, in der nun alle Teile unserer Quadrinität vereinigt werden sollten. In einer langen Meditation lösten wir uns endgültig von den mit uns verbundenen Menschen – in inneren Bildern durchschnitten wir die „karmischen Nabelschnüre". Das „innere Kind" war nun herangereift und erwachsen geworden und vereinigte sich mit dem höheren Selbst, dem Intellekt und dem physischen Teil zu einer Einheit. Wir waren nun „eigenständig, liebende und freie Menschen".

Muster-Recyclen

In den letzten zwei Tagen erhielten wir immer mehr Methoden „für das Leben danach". Eine Übung ist der bereits erwähnte Symboltest, mit dem man für alle Lebensprobleme den geistigen Führer fragen konnte. Ein wichtiger Bestandteil für unsere weitere Entwicklung, denn die eigentliche Arbeit beginne erst nach dem Prozeß – so die Lehrer –, war das „Recyclen" der Muster.

Der erste Schritt war, in einer aktuellen Situation das Muster erst einmal als solches zu erkennen und genau zu benennen, zum Beispiel: „Ich kommandiere andere herum". Dann sollte man bestimmen, von welchem Elternteil es stammte, und es diesem innerlich zurückgeben. In einer Visualisierung gingen spirituelles Selbst und vereintes intellektuelles und emotionales Selbst in den inneren „heiligen Hain", eine schöne Landschaft mit Wasser, einem Baum, einer Wiese etc. Dort entfernte das höhere Selbst die einzelnen Buchstaben dieses Musters aus dem Körper des vereinigten emotionalen und intellektuellen Selbst (Dualität) und hängte sie an den Himmel des heiligen Hains. Der geistige Führer hielt eine Tüte auf, und die „Dualität" warf die Buchstaben einzeln hinein. Dort verwandelten sie sich in Samenkörner. Diese wurden auf die Erde gestreut, und es wuchsen augenblicklich Blumen oder Pflanzen daraus, und zwar standen sie so in der Erde, daß sie von oben betrachtet ein Wort (oder mehrere) ergaben. Dieses Wort war die Alternative zu den alten Mustern. Interessanterweise entsprachen die Blumen genau der Qualität der neuen Alternative. Zu dem bereits genannten Muster, „ich kommandiere andere herum", war es „gesund". Die Pflanzen, die zu diesem Wort „gesund" wuchsen, waren duftende Pfefferminzen. Zu meinem Muster „dominant" kam die Alternative „wahr und weich". Die großen Blüten waren zartrosa mit kräftigen Holzstempeln. Bei „cool" wuchsen rosafarbene und blaue Wicken, die das Wort „warm und zärtlich" bildeten. Zu dem Muster „bei Aggression blockiert sein" kam als Alternative „fest", und die Pflanzen waren grüne Gummibäume.

Nun sollte man, statt in alte Muster zu verfallen, in der entsprechenden Situation diese neue Verhaltensweise erinnern, dann hätte man auch die Fähigkeit, neu zu reagieren. Dieses Recyclen hatte immer konstant diese Abfolge.

Ausgestattet mit diesen und anderen Werkzeugen wurden wir vorbereitet, unser neues Leben „draußen" zu beginnen. „Ihr seid wie frisch vom Operationstisch", warnte uns ein Lehrer, und ich konnte dies nur bestätigen. Nach dieser Intensivkur stand kein Stein mehr auf dem anderen, eine völlige Umwandlung war passiert, und manchem bangte davor, wieder in die alten gewohnten Umstände zurückzukehren. Prompt bekamen wir auch dafür ein Werkzeug mit auf den Weg: Wir sollten uns vorstellen, was als erstes Muster auftreten würde, wenn wir nach Hause zu unserem Ehepartner oder in eine andere Alltagssituation zurückkehren würden. Ich wußte zum Beispiel, daß ich meine Frau sofort mit viel Gerede in die Ecke drängen und – wie so oft – kein wirklicher Kontakt zwischen uns entstehen würde. So mußten wir unsere ersten Muster, mit denen wir der Außenwelt begegnen würden, gleich bestimmen und recyclen, damit wir sofort die Alternative zur Verfügung haben würden.

Und was dann folgte

Kurz nach dem Prozeß – ich war noch nicht nach Hause gefahren – passierte etwas Merkwürdiges. Innerhalb weniger Sekunden, von äußeren Dingen nicht hervorgerufen, hatte ich ein inneres Erlebnis, das ich nicht in passenden Worten ausdrücken kann. Spontan rief ich damals aus: „Jetzt habe ich's gefunden, was ich *immer* suchte. Und es ist ja so einfach!" Diesen Zustand kann ich nur annähernd umschreiben: Es war tatsächlich wie „Angekommen-Sein", mehr konnte es nicht geben. Aus meiner „erleuchteten" damaligen Sicht war mein früheres Leben wie ein Schattenreich oder auch ein Abbild, jetzt erst war es Wirklichkeit. Nichts war eigentlich anders geworden, sondern alles war erst das, was es wirklich war: Die Tasse war die Tasse, der Boden der Boden, ich war ich, und in diesem Ich-Sein konnte ich einen anderen Menschen überhaupt erstmals als anderen wahrnehmen. Ich hatte einen ewig ersehnten Zustand von „Angekommen-Sein", ich erlebte das Höchste, was ich je gewollt hatte, und gleichzeitig war es das Allereinfachste, Allersimpelste, wie ich es noch nie zuvor erlebt hatte. Ich war ich, und mehr gab es nicht, und alles andere war rein es selbst. Es war ein Zustand, in dem alles polar wurde und sich diese Polaritäten gleichzeitig wieder aufhoben. Es war das Ende und gleichzeitig der Anfang.

Dieses Erleben dauerte einige Wochen, fast Monate an und nahm allmählich ab. Ich benutzte weiterhin die Methoden des Prozesses und hatte Kontakt mit meinem geistigen Führer. Immer wenn ich ihn rief und befragte, „verschaffte" er mir ein buntes vielfältiges Innenleben, mit inneren Bildern, weisen Antworten, und vieles von der Außenwelt brauchte ich nicht mehr. Ich entwickelte mit seiner Hilfe schöpferische Fähigkeiten, hatte kreative Gedanken, schrieb Gedichte und „unsere Beziehung" wurde dadurch spannender als ein Kinofilm.

Dennoch hatte ich immer auch eine beobachtende und fragende Haltung all diesen Ereignissen gegenüber. Das *Verstehen* des Prozesses war innerhalb seiner Durchführung nie Thema gewesen – es schien niemanden zu interessieren, was da eigentlich passierte. Aber mir blieb es weiterhin eine brennende Frage. Der geistige Führer selbst gab mir auf meine Frage, wer er denn sei, keine vernünftige Antwort. Einmal sagte er: „Ich stehe *neben* dem Kreuz", und ging um ein brennendes Kreuz herum, oder er schnitt auf meine Fragen hin einfach Grimassen. Gleichzeitig entwickelte er immer mehr Eigenleben. Er erschien – allerdings immer nur durch Herbeirufen – mittlerweile in allen Lebenssituationen, gab mir Hinweise auf Fragen, und das alles ohne Symboltest oder ähnliche Quadrinity-Methoden.

Irgendwann kam der Moment, in dem ich die Antworten des geistigen Führers nicht mehr an der realen Auswirkung meiner Handlungen überprüfen konnte, sondern mich völlig auf ihn hätte verlassen müssen. Hinzu kam damals auch noch eine schwere entzündliche Krankheit, die – so sehe ich es mittlerweile – als Folge dieser ganzen Experimente zu sehen ist, da diese Methoden auf eine nicht überschaubare Weise bis ins Physische hineinwirkten.

Ich entschied mich, mit dem ganzen Spuk, den Übungen, dem Befragen des geistigen Führers und allem, was mit dem Quadrinity-Prozeß zusammenhängt, aufzuhören.

Die Zeit danach erlebte ich ähnlich wie einen „Rauschgift-Entzug" auf seelischer Ebene. Ich kann es nur als ein *innerliches Austrocknen* beschreiben. Das ganze Innen- und Außenleben wurde monatelang fade, öde und grau. Am ehesten läßt es sich damit vergleichen, wie wenn man in einem Zustand der Verliebtheit endgültig von der Geliebten getrennt wird.

Man kann sich leicht vorstellen, welchen Anfechtungen Menschen, die sich in einer äußerlich oder innerlich instabilen Situation befinden (was bei mir glücklicherweise nicht der Fall war), bei diesem „Quadrinity-Entzug" ausgesetzt sind.

Der Versuch einer Beurteilung

Daß der Prozeß massive Wirkungen hat, weil er unter anderem mit geistigen Mitteln arbeitet, ist unbestritten. Genau dadurch stößt er auf eine große Lücke und Not vieler Menschen. Wer ist heute nicht nahezu gequält – und sei es, daß er diese Qual verdrängt oder kompensiert – von den persönlichen oder gesellschaftlichen Lebensumständen oder auch dem eigenen Innenleben? Und bei den meisten Menschen taucht dadurch eine berechtigte Sehnsucht nach einem geistigen Bezug auf und das Gefühl oder die Erkenntnis, daß nur eine geistige Neuorientierung die Probleme lösen kann. Natürlich ist es dann höchst verführerisch, wenn diese geistige Neuorientierung schnell, effektiv, einfach handhabbar und frei von sektiererischen Ideologien ist. Und wer wäre nicht froh, seine Probleme endgültig hinter sich zu haben?

Auch während des Prozesses werden ständig urgewaltige Gefühle und Sehnsüchte des Menschen angesprochen. Wer möchte nicht mit anderen Menschen auf einer Ebene beisammen sein, auf der alle Unterschiedlichkeiten verschwinden und man auf einer glückhaften Stufe des Menschseins gleich und einheitlich ist, sozusagen wie vor der babylonischen Sprachverwirrung? Wer, selbst wenn er die besten Eltern hatte, wurde wirklich bedingungslos geliebt, und wer trägt nicht den tiefsten Wunsch danach in sich? Wer möchte nicht in sich ruhend, nach außen autark und geistig geführt sein?

Ununterbrochen wird mit diesen Urgefühlen gearbeitet, die in einer tiefen, menschlich-kollektiven Schicht sitzen, wie zum Beispiel der Wunsch nach Symbiose, bedingungsloser Liebe, Frieden, brachialer Wut und Haß, Erlösung der eigenen Schuld, religiöser Verschmelzung etc.

Von diesen inneren Ereignissen, die im normalen Leben nur in seltenen, herausgehobenen Momenten auftreten, jagt das eine das nächste. Man erlebt tatsächlich mit dem normalen Vorstellungsvermögen nicht erfaßbare Ausmaße, den eigenen Himmel und die eigene Hölle.

Es ist nahezu mit Sicherheit auszuschließen, daß ein Mensch solch einen Prozeß für sich selbst ausdenken und aus eigener Kraft dann ausführen könnte. Man ist also auf jeden Fall auf eine Führung angewiesen. Sogar die eigene Urteilsfähigkeit muß phasenweise ausgeschaltet werden, da man es meistens mit völlig unbekannten und unvergleichlichen Ereignissen zu tun hat. Hinzu kommt, daß man während des Prozesses derart beschäftigt wird, daß man über das, was außerhalb der Aufgabenstellungen liegt, gar nicht mehr zum Nachdenken kommt. Und selbst wenn dem nicht so wäre, man würde ja nur aufgrund von Mustern nachdenken, und somit wäre es allemal ungültig.

Kurzum: Das eigene Denken und die Urteilskraft werden ausgesetzt, man muß sich einer Führung übergeben. Man stelle sich nur einmal vor, daß dieses Prinzip – einschließlich dem Aufputschen kollektiver Gefühle, immer unter dem Vorgaukeln hoher Ideale – ständig in politischen und religiösen Diktaturen angewandt wurde und wird und was daraus entsteht. Es kann heute niemals zum Guten des Menschen sein, wenn er seine, und sei es eine auch noch so „gemusterte" Selbständigkeit aufgibt und auf eine unter seinem Bewußtsein stehende Stufe retardiert.

Als weitere Frage stellt sich, ob man eine derartige seelisch-spirituelle Entwicklungsspritze, wie sie im Leben an sich oder aus eigener Kraftanstrengung nie vorkäme, überhaupt bewältigen kann und ob man mit den dadurch losgelösten Kräften, die man noch nicht einmal gedanklich versteht, umgehen kann. Ich denke, man kann es, früher oder später, nicht!

Daß manche Menschen es schon während des Prozesses nicht verkraften, zeigt die Tatsache, daß sie in psychotische Zustände kamen und den Prozeß abbrechen mußten. Angeblich, so hieß es seitens der Lehrer, „ist später wieder alles in Ordnung gebracht worden". Ob das wirklich so war, entzieht sich meiner Kenntnis.

Meines Wissens gibt es auch keine Langzeituntersuchungen, wie sich der Prozeß nach mehreren Jahren auswirkt. Ich selbst habe nur von Teilnehmern gehört, die nach kurzer Zeit aufhörten, nach den angegebenen Methoden zu arbeiten. Man müßte dabei auch bedenken, daß solche Persönlichkeitsveränderungen sehr subtil sein können und nach außen zunächst nicht unbedingt negativ auftreten müssen.

Durch das „Geführt-Werden" während des Prozesses, durch den geistigen Führer und durch viele Passagen der Unselbständigkeit, in denen man das eigene Ich aufgibt, entsteht eine Öffnung im Sinne eines Ausgeliefertseins. Was in diese Öffnungen „hineinrutscht", kann ich letztlich nicht definitiv beurteilen. Folgende Aspekte seien hierzu aber genannt: Der ganze Prozeß dient, auch wenn von selbstloser Liebe die Rede ist, dem eigenen Egoismus. Es soll einem gut gehen, man soll sich seiner Probleme und Schmerzen entledigen, man selbst ist der Mittelpunkt. Daß Leiden einen Sinn haben könnte, vielleicht sogar für andere, paßt nicht in das Quadrinity-Bild. Und man „bedient" sich der geistigen Welt für die Erledigung der, manchmal verständlichen und manchmal banalen, persönlichen Wünsche. (Natürlich ist auch nie die Rede davon, ob und was man eigentlich auch *für* die geistige Welt tun könne.) Welcher Art von geistigen Wesen man sich dabei konkret bedient, ist dabei *eine* entscheidende Frage. Selbst wenn man davon ausginge, daß der geistige Führer anfangs eine Art Genius des Menschen sei, so bliebe er dies nicht automatisch. Geistige Wesen sind nicht den physischen Gesetzen unterworfen, sie können sich ändern, mehrere Wesen können als eines auftreten, sie können auch den Menschen täuschen und ihm etwas vorgaukeln. Ob es der Mensch mit selbstlosen, ihn freilassenden geistigen Wesen zu tun hat, hängt allein von seiner Schulung und Erkenntnis und letztlich von seinen Opfern ab. So ist es denkbar, daß der geistige Führer sich durch den Egoismus des Menschen zu einem höchst zweifelhaften geistigen Wesen verwandelt, falls es vorher überhaupt ein anderes war. Durch meine eigenen Erfahrungen kann ich das bestätigen.

Kurzum: Man hat es bei dem ganzen Prozeß mit Kräften zu tun, die sehr intelligent und beinahe magisch sind, die den Menschen auf mechanische und nicht freilassende Weise „gut" machen wollen, gleichzeitig von seinem Egoismus ausgehen und diesen fördern, den Menschen sehr schnell und mühelos schöne Erlebnisse verschaffen usw. So kann man sich nun aufgrund des anfangs genannten Zitats „Von nichts kommt nichts" die Frage stellen: Was ist eigentlich das Interesse dieser Kräfte und Wesen? Was fordern sie letztlich als Gegenleistung, und wohin wollen sie damit den Menschen und die Menschheit bringen?

Bücherschau

Frauke Hunfeld, Thomas Dreger: Magische Zeiten
Jugendliche und Okkultismus
Belz Verlag, Weinheim/Basel 1990, 167 Seiten, Tb., DM 14,–

Ausgerechnet an dem Tag, an dem ich mich entschlossen hatte, mich mit dem Thema „Jugend und Okkultismus“ näher zu befassen, stieß ich in einer Buchhandlung, die ich sonst kaum jemals betrete, auf das hier zu besprechende Buch. Zufall? Schon möglich, vorausgesetzt es gibt ihn überhaupt. Ob nun aber das Schicksal, mein Unterbewußtsein oder sonstwer meine Schritte lenkte, oder ob es eben der pure Zufall war, der meinen Blick auf dieses Buch fallen ließ, ein Glücksfall war es allemal. Denn unter den wenigen Publikationen, die es zu diesem speziellen Aspekt der Okkult-, Esoterik- und Satanismuswelle auf dem Buchmarkt gibt, hebt es sich nämlich trotz einiger Schwachpunkte wohltuend hervor. Nicht Abschreckung und nicht Panikmache war die Intention der Autoren, sondern zunächst und vor allem Aufklärung und Sachlichkeit: „Authentizität, nicht Repräsentativität war unsere Devise“ (S.9). Genau dies ist gefragt angesichts eines Themas, bei dem aus Berührungsangst viele sekundär Betroffene – zum Beispiel Eltern und Lehrer – eilig Augen und Ohren schließen, nach dem Motto, was ich nicht denke, gibt es nicht.

Das Buch von Frauke Hunfeld und Thomas Dreger greift – Information ist angesagt – viele Aspekte der Okkultszene auf: Pendeln, Glasrücken, Satanismus und Rockmusik, Okkultismus und Nationalsozialismus, um nur einiges zu nennen. Dabei steht zunächst immer die Sachinformation im Vordergrund. Die Autoren werfen nicht alles in einen Topf und kochen keinen trüb-finsteren Okkultbrei, sondern differenzieren, wobei Detailkenntnisse der Münsterländer Szene zusätzlich Tiefe in die Darstellung bringen. Da ist zum Beispiel nicht einfach von Grufties die Rede, diese stellen sich nur als eine Untergattung der Schwarzen vor, zu denen auch die Caves, Gothics und Tellerköpfe gehören.

Der Leser erhält viele wichtige Hintergrundinformationen, die unter anderem auch die Entstehung der heutigen Okkultwelle beleuchten. Aber die Autoren fragen nicht nur nach dem Was, sondern auch nach dem Warum. Um letzterem auf die Spur zu kommen, sind – gemäß dem Authentizitätsanspruch – Interviews mit Kennern der jeweiligen Szene, mit betroffenen Jugendlichen, in den Text eingeflochten. Diese Interviews machen mehrfach deutlich, daß mit Okkultismen aller Art oftmals weniger ernsthaft umgegangen wird, als man vermuten möchte. Wer Musik der Sparte Heavy Metal hört, betet nicht automatisch den Satan an, auch wenn dieser in den Texten vielleicht verherrlicht wird. „Obwohl Daniel genau die angeblich dafür prädestinierte Musik hört, will er mit Okkultismus oder Satanismus nichts zu tun haben: ‘Ich glaube weder an gute noch an böse Geister.’ Religionen welcher Art auch immer stehe er sowieso ziemlich skeptisch gegenüber. Das Schwarz seiner Klamotten sei für ihn eine Modefarbe und ‘Heavy Metal’ höre er, ‘weil der Sound geil ist’!“ (S.72)

Wenn auch die Jugendlichen die Hintergründe der Musik, die sie hören, nicht hinterfragen, so kann es doch verwundern, daß die Autoren selbst sie nicht kennen. Die Technik des Backword-Masking zum Beispiel wird in ihrer Bedeutung kaum durchschaut, und der Hinweis auf den katholischen Okkultspezialisten Harald Beer sowie dessen evangelischen Kollegen Friedrich-Wilhelm Haack, die Backword-Masking schlicht für Schwachsinn halten (S.69), kann erstaunen. Im Literaturverzeichnis findet sich zwar das FLENSBURGER HEFT Nr.13 „Hexen, New Age, Okkultismus", jedoch nicht die Nr.19 „Musik", in der ausführlich über diese auf Aleister Crowley zurückgehende Technik berichtet wird. Die Unkenntnis dieser Technik bzw. deren unzutreffende Bewertung ist ein Mangel in der Recherche, zumal der Inhalt des Artikels seinerzeit auch in der Tagespresse Resonanz fand.

Auch die Analyse der Grundmotivation, die Jugendliche zum Okkultismus führt, ist unzureichend, wenn auch die aufgeführten Argumente wichtig und stichhaltig sind. Für viele Jugendliche sei die Beschäftigung mit Okkultismus eine Art von Protest, den sie einer Gesellschaft, in der sie für sich selbst keinen Platz sehen, trotzig – jedoch nicht aufrührerisch, sondern resigniert – entgegensetzten. Die Gesellschaft werde von Kräften gelenkt, die sie nicht durchschauen. Die Beschwörung von Geistern mit Hilfe des Pendels oder des Glases, das Hören von Musik, die christliche Werte in den Schmutz zieht, helfe ihnen, ihre Ohnmacht zu kompensieren. „Es ist aber gleichzeitig die Flucht in eine andere, eine scheinbare Realität, eine Flucht aus der politischen Verantwortung. Wie soll Demokratie funktionieren, dieser Idealfall, der auf der ständigen Kontrolle der Regierenden durch die Regierten beruht, wenn ein Teil dieser Regierten längst über den Dingen schwebt, das Glas rückt oder 'positiv denkt'.

Der Okkultismus ist keine Lösung, sondern eine Gefahr. Okkultistische Praktiken schieben die Verantwortung an eine höhere Instanz ab. Die Kontrolle über diese Mächte ist den Okkultisten wiederum entzogen. Und die Regierenden regieren weiter und immer weniger schauen ihnen dabei auf die Finger." (S.155)

Auf der Suche nach einem Bereich, in dem sich die Jugendlichen zu Hause fühlen können, entfernen sie sich immer mehr von dieser Welt. Hierin liegt ein Problem, das in seiner Tragweite noch kaum erkannt wurde. Die Menschheit hat eine Aufgabe, die sie nur auf dieser Welt und in ihrer Durchdringung erfüllen kann. Alles was den Menschen von seiner Aufgabe auf dieser Welt ablenkt, schadet ihm und der gesamten Menschheit. Ein Streben zu spirituellen Wirklichkeiten darf nicht zu der Abwendung von den Geschehnissen dieser Welt führen.

Das heißt nicht, daß die Hinwendung zu spirituellen Inhalten zu verurteilen sei. Diese Hinwendung spiegelt eine – oft unbewußte – Sehnsucht nach echter Spiritualität. Und die eigentliche Frage muß lauten, wie diese echte Spiritualität in das Leben der Menschen integriert werden kann, ohne daß diese weltfremd werden. Wenn Jugendliche protestieren und sich aus der Gesellschaft zurückziehen, ist das ein Signal, daß ernstgenommen werden sollte. Wie müßte eine Gesellschaftsform beschaffen sein, in der sich auch Jugendliche wiederfinden können, die heute noch im stillen Rückzug leben? Neue Impulse kommen – wenn überhaupt – nur durch die Jugend in die Welt. Werden sie nicht aufgegriffen, erstickt die Menschheit im Mief alter und ältester Ideen.

Trotz dieser Kritik ist das Buch von Frauke Hunfeld und Thomas Dreger insgesamt gesehen ein wichtiger Beitrag zur Versachlichung des Phänomens Jugendokkultismus, es beleuchtet viele Hintergründe, rückt die Betroffenen in den Mittelpunkt der Darstellung und zeigt Perspektiven auf, an denen weitergearbeitet werden kann und muß. Wer immer sich mit Jugend oder Jugendokkultismus ernsthaft beschäftigen will, dem sei dieses Buch wärmstens zur Lektüre empfohlen.

Thomas Höfer

Otto Prokop, Wolfgang Wimmer: Der moderne Okkultismus Parapsychologie und Paramedizin. Magie und Wissenschaft im 20. Jahrhundert

Gustav Fischer Verlag, Stuttgart/New York [2]1987. 292 Seiten, 41 Abb., 16 Tab., kart., DM 26,80

Otto Prokop und Wolfgang Wimmer haben sich mit ihrem Buch eine Aufgabe gesetzt, deren Erfüllung sie missionarisch beseelt und voller Sendungsbewußtsein anstreben. Schon im Vorwort zur zweiten Auflage heißt es: „Einer unserer Freunde hat uns einmal mit einem Eisbrecher verglichen, hinter dem das aufgesplitterte Packeis des Aberglaubens in der ewigen Nacht des Okkultwahns sofort wieder zur geschlossenen Decke zusammenfriere. Das ist zweifelsohne hübsch und treffend gesagt. Doch könnten in jenen unwirtlichen Gefilden immerhin Schiffbrüchige harren, nach einem wärmenden Licht Ausschau haltend. Nicht mehr wollen wir sein als eine solche Zuflucht – sozusagen eine Leucht- und Heulboje im tosenden Meer der abergläubischen Dummheit. Und wenn wir auch nur einen Menschen retteten, hätte dieses Büchlein schon seinen Zweck erfüllt." (S.VII)

Der Vergleich mit der Boje ist treffend, auch wenn diese mehr heult als leuchtet. So gehen die Autoren den Praktiken von „Okkultbetrügern", „Kurpfuschern" und anderen „kriminellen Aberglaubensausbeutern" (ebd.) nach und decken deren wahres Gehabe auf, indem sie mit naturwissenschaftlicher Denkart und ebensolchem Methodenarsenal jeweils Licht in vom Aberglauben überschattete Gebiete zu bringen versuchen. Die Ergebnisse sind verblüffend!

Astrologie: „Astrologen, insbesondere die, die für die einzelnen Tage vorgedruckte Horoskope ausgeben, sind deshalb entweder Oligophrene oder minderbegabte, fanatische Psychopathen oder letztlich betrügerische Geschäftemacher. Die Astrologie ist daher nicht einmal wegen der ihr angeblich innewohnenden Gefühlswerte, die in Kreisen von Halbgebildeten in sie hineinprojiziert werden, akzeptabel und kann ohne Not aus unserer Kultur entfernt werden, soweit sie nicht sogar Gegenstand strafrechtlicher Erhebungen sein muß (Betrug)." (S.13)

Ufos: „Dabei gibt es zahlreiche natürliche Erklärungsmöglichkeiten für die 'Phänomene', auch wenn im Einzelfall Geisteskrankheit der Beobachter einmal ausscheidet." (S.20)

Wünschelrute und Erdstrahlen: „Das Ergebnis (der Überprüfungen, T.H.) war jedesmal negativ – weder die angebliche 'Ortsgebundenheit' des Rutenausschlags noch die behauptete Existenz von 'Erdstrahlen' konnte bestätigt werden." (S.48)

Homöopathie: „Angesichts alldessen hat einer von uns (O. Prokop) zusammen mit L. Prokop ein Buch mit dem Titel 'Homöopathie und Wissenschaft' herausgegeben, in dem der Homöopathie der wissenschaftliche Prozeß gemacht worden ist. Die Anklage lautete auf grobe Mißachtung der Naturwissenschaften. Tatsächlich könnte man das Kapitel hier schon abbrechen, da seit der damaligen Zeit nichts, aber auch gar nichts hinzukam, was eine eventuelle Teilrevision der Meinung, die damals vertreten wurde, rechtfertigen würde." (S.57)

Ähnliches ließe sich für Akupunktur, Zelltherapie, Augendiagnose, Psychofotografie, okkulte menschliche Ausstrahlungen, außersinnliche Wahrnehmungen, Psychokinese und Paramedizin im „Dritten Reich" zitieren. Überall gilt: gewogen und zu leicht befunden.

Tatsächlich ist das, was Prokop und Wimmer an Beispielen aufbieten, an Schwachsinn oftmals kaum zu überbieten. Wer hinter schwebenden Kugeln oder den Gabelbiegereien Uri Gellers paranormale Kräfte vermutet, die sich naturwissenschaftlich nicht fassen lassen, wird sich eines Besseren belehren lassen müssen. Solche und ähnliche Phänomene sind in der Regel nichts weiter als Taschenspielertricks, wie eine genaue Prüfung schnell zeigt. Die Ausführungen der beiden Autoren richten sich daher auch in erster Linie gegen die Parapsychologie, die die Existenz des Paranormalen wissenschaftlich beweisen möchte, was ihr bis heute nicht gelungen ist. Mit Genugtuung berufen sich Prokop und Wimmer auf das „Todesurteil über die Parapsychologie" (S.274), ein am 21.02.1978 verkündetes Grundsatzurteil des Bundesgerichtshofes zur Parapsychologie, das „nicht nur dem 'Papst der Parapsychologie', Bender, eine unwissenschaftliche Haltung bescheinigt und ihn deshalb die Sachverständigeneigenschaft abgesprochen, sondern zugleich auch über die gesamte 'Disziplin' den Stab gebrochen" hat (S.272).

Auch wenn die Warnung vor Leichtgläubigkeit, die das ganze Buch durchzieht, angesichts der Scharlatanerie im okkulten Bereich mehr als berechtigt ist, so schießen die Autoren doch weit über ihr Ziel hinaus. Sie picken jeweils einzelne Phänomene heraus und weisen an diesen die Unhaltbarkeit parapsychologischer oder paramedizinischer Annahmen und Aussagen erfolgreich nach; dann schließen sie zum Teil aufs Ganze und verurteilen etwa die Homöopathie, die Radiästhesie oder die Akupunktur in toto. Diese Vorgehensweise gleicht denen der Okkultgläubigen, die unkritisch alles für wahr und möglich halten, nur sind quasi die Vorzeichen vertauscht. Die Homöopathie ist nicht damit abzutun, daß man darauf verweist, daß für zwei Präparate zur Zeit des „Dritten Reiches" kein Wirkungsnachweis erbracht werden konnte. Angesichts der medizinischen Erfolge der Homöopathie und der Wirkungsnachweise für nicht wenige ihrer Präparate ist diese Vorgehensweise grotesk. Man lese auch einmal bei Georg Friedrich Daumer nach, welche Wirkungen homöopathische Präparate auf Kaspar Hauser hatten. Selbst der hilflose Hinweis, daß es keine Heilmethode gebe, die keine Heilerfolge aufzuweisen habe, da mindestens eine Placebowirkung und die psychische Zuwendung zum Patienten eine Wirkung hätten, die aber von der angewandten Methode und dem verabreichten Präparat unabhängig seien, wird vollständig haltlos, vergegenwärtigt man sich die sofortigen und heftigen Reaktionen Kaspar Hausers (vgl. Georg Friedrich Daumer: Kaspar Hauser. Dornach 1983).

An der Behandlung des Wünschelrutengänger-Phänomens kann beispielhaft die Arbeitsweise von Prokop und Wimmer verdeutlicht werden. Es werden verschiedene ältere Arbeiten zitiert, in denen die Unhaltbarkeit der Annahme, es gebe einen ortsabhängigen Wünschelrutenausschlag, wissenschaftlich widerlegt sein soll. Daneben findet sich eine Tabelle mit Hinweisen auf Mißerfolge berühmter Wünschelrutengänger. Das Gesamtergebnis habe ich bereits zitiert. Weil früher bereits bewiesen worden sei, daß das Phänomen nicht existiere, und weil es zahlreiche Mißerfolge und Betrügereien gebe, sei das ganze Phänomen in den Bereich des Aberglaubens zu verbannen, so die Argumentationsfigur bei Prokop und Wimmer. Diesen speziellen Aspekt haben die beiden in einem separaten Buch gesondert behandelt, das unter dem Titel „Wünschelrute, Erdstrahlen, Radiästhesie" im Enke-Verlag erschienen ist. Daß der gesamte Phänomen-Komplex durch die Ausführungen von Prokop und Wimmer keineswegs wissenschaftlich erledigt ist, beweist die Tatsache, daß dieser im Auftrage des Bundesforschungsministeriums von 14 Wissenschaftlern aus neun verschiedenen Forschungsinstituten streng naturwissenschaftlich untersucht wurde, um den harten Kern des Wünschelrutenphänomens aufzuspüren. Der Forschungsbericht ist 1989 von H.L. König und H.-B. Betz unter dem Titel „Erdstrahlen? Der Wünschelrutenreport" veröffentlicht worden.

Die Untersuchung hatte zunächst den Zweck zu prüfen, ob Wünschelrutengänger Aussagen über ortsabhängige Reize (Wasseradern, Magnetfelder usw.) machen können, wobei niemals paranormale Phänomene unterstellt wurden, sondern stets absolut strenge Wissenschaftlichkeit als Maßstab diente. Das Ergebnis ist zwar nicht überraschend, aber naturwissenschaftlich abgesichert und damit dem okkulten Mief entkleidet: Etwa ein Prozent der Menschen, die der Meinung seien, sie könnten mit Hilfe der Wünschelrute Aussagen über ortsabhängige Reize machen, hätten diese Fähigkeit tatsächlich.

Über das Wünschelrutenbuch von Prokop und Wimmer heißt es in dem Forschungsbericht von König und Betz: „Schon mit dem Untertitel 'Die okkulten Strahlenfühligkeitslehren im Lichte der Wissenschaft' legen sich die Autoren einseitig und sich selbst widersprechend völlig unwissenschaftlich darauf fest, daß alles, was mit 'Erdstrahlen' und Rutengängern zu tun hat, okkult sei. Dementsprechend ziehen sich Voreingenommenheit, Fehlinterpretationen und Polemik wie ein roter Faden durch das ganze Buch. Es werden Befunde auf denkbar subjektivste Art und Weise selektiert, gewertet und teilweise verdreht dargestellt. Den Grad der Wissenschaftlichkeit dieses Werkes kann der Leser beispielsweise an einer der Schlußfolgerungen der Autoren ablesen. Forscher, die das Phänomen 'Erdstrahlen' untersuchten und sich nicht total dagegen aussprächen, werden als Schreibtischtäter und der Beihilfe zu Straftaten bezichtigt und sollten einer psychiatrischen Untersuchung zugeführt werden ... Jegliche statistischen Überlegungen, welche ja gerade bei solchen Themen eine nachweislich entscheidende Rolle spielen, sowie das Problem der Unterscheidung zwischen Treffer- und Irrtumswahrscheinlichkeit ... sind den Autoren völlig fremd. Bei dem angewandten Alles- oder Nichts-Prinzip stellen einzig die unselektierten Aussagen von Rutengängern die Meßlatte der Kritik dar. Die im 'Lichte der Wissenschaft' eigentlich zu stellende Grundsatzfrage nach der Existenz eines Kernphänomens wird ignoriert. Zitate aus den Schlußworten belegen das erreichte Erkenntnisniveau: *Zu guter Letzt bleibt auf die okkultistische Herausforderung ... die psychiatrische Untersuchung des einzelnen Falles ..., doch kann in unserer Welt ... kein Platz sein für mittelalterliche Wahnvorstellungen. Die Schonzeit für Magie ist vorbei – die Tage der Schamanen gezählt. Von unserem Thema bleiben nur zwei Worte: Rutengänger – Bauernfänger ...* Insgesamt gesehen, können wir bei dieser Art der Themenbehandlung keinen besonderen wissenschaftlichen Wert und mit Sicherheit keinen Beitrag zur Klärung der Existenzfrage der zu untersuchenden Phänomene erkennen.“ (Betz/König: Erdstrahlen? Der Wünschelrutenreport. München 1989, S.223 f.)

Auch in dem hier zu besprechenden Buch finden sich ähnlich krasse Töne, die vermuten lassen, daß sie mit dazu dienen, Inkompetenz zu vertuschen. An der Abkanzelung Rudolf Steiners wird diese Inkompetenz überdeutlich.

„Wir erwähnten schon Steiner, der ‘strahlende Ätherleiber’ und ‘feinstoffliche Wärmekörper’ erschaute. Die ärztliche Diagnose hierzu hat Treher ... mitgeteilt: Paraphrenia expansiva, confabulans et phantastica“ (S.146). Zusammen mit der Unterstellung, Steiners Ausführungen seien mit der Naturwissenschaft unvereinbar (S.141), kommt eine böswillige Bewertung heraus, die an Ignoranz kaum zu überbieten ist, abgesehen davon, daß eine ernsthafte Berufung auf Treher bestenfalls von Unkenntnis zeugt. Wer sich auf Wissenschaft beruft, sollte die Hände von Treher lassen.

Rudolf Steiner hat mehrfach betont, daß er seine Ausführungen stets im Einklang mit echter Naturwissenschaft dachte und daß er die wissenschaftliche Gesinnung und die Exaktheit der Methode auch auf übersinnliche Gebiete angewandt wissen wollte. Darüber hinaus hat er einen Weg aufgezeigt, der übersinnliche Erkenntnisse erfahrbar werden läßt, so daß zumindest im Prinzip die Nachprüfbarkeit der Aussagen Steiners möglich ist. Vor allem aber ist die erkenntnistheoretische Untermauerung der Möglichkeit übersinnlicher Erkenntnisse zu nennen sowie die ständig wiederholte Aufforderung Rudolf Steiners, seine Aussagen zu prüfen. Wenn Prokop und Wimmer einer soliden Auseinandersetzung mit dem Werk Steiners mit dem Hinweis auf geistige Anormalien aus dem Weg gehen wollen, müssen sie sich nicht wundern, wenn an ihrer wissenschaftlichen Reputation und Kompetenz Zweifel angemeldet werden, und dies nicht nur in bezug auf Rudolf Steiner.

Aber noch in anderer Hinsicht ist das Buch der beiden Autoren bedenklich. Folgendes Zitat läßt dies deutlich werden: „Wir wollen den Okkultisten ja gern ihren Aberglauben lassen. Der Glaube ist frei, auch der Glaube an Blödsinn. Wer jedoch in rückwärts gewandter ‘Revision der Aufklärung’ solchen Glauben wieder als ‘Wissenschaft’ unter die Leute bringt, macht sich der Volksverdummung schuldig und muß in seine Schranken gewiesen werden“ (S.282). Diese Äußerung ist Ausdruck eines Hochmutes, der die derzeit existierende Naturwissenschaft als die einzig überhaupt mögliche Wissenschaft ansieht. Diese Haltung ist im FLENSBURGER HEFT Nr.28 „Naturwissenschaft und Ethik“ hinreichend hinterfragt und kommentiert. Sie ist in sich unwissenschaftlich und unhaltbar. Natürlich kann nicht jeder Blödsinn als Wissenschaft akzeptiert werden. Wer aber die Unmöglichkeit einer Wissenschaft von übersinnlichen Phänomenen mit einer an Materie entworfenen Naturwissenschaft beweisen will, gleicht einem Blinden, der die Nichtexistenz von Farben nachweisen will.

Weiterhin ist an dem Buch von Prokop und Wimmer zu bemängeln, daß sie zwar viele okkultistische Spinnereien aufdecken, aber nicht nach dem Sinn und der Realität übersinnlicher Welten fragen. Daß Prokop und Wimmer nicht über eine Polemik ohne tiefere Bedeutung hinauskommen, ist bedauerlich, ihre Grundhaltung daher ebenso bedenklich wie die von Okkultgläubigen. Wie kann man dem Streben nach Übersinnlichem, dessen verfremdetste Form der blinde Glaube an Taschenspielertricks sein mag, mit Leugnung gerecht werden? Statt einer sachlichen Auseinandersetzung verurteilen die Autoren. Man muß um die Schwäche des Buches wissen, um die darin enthaltenen, oft wertvollen Informationen nutzen zu können. Diese Schwäche ist in dem hier gleichfalls besprochenen Buch von Hunfeld und Dreger deutlich beim Namen genannt:

„Der Ostberliner Gerichtsmediziner Otto Prokop versucht in Zusammenarbeit mit seinem westdeutschen Kollegen, dem Juristen Wolfgang Wimmer, in dem 1987 in zweiter Auflage erschienenen Büchlein 'Der moderne Okkultismus' den okkulten Teufel mit dem bürgerlichen Gesetzbuch bzw. mit seinem DDR-Pendant auszutreiben. In einer an Militanz kaum zu überbietenden Sprache ('im Angesicht der Gefahr für die Volksgesundheit erachten wir uns als verpflichtet, zur Trockenlegung dieses Sumpfes beizutragen', so in der Einleitung) vertreten die beiden Autoren die These, daß man nur die bestehenden Gesetze konsequent anwenden müsse, um das Problem zu lösen. Diese 'law and order'-Mentalität hat nichts mit der von Prokop und Wimmer immer wieder beschworenen Vernunft zu tun, sondern ist verfangen im Mythos des Kampfes der Guten (Prokop, Wimmer) gegen die Bösen (Okkultisten, Parapsychologen, Hexen, Wünschelrutengänger, Astrologen ...). Statt komplexe Zusammenhänge zu erläutern und deren Ursachen zu ergründen, benutzen Prokop/Wimmer die einfache Schwarz-Weiß-Schablone von Verführern und Verführten." (Frauke Hunfeld/Thomas Dreger: Magische Zeiten. Jugendliche und Okkultismus. Weinheim/Basel 1990, S.116)

Dem ist nichts hinzuzufügen!

Thomas Höfer

Wolfram Janzen: Okkultismus
Erscheinungen – übersinnliche Kräfte – Spiritismus

Matthias Grünewald-Verlag, Mainz / Quell-Verlag, Stuttgart [2]1989. 151 Seiten, kart., DM 22,80

Wolfram Janzen geht in seinem Buch von der Tatsache aus, daß „das Okkulte und okkulte Lehren in der Gegenwart aus einem Randgruppendasein heraustreten und zu einer Angelegenheit werden, die weitere Beachtung und Akzeptanz findet" (S.25), da immer mehr Menschen ihr Interesse Dingen zuwenden würden, die man aus unserer modernen, von Naturwissenschaft und Technik bestimmten Welt verbannt dachte: Glasrücken, Pendeln, Glaube an Amulette und Talismane, Astrologie, Hellsehen, Telepathie und Telekinese. Auch Magier, Hexen und Heiler, Schamanen, Naturgeister und Geistchirurgen erlebten ihre Auferstehung von den Totgeglaubten und zündelten mit an der Explosion des Okkulten.

Nicht nur, daß viele Menschen sich für diese Dinge interessierten, sie glaubten auch an ihre Wirksamkeit oder hielten diese zumindest für möglich. Auch werde über sie völlig zwanglos und offen gesprochen, wie es noch vor zehn Jahren undenkbar gewesen sei. So schildert der Autor, wie er auf einem Ausflug von ihm völlig fremden Menschen angesprochen worden sei, die ihm erzählten, sie wären ihrer verstorbenen Mutter begegnet und würden daraufhin alle greifbare Literatur über Reinkarnation lesen (vgl. S.25). Janzen stellt fest: „Man kann ... von einer Tendenz zur Leichtgläubigkeit, zur Verführbarkeit, zum Aberglauben" – oder vornehmer –, „von einer Tendenz zur 'Flucht nach innen', zur politischen Resignation, zur 'Wiederverzauberung' und zur 'Remythologisierung' der Welt reden." (S.24)

In dieser Entwicklung sieht Janzen aber nur einen Teilaspekt einer größeren, umfassenderen Entwicklung, die insgesamt einen Wertewandel darstelle, in dessen Verlauf eine Abkehr von der totalen Wissenschafts- und Fortschrittsgläubigkeit stattfinde, die die Menschheit an den Rand der Vernichtung, mindestens aber der Sinnlosigkeit geführt habe. „Unkontrollierter technischer Fortschritt, grenzenloses Wachstum, öde und fremdbestimmte Arbeit, Konsum als hauptsächlicher Lebensinhalt sind fragwürdige Ziele geworden. Gefühl, Kreativität, Engagement, Gemeinsamkeit, Lebensfreude, selbstbestimmte Zeit- und Lebensgestaltung werden als wichtiger betrachtet." (S.24)

Der Mensch führe eine Rädchenexistenz in einer immer komplizierter werdenden, von Anonymität geprägten Risikogesellschaft. Die Zuwendung der Menschen zum Okkultismus geschehe daher aus der Empfindung eines Sinndefizites heraus, hier wähnten sie etwas zu finden, was ihnen sonst nirgendwo geboten würde: eine Erweiterung einer rein diesseitigen Lebensorientierung, einen Zugang zu direkter spiritueller Erfahrung und Entwicklung (vgl. S.123–128).

Angesichts der Reichhaltigkeit des okkulten Angebotes, in dem sich neben seriösen auch finstere und wenig glaubwürdige Dinge finden, versucht Janzen zunächst einmal Vielfalt in die Ordnung zu bringen, wobei er unter Okkultismus „die nicht von den anerkannten wissenschaftlichen Grundsätzen und Methoden geleitete, sondern mehr lebenspraktisch orientierte Beschäftigung mit dem Gebiet des Paranormalen" (S.33) versteht. Die Ausführungen an dieser Stelle sind differenziert und detailliert, durchweg kenntnisreich, exakt und gut nachvollziehbar, wozu auch die gute und interessante Darstellung beiträgt. Gleiches gilt für die historisch orientierten Darstellungen Agrippas von Nettesheim, Emanuel Swedenborgs sowie zur Entstehung und Entwicklung des Spiritismus und Mediumismus.

Dank der textkritischen Arbeitsweise des Autors ist das Buch eine Fundgrube für Neugierige und Einsteiger, die zahlreiche weiterführende Literaturhinweise finden können. Darüber hinaus heben sich die Ausführungen zu okkulten Phänomenen von den meisten anderen dadurch ab, daß nicht sofort Betrug unterstellt, sondern die Möglichkeit paranormaler Erscheinungen grundsätzlich für möglich gehalten wird. Dies mag daran liegen, daß Janzen selbst von Erlebnissen berichtet, für die er eine paranormale Deutung nicht ausschließt.

Doch es geht nicht nur um Darstellungen, sondern auch um Bewertung. Woher stammen nun die Kriterien, ohne die ein Durchdringen des okkulten Sumpfes unmöglich ist? Seiner kirchlichen Profession entsprechend leitet Janzen diese aus der Bibel und den Glaubensaussagen des konfessionellen Christentums ab. Okkultes müsse sich daran messen lassen, ob es mit dem christlichen Glauben vereinbar sei oder nicht (vgl. S.57). Also nicht die Faktizität des Okkulten wird angezweifelt, sondern die Vereinbarkeit mit Bibel und Katechismus.

Zu welchem Ergebnis kommt der Autor? Ein Vergleich mit dem Neuen Testament erbringe, daß die Kundgaben von Medien – auf die Janzen Aussagen über okkulte Phänomene in der Hauptsache zurückführt – meistens in entscheidenden Punkten von den Intentionen der biblischen Botschaft abweichen. So gehe die Bibel nicht davon aus, daß der Mensch sich durch ethische und geistige Vervollkommnung über eine Stufenfolge von diesseitigen oder jenseitigen Existenzen erlösen könne. Das Neue Testament bezeuge die Erfahrung, daß der Mensch zu seinem Ziel komme, wenn er den Weg des Glaubens gehe – in diesem Leben (vgl. S.122).

Okkulte Aussagen seien aus zwei Gründen mit dem Christentum nicht in Einklang zu bringen: Sie würden einer Abkehr von dieser Welt das Wort reden, und sie würden die Selbsterlösungsthese, wodurch die göttliche Gnade überflüssig gemacht würde, vertreten. Doch mit der Feststellung der Unvereinbarkeit ist für Janzen kein Schlußpunkt erreicht. Er erkennt das spirituelle Bedürfnis der Menschen an und sucht nach etwas, was dieses Bedürfnis befriedigen kann und mit dem christlichen Glauben vereinbar ist. Dieses Etwas erblickt Janzen in der Gestalt Jakob Böhmes: „Spirituelle Schulungswege aus dem Osten, wie Yoga oder Zen, finden in der heutigen Esoterik, dem Okkultismus und in der New-Age-Bewegung starken Anklang. Dabei wird oft übersehen, daß es auch in unserem Kulturkreis eine reiche spirituelle Tradition gibt. Einer, bei dem hier viel zu entdecken und zu lernen wäre, ist Jakob Böhme." (S.129)

Das Weltbild Böhmes sei zwar heute in vieler Hinsicht überholt und schwer verständlich, gehe aber von den Grundfragen des Menschseins aus, verschließe sich nicht dem Bedürfnis nach authentischer Glaubenserfahrung, sondern zeige einen Weg christlicher Spiritualität, die dem einzelnen Menschen Möglichkeiten zu Wachstum und Entwicklung – auch in spiritueller Hinsicht – biete. Darüber hinaus stehe Böhme voll auf dem Boden christlichen Glaubens und spiritueller Tradition (vgl. S.146 f.).

Insgesamt gesehen sind die Ausführungen Janzens informativ, interessant und sachlich und können jedem, der sich im Wusel des Okkulten orientieren will, empfohlen werden. Janzen verketzert nicht, er schildert, differenziert und beurteilt, freilich von einem festen Standpunkt aus. Er nimmt die Menschen und ihre Bedürfnisse ernst und macht deutlich, daß die Kirche weiter an Bedeutung verlieren wird, wenn sie nicht einen Weg zurück zur Spiritualität findet, der jedem einzelnen die Möglichkeit zu geistiger Erfahrung bietet. Der Hinweis auf Jakob Böhme ist wertvoll, da die Bedeutung Böhmes kaum zu überschätzen ist. Ob er aber einen Ausweg für die Kirche bietet, ist fraglich, denn Böhme steht dem modernen Menschen zu fern.

Auch die Feststellung, daß der Okkultismus nicht mit christlichen Vorstellungen vereinbar und daher unchristlich sei, kann in ihrer Absolutheit nicht unwidersprochen stehenbleiben. Auf die Theosophie Blavatskys wird ausführlich eingegangen, auf die Anthroposophie Steiners nur in einer Nebenbemerkung: „Das Verhältnis zwischen der Theosophie Böhmes und der einer H.P. Blavatsky oder zwischen der Anthroposophie Böhmes und der Rudolf Steiners kann, so Ernst Bloch, mit dem Verhältnis von guter Literatur und Kolportage verglichen werden." (S.130)

Eine solche Abkanzelung kann zornig machen, erweckt sie doch den Eindruck, daß sie lediglich dazu dient, einer Auseinandersetzung mit der Anthroposophie aus dem Wege zu gehen. Hier wird genau die Differenzierung aufgegeben, die Janzen sonst auf seine Fahnen schreibt; wo die eigentliche Arbeit beginnen würde, wird wieder alles in einen Topf geworfen. Okkultismus, Blavatsky, Steiner – alles eins, alles unchristlich. Will Janzen erreichen, daß der Leser nicht mehr bei Rudolf Steiner nachliest, um zu verhindern, daß dieser selbst feststellen kann, daß sich innerhalb der Anthroposophie die Antworten auf die drängenden Fragen finden, die Janzen in seinem Buch richtig und zutreffend herauskristallisiert hat?

Ausführlich auf die Aussagen der Anthroposophie einzugehen, würde hier zu weit führen, folgende stichwortartige Punkte mögen aber verdeutlichen, daß die Kritik Janzens an ihrem Wesen vorbeigeht:

1. Die Anthroposophie ist christlich, ohne die Gestalt des Jesus Christus ist sie undenkbar.
2. Die Anthroposophie ist spirituell, ihre gesamten Aussagen fußen auf der Einsicht, daß es eine real existierende geistige Welt gibt, zu der der Mensch einen Zugang haben kann.
3. Der Weg, um zu Erkenntnissen der geistigen Welten zu gelangen, ist von Rudolf Steiner beschrieben worden und kann von jedem Menschen nachvollzogen werden.
4. Die Anthroposophie orientiert sich hinsichtlich der Exaktheit der Aussagen am naturwissenschaftlichen Vorbild.
5. Die Anthroposophie baut nicht auf ein Jenseits, sondern setzt auf die Steigerung des menschlichen Wachbewußtseins und eine verstehende Durchdringung der Welt.
6. Sie glaubt nicht an die Selbsterlösung des Menschen, vielmehr kann Erlösung den Menschen letztlich nur durch einen göttlichen Gnadenakt zuteil werden.

Die Liste ließe sich fortsetzen, sie sollte aber jetzt schon deutlich machen, daß ich die Antwort auf das Dilemma der heutigen Menschheit weniger bei Jakob Böhme, als vielmehr in der Anthroposophie Rudolf Steiners erblicken kann.

Thomas Höfer

Bernhard Wenisch: Satanismus
Schwarze Messen – Dämonenglaube – Hexenkulte

Matthias Grünewald-Verlag, Mainz / Quell-Verlag, Stuttgart ²1989, 151 Seiten, kart., DM 22,80

Wissen Sie, was ein Spagat ist? Oder was es bedeutet, zwischen zwei Stühlen zu sitzen? Oder kennen Sie die Geschichte von dem Vater und dem Sohn, die ihren Esel tragen, statt darauf zu reiten? Die Lektüre des Buches von Bernhard Wenisch rief bei mir ähnliche Empfindungen hervor wie die Vorstellung an jene Situationen. Der Autor will zeigen, „daß die Mentalität und die Praktiken der modernen schwarzmagischen Okkultisten auch verständlich gemacht werden können, ohne auf das Wirken böser Geister zurückzugreifen“, gleichzeitig soll aber „die christliche Auffassung, es gebe von Gott abgefallene, persönliche Mächte“ nicht fallengelassen werden (S.12). Schon an dieser Stelle fragte ich mich, wie es dem Autor gelingen will, diese beiden Positionen miteinander zu vereinen. Es soll sie also geben, die persönlichen bösen Wesenheiten, sie sollen aber nicht in Satanismus, schwarzmagischen Hexenkulten und Besessenheit wirken.

Wenisch sieht im Satanismus einen Protest gegen Christentum und Kirche, in Hexenkulten Protest gegen die Unterdrückung der Frau, Besessenheit sieht er als eine Form von Hysterie und Persönlichkeitsspaltung, die als Folge der Besessenheit auftretenden Phänomene deutet er parapsychologisch, und Exorzismus macht er zu einer Art von Psychotherapie. Es geht also auch ohne Geister und Dämonen! Daß selbst die Bibel von Dämonenaustreibung weiß, stört den Autor nicht. Auf diese Weise hätte man sich eben früher die Dinge erklärbar gemacht, heute gebe es andere Theorien, zum Beispiel die der Parapsychologie. Nun gut!

Was wird aus dem Bösen in der Welt, das ja nicht zu leugnen ist? Dieses Böse entspringe letztlich der Freiheit der Engel – immerhin –, die aufgrund ihrer Freiheit auch die Möglichkeit hätten, sich von Gott abzuwenden und so Böses zu bewirken. Das Böse, das der Mensch bewirkt, beruhe so auch auf der Freiheit des Menschen. Hier ist etwas Richtiges im Ansatz erkannt, wird aber nicht konsequent zu Ende gedacht, wie die kuriose Aussage belegt, daß Gott das Böse gar nicht wolle, was natürlich sofort die Frage aufwirft, warum er seine Engel mit Freiheit ausgestattet habe, die ja wohl die Ursache allen Übels wäre. Wie steht es dann mit der Allmacht Gottes?

Insgesamt schafft dieses Buch mehr Verwirrung als Klarheit, wirft mehr Fragen auf, als es beantwortet. Dabei finden sich viele interessante Gedanken und Informationen, aber auch viel Falsches und Fragwürdiges. Uri Geller als Kronzeugen für paranormale Fähigkeit heranzuziehen, zeugt nicht gerade von einem hohen Grad von Informiertheit, und die Katharer für die desolaten Gesellschaftsverhältnisse ab dem 12. Jahrhundert verantwortlich zu machen, ist eine simple Verkehrung der Tatsachen.

Dieses Buch gehört zu jenen, die besser nicht geschrieben worden wären, um die Fehler und Irrtümer, die schon oft genug zitiert wurden, nicht noch einmal zu wiederholen, enthielte es nicht die Warnung vor einer Verteufelung andersdenkender Menschen und den Hinweis auf die Realexistenz von Engeln. Es gibt bessere Bücher zum Thema, allerdings auch schlechtere.

Thomas Höfer

Martin Erdmann: Im Lichte der Freiheit
Psychotherapie – Anthroposophie – Transzendentale Meditation

Wahrseinverlag, Neckargemünd 1991, 296 Seiten, Ln., DM 34,–

Es gibt dicke Bücher und dünne, gute und schlechte, langweilige und fesselnde. Und es gibt die Bücher, bei deren Lektüre man sich fragt, warum sie überhaupt geschrieben wurden.

Der Hauptgedanke dieses Buches ist, daß das Ich eine Illusion sei, eine Wahnvorstellung, die der Mensch aus den Wahrnehmungen, die er von sich selbst macht, konstruiere und mit der er sich identifiziere. Was versteht Erdmann unter dem Ich?

„Das Bewußtsein ist immer das gleiche Sein. Unsere Selbstbilder aber sind dem Wandel unterworfen. Mal glauben wir angesehen, erfolgreich zu sein, dann erleben wir uns wieder als verachtet, als minderwertig. Meist werden wir uns an ein Gedankenbild binden, das irgendwo zwischen diesen Extremen liegt." (S.57)

Der Mensch hat einerseits im Bewußtsein, daß er stets derselbe ist, andererseits erlebt er sich in verschiedenen Situationen in unterschiedlicher Weise: mal gleich, mal verschieden. Beides zieht der Mensch zusammen zu der Vorstellung des Ich, und an dem Widerspruch, gleichzeitig gleich und doch verschieden zu sein, wird er irre.

„Wir haben gesehen, wie das Ich dadurch entsteht, daß sich das Bewußtsein mit der Vorstellung identifiziert, an der Vorstellung fühlt ... Je nach Inhalt der Vorstellung fühlt sich das Bewußtsein an diesen angenehm oder unangenehm, mit allen Abstufungen, die dazwischen liegen. Die Empfindung Ich wird immer gleich erlebt, gleichzeitig wird sie immer verschieden erlebt. Wir sahen, daß dies Erlebnis ein Widerspruch ist, den es nur im Ich gibt." (S.55)

Da aber das Selbst des Menschen, seine Individualität, reines Sein sei und als solches immer gleich und in sich ruhend, müsse der Mensch, wolle er zur Ruhe kommen, das Bewußtsein umgehen, ausschalten, da es ihm immerzu Inhalte vorgaukele, die nicht er selbst seien. Hierzu zeigt Erdmann zwei Wege, die zum selben Ergebnis führen sollen: die anthroposophische Nebenübung der Gedankenkontemplation und die TM. Beide ließen das Bewußtsein des Ich sich im Menschen auflösen, und es bleibe „das Selbst, zu sich selbst geneigt, das sich erblickt und schweigt". (S.10)

Allein die Tatsache, die TM mit den Nebenübungen auf eine Stufe gestellt zu sehen, provoziert. Hinzu kommt, daß Erdmann anthroposophische Terminologie gebraucht (zum Beispiel „Geistselbst"), allerdings in völlig selbstkonstruierten Bedeutungen.

Diese Anlehnungen hindern Erdmann aber nicht daran – und das ist das Erstaunliche –, die Anthroposophie als im Ansatz falsch und irrtümlich zu verurteilen, baue sie doch auf dem als Illusion entlarvten Ichbewußtsein auf, die Steiner nicht durchschaut habe. Die Urteile Erdmanns nehmen sich dementsprechend frech aus: Steiner blicke nur auf leere Gedankenbilder (S.180), verfalle einem toten, mechanischen Denken (S.186), durchschaue einige einfache sprachliche Strukturen nicht (S.204) usw. Ich werde den Eindruck nicht los, daß der Autor hier nicht Rudolf Steiner beschreibt, sondern seinen eigenen Seelenzustand im Ringen um ein Verständnis anthroposophischer Aussagen.

Steiners Hauptirrtum liege darin, so Erdmann, daß er das Ich mit dem menschlichen Individuum als dem Quell unserer Gedanken und Taten verwechsele (S.183). Diesem Vorwurf liegt nichts anderes als eine Verwechslung von Begriff und Wort zugrunde. Was Erdmann als „Ich" beschreibt, ist nicht das Ich, von dem Steiner sagt, daß es als die eigentliche Wesenheit des Menschen ganz unsichtbar bleibe, und das nach Jean Paul eine bloß im verhangenen Allerheiligsten des Menschen vorgefallene Begebenheit sei (vgl. Rudolf Steiner: Theosopie. GA 9, Tb., Dornach 1962, S.39).

Das Denken im Sinne Steiners ist nicht der Gaukler des Bewußtseins, das von Vorstellung zu Vorstellung eilt, sondern das Tor, durch das der Mensch Zugang zu einer geistigen Welt hat, aus der er stammt und zu der er sich zurücksehnt. Erdmann ist es, der nicht versteht und an der Sprache haften bleibt, ohne zu der Wirklichkeit der Dinge vorzustoßen.

Dieses Buch liest sich in den Teilen, die die Anthroposophie betreffen, wie eine Abrechnung. Da klingt die Enttäuschung darüber durch, daß der Autor in ihr nicht das finden konnte, was er zu finden hoffte. Da muß der vermeintliche Absolutheitsanspruch, den einige Übereifrige der Anthroposophie andichten, dazu herhalten, gegen eine Sache zu polemisieren, die der Autor nicht einmal im Ansatz verstanden hat. Die Verbitterung und menschliche Enttäuschung, die aus Erdmanns Worten spricht – „Tatsächlich ist mir in meinem Leben noch kein Anthroposoph begegnet, der mir Freiheit oder Seligkeit gebracht hätte" (S.222) –, läßt darauf schließen, daß er mit seinem Unverständnis allein gelassen wurde. Nicht die Anthroposophie ist es, die Erdmann treffen möchte, sondern die Anthroposophen, die ihn, voll der Verehrung für den „Doktor" und bar jeder Kritikfähigkeit, von der ausschließlichen Wahrheit ihrer Lehre überzeugen wollten.

Für die, die es immer noch nicht verstanden haben, sei es hier noch einmal ausdrücklich gesagt: Der Papst ist nicht unfehlbar, warum sollte Steiner es ein? Die Behauptung, Steiner sei ohne Fehl und Tadel, er habe sich nie geirrt, schadet seiner Glaubwürdigkeit, denn sie spricht ihm das Menschsein ab. Natürlich gibt es Widersprüche im Werk Rudolf Steiners – und nicht nur in den Vorträgen –, natürlich gibt es Irrtümer, und selbstverständlich ist die Aussage, der Doktor habe ja alles gewußt und gesagt und es bedürfe keiner weiteren Erklärung, ebenso falsch wie abstoßend überheblich. Wem es nicht gelingt, auch den Aussagen der Anthroposophie kritisch und prüfend zu begegnen, für den bleibt Freiheit eine Illusion. Hierzu gehört auch, ideologisch anmutende oder auch zweifelhafte Passagen des Gesamtwerks im Bewußtsein zu haben. Und hierzu gehört selbstverständlich auch die Toleranz, sich mit Andersdenkenden und mit vermeindlich Falschdenkenden auseinanderzusetzten. Sonst verkommt die Anthroposophie zu einem ranzig-moralinem Saft, in dem der Dogmengläubige schmort.

Martin Erdmann sei empfohlen, die Anthroposophie nicht mit einigen ihrer Vertreter gleichzusetzen. *Den* Anthroposophen als solchen gibt es nicht! Ich kenne solche, denen es bei so mancher Äußerung Rudolf Steiners kalt den Rücken herunterläuft, ohne daß sie deshalb die Achtung vor der Person oder der Leistung Steiners verlieren. Ich kenne aber auch solche, die Kritik nicht ertragen und dadurch unglaubwürdig werden. Wer zur Kritik und Prüfung nicht selbst fähig ist, wird es ertragen müssen, wenn ihm die Außenwelt den Spiegel vorhält. Ich kenne Anthroposophen in Anzügen, in Jeans und in handgesponnener Wolle, Fleischesser und Müslifreaks, Mercedes- und Radfahrer, Bachliebhaber und Zappafans.

Trotz aller Mängel, die das Buch Erdmanns hat, trotz aller Fehler und gedanklicher Verwirrungen, ist es mir irgendwie sympathisch, denn es ist das Zeugnis eines Menschen, der auf dem Weg ist, der noch nicht alles zu Ende gedacht hat, der noch Fragen hat und Fehler macht. Bleibt nur die Frage, ob man seine innerseelischen Kämpfe in Buchform in die Welt stellen muß.

Thomas Höfer